经以济世
建德润身
贺教育部
社科司向项目
成果出版

李岚清
二〇〇八

教育部哲学社会科学研究重大课题攻关项目

中国大城市户籍制度改革研究

THE RESEARCH ON HOUSEHOLD REGISTRATION SYSTEM'S REFORM OF MEGACITIES IN CHINA

彭希哲 等著

经济科学出版社
Economic Science Press

图书在版编目（CIP）数据

中国大城市户籍制度改革研究/彭希哲等著. —北京：
经济科学出版社，2014.3
教育部哲学社会科学研究重大课题攻关项目：2010
ISBN 978-7-5141-4507-6

Ⅰ.①中… Ⅱ.①彭… Ⅲ.①大城市－户籍制度－
体制改革－研究－中国 Ⅳ.①D631.6

中国版本图书馆 CIP 数据核字（2014）第 066549 号

责任编辑：李　喆
责任校对：杨　海
责任印制：邱　天

中国大城市户籍制度改革研究

彭希哲　等著

经济科学出版社出版、发行　新华书店经销
社址：北京市海淀区阜成路甲 28 号　邮编：100142
总编部电话：010-88191217　发行部电话：010-88191522
网址：www.esp.com.cn
电子邮件：esp@esp.com.cn
天猫网店：经济科学出版社旗舰店
网址：http://jjkxcbs.tmall.com
北京季蜂印刷有限公司印装
787×1092　16 开　17.75 印张　330000 字
2015 年 2 月第 1 版　2015 年 2 月第 1 次印刷
ISBN 978-7-5141-4507-6　定价：43.00 元
（图书出现印装问题，本社负责调换。电话：010-88191502）
（版权所有　翻印必究）

首席专家和课题组成员名单

首席专家　彭希哲

课题组成员　郭秀云　赵德余　吴开亚　任　远
　　　　　　　汪立鑫　郭有德　陈家华　苏忠鑫
　　　　　　　张　力　李　涛　王彬彬

编审委员会成员

主　任　孔和平　罗志荣
委　员　郭兆旭　吕　萍　唐俊南　安　远
　　　　　　文远怀　张　虹　谢　锐　解　丹
　　　　　　刘　茜

总　序

哲学社会科学是人们认识世界、改造世界的重要工具，是推动历史发展和社会进步的重要力量。哲学社会科学的研究能力和成果，是综合国力的重要组成部分，哲学社会科学的发展水平，体现着一个国家和民族的思维能力、精神状态和文明素质。一个民族要屹立于世界民族之林，不能没有哲学社会科学的熏陶和滋养；一个国家要在国际综合国力竞争中赢得优势，不能没有包括哲学社会科学在内的"软实力"的强大和支撑。

近年来，党和国家高度重视哲学社会科学的繁荣发展。江泽民同志多次强调哲学社会科学在建设中国特色社会主义事业中的重要作用，提出哲学社会科学与自然科学"四个同样重要"、"五个高度重视"、"两个不可替代"等重要思想论断。党的十六大以来，以胡锦涛同志为总书记的党中央始终坚持把哲学社会科学放在十分重要的战略位置，就繁荣发展哲学社会科学做出了一系列重大部署，采取了一系列重大举措。2004年，中共中央下发《关于进一步繁荣发展哲学社会科学的意见》，明确了新世纪繁荣发展哲学社会科学的指导方针、总体目标和主要任务。党的十七大报告明确指出："繁荣发展哲学社会科学，推进学科体系、学术观点、科研方法创新，鼓励哲学社会科学界为党和人民事业发挥思想库作用，推动我国哲学社会科学优秀成果和优秀人才走向世界。"这是党中央在新的历史时期、新的历史阶段为全面建设小康社会，加快推进社会主义现代化建设，实现中华民族伟大复兴提出的重大战略目标和任务，为进一步繁荣发展哲学社会科学指明了方向，提供了根本保证和强大动力。

高校是我国哲学社会科学事业的主力军。改革开放以来，在党中央的坚强领导下，高校哲学社会科学抓住前所未有的发展机遇，紧紧围绕党和国家工作大局，坚持正确的政治方向，贯彻"双百"方针，以发展为主题，以改革为动力，以理论创新为主导，以方法创新为突破口，发扬理论联系实际学风，弘扬求真务实精神，立足创新、提高质量，高校哲学社会科学事业实现了跨越式发展，呈现空前繁荣的发展局面。广大高校哲学社会科学工作者以饱满的热情积极参与马克思主义理论研究和建设工程，大力推进具有中国特色、中国风格、中国气派的哲学社会科学学科体系和教材体系建设，为推进马克思主义中国化，推动理论创新，服务党和国家的政策决策，为弘扬优秀传统文化，培育民族精神，为培养社会主义合格建设者和可靠接班人，做出了不可磨灭的重要贡献。

自 2003 年始，教育部正式启动了哲学社会科学研究重大课题攻关项目计划。这是教育部促进高校哲学社会科学繁荣发展的一项重大举措，也是教育部实施"高校哲学社会科学繁荣计划"的一项重要内容。重大攻关项目采取招投标的组织方式，按照"公平竞争，择优立项，严格管理，铸造精品"的要求进行，每年评审立项约 40 个项目，每个项目资助 30 万～80 万元。项目研究实行首席专家负责制，鼓励跨学科、跨学校、跨地区的联合研究，鼓励吸收国内外专家共同参加课题组研究工作。几年来，重大攻关项目以解决国家经济建设和社会发展过程中具有前瞻性、战略性、全局性的重大理论和实际问题为主攻方向，以提升为党和政府咨询决策服务能力和推动哲学社会科学发展为战略目标，集合高校优秀研究团队和顶尖人才，团结协作，联合攻关，产出了一批标志性研究成果，壮大了科研人才队伍，有效提升了高校哲学社会科学整体实力。国务委员刘延东同志为此做出重要批示，指出重大攻关项目有效调动各方面的积极性，产生了一批重要成果，影响广泛，成效显著；要总结经验，再接再厉，紧密服务国家需求，更好地优化资源，突出重点，多出精品，多出人才，为经济社会发展做出新的贡献。这个重要批示，既充分肯定了重大攻关项目取得的优异成绩，又对重大攻关项目提出了明确的指导意见和殷切希望。

作为教育部社科研究项目的重中之重，我们始终秉持以管理创新服务学术创新的理念,坚持科学管理、民主管理、依法管理,切实增强服务意识,不断创新管理模式,健全管理制度,加强对重大攻关项目的选题遴选、评审立项、组织开题、中期检查到最终成果鉴定的全过程管理,逐渐探索并形成一套成熟的、符合学术研究规律的管理办法,努力将重大攻关项目打造成学术精品工程。我们将项目最终成果汇编成"教育部哲学社会科学研究重大课题攻关项目成果文库"统一组织出版。经济科学出版社倾全社之力,精心组织编辑力量,努力铸造出版精品。国学大师季羡林先生欣然题词:"经时济世 继往开来——贺教育部重大攻关项目成果出版";欧阳中石先生题写了"教育部哲学社会科学研究重大课题攻关项目"的书名,充分体现了他们对繁荣发展高校哲学社会科学的深切勉励和由衷期望。

  创新是哲学社会科学研究的灵魂,是推动高校哲学社会科学研究不断深化的不竭动力。我们正处在一个伟大的时代,建设有中国特色的哲学社会科学是历史的呼唤,时代的强音,是推进中国特色社会主义事业的迫切要求。我们要不断增强使命感和责任感,立足新实践,适应新要求,始终坚持以马克思主义为指导,深入贯彻落实科学发展观,以构建具有中国特色社会主义哲学社会科学为己任,振奋精神,开拓进取,以改革创新精神,大力推进高校哲学社会科学繁荣发展,为全面建设小康社会,构建社会主义和谐社会,促进社会主义文化大发展大繁荣贡献更大的力量。

教育部社会科学司

前　言

新型城镇化是中国未来社会经济进一步持续发展的最重要的驱动力之一，我国中央政府已经明确要通过四大战略重点促进城镇化健康发展，包括有序推进农业转移人口市民化，优化城市化布局和形态，提高城市可持续发展能力，推动城乡发展一体化。其中统筹推进户籍改革和公共服务均等化则是有序推进农业转移人口市民化的一个重要的突破口。

中国自 20 世纪 80 年代以来的快速城镇化在一定程度上是以在中国城市中形成新的二元结构为代价的，而自 20 世纪 50 年代开始实行的户籍制度就很自然地被视为造成这种社会割裂的最大的制度性根源，户籍制度改革也就成为政府近年来一直大力推动的社会改革之一。

户籍制度对城镇化进程的扭曲已经得到很多的关注和反思，而户籍制度曾对城市管理发挥过一定的积极功能也应当得到肯定。中国现行的户籍制度最初只是一种人口的登记管理制度，随着中国社会经济发展的发展和变迁，它逐渐被赋予了很多新的功能，发展为一种身份甄别机制，成为政府实行的公共产品和公共服务（教育、医疗、就业、社会保障等）差别性分配的制度载体。

改革开放以后，户籍对于人口机械流动的限制有所放松，城乡、城城之间的人口流动变得相当普遍，形成古今中外史无前例的人口大流动。如果说由内地农村流动到城市和沿海地区的数亿农民为中国经济增长提供了潜在的充足的劳动力资源，那么在一定意义上城乡二元体制以及由此产生的非正规就业等现象是中国经济得以迅速发展的制度性安排，也是中国人口红利得以充分实现的关键因素之一。实现人口红利的人口学前提条件首先是要有充足的年轻劳动力资源，同时这些劳动力必须能够充分就业。正是因为如此巨量的进城农村劳动力被排斥在城市福利和保障体制之外，否则中国城市的工业的发展不可能那么廉价，中国制造的产品也不可能以那么低的价格销售到世界各地，中国也不可能在短期内成为世界工厂。同时，我们也应当看到，基于户籍制度的这种城市新二元体制也为城市政府调控人口与社会经济发展特别是城市公共服务资源的供求关系提供了一种政策工具。应当充分肯定户籍制度在中国社会发展特别是过去30多年间经济持续增长过程中所发挥的积极作用,当然这个作用的发挥是以剥夺农民,剥夺农民工社会权利和社会福利为代价的,产生了巨大的社会成本。以户籍制度为基础的城市内部的新二元体制将外来人口排斥在城市主流社会之外,使之不能公平地分享社会经济发展的成果,成为生活在城市中的弱势人群和边缘人群。

自20世纪80年代中期以来,全国许多地区都开展了户籍制度的改革,积累了一些经验,取得了一定的成绩和突破。不少地方以取消城乡户籍差异、统一城乡户口登记为起点,试图解决本地城乡人口公共服务均等化等问题。另一些地方特别是外来人口比较集中的地区则较多地对城市流动人口实行有选择的准入,把具有合法固定住所、稳定的职业或生活来源作为在当地落户的条件,有选择性地引进所需人才,以应对本地劳动力的供求矛盾,提高本地劳动力的整体质量,促进城市社会经济稳定和谐发展。

公共服务均等化是一个长期的发展目标,在实现这一目标的过程中必须兼顾各种人口群体的利益,合理配置公共资源。也就是说,在维护外来流动人口公平分享城市社会经济发展成果及权益的同时,不应当也没有必要以压缩城市居民的既得利益为代价,只要这种利益是合法合理的。城镇原有居民对外来人口的排斥在很大程度上是担心自身利益被稀释,也就是担心外来人口权利的获得来自于城市原来居民的利益让渡,这种担心如果不能很好的纾解,有可能导致本地与外来人口这两大人口群体之间的利益冲突,成为城市和谐发展新的隐性风险。设计与户籍改革有关的公共政策应当非常慎重,尽可能将我们有限的社会资源分配得更加合理,配置得更加高效,最大程度地避免这两大人口群体之间为各自的利益发生矛盾。社会政策应当能够做到这一点。

"统一城乡户口登记"和"准入制"的户籍改革模式都体现了公平原则的逐步兑现,是符合当时中国城市发展状况的现实选择。但是,这两种改革模式都存在相当的局限性。它们仍旧是一种捆绑式的改革方法,其改革逻辑仍旧是先取得户籍身份,再享有权利,是在保持现有户籍制度所覆盖的各种福利的基础上扩大能够享受这些福利的人群范围,而并没有真正解决户籍制度改革的根本问题,即如何剥离附着于户籍制度上的福利与权利,推动户籍制度回归最基本的人口信息登记功能。

统一居民户口的改革模式对城市社会承载力要求较高,一些城市的改革由于没充分考虑自身承载能力,在类似"大跃进"的改革道路上造成了教育资源紧张、社会保障压力激增、交通拥挤等社会问题。同时由于我国各种关乎民生的保障、福利和教育制度都是按照城乡分割设计和运行的,仅仅在户口登记上取消城乡区别只能是一种形式上的改革。

"准入制"是大多数人口流入地区的地方政府所采取的改革路径，一方面可以解决当地劳动力资源的不足，同时又可以较为灵活地平衡本地人口和外来人口对公共服务资源的供求。准入制的排斥功能非常突出，具有明显的调节人口流入结构的目的。近年来，北京、上海、深圳等城市推行了居住证形式的户籍改革措施，持有不同类型居住证的居民享有不同的权利和福利。居住证制度尝试淡化户籍与福利的联系，类似于一种剥离式的户籍改革制度，是借鉴发达国家"绿卡"制度进行的积极尝试，为户籍改革积累了有益的经验，但在受众的普惠性上仍有所欠缺，因此，有必要重新认识户籍改革的目标，探究一种新的制度载体，平稳有序地推进户籍改革。

户籍改革的最终目标是使户籍制度回归最基本的人口信息登记功能，实现公民自由迁徙和公民身份以及基本福利的平等化。但在实现最终目标前，需要从中国发展现状出发，厘清阶段性目标，以求改革措施与目标保持内在一致性。从现阶段来讲，户籍改革应至少具有以下三重目标：

1. 剥离相关福利，促进社会公平

中国社会经济的持续稳定的发展需要最大程度地降低社会不公平，构建和谐平等的发展环境。为此户籍改革被赋予了极大的期待，人们希望通过户籍改革来促进公民身份的平等化，化解城乡二元体制和城市新二元体制。

但需要指出的是，仅仅通过户籍改革来达到社会公平是不现实的。随着户籍改革的不断推进，附着在户籍之上的错综复杂的利益格局不断暴露，近年来一些以关注民生为出发点的公共政策进一步提高了户籍的"含金量"，与户籍改革淡化与福利相连的目标取向相背离。因此，单纯改革甚至取消户籍制度，而不同步推进其他福利保障制度的改革，反而可能产生新的不公平的制度性屏障。此外，城乡、区域间的发展不均衡是客观存在的，不同地区所能提供的公共产品与公共服务的差异性也是不可避免的，这种不平等并不会随户籍制度改革而消除。

2. 引导人口合理分布，推进新型城镇化

户籍改革应为人口的自由流动创造一种制度环境，从而能够引导流动人口有序流动，积极稳妥地推进以人为核心的新型城市化进程。我国政府已经明确了户籍改革按照城市分类推进的基本原则，全面放开小城镇落户限制，有序放开中小城市落户限制，改革最大的难点仍然在大城市和特大城市。从改革的现状来看，小城镇或小城市对户籍改革的态度最为积极，改革也相对最为彻底；一些中等城市也不同程度地降低了入户门槛，而大城市和特大城市仍以采取控制性的改革措施为主。近十多年的人口迁移和城市化研究已经证明，小城镇对流动人口的吸引力非常有限，人口流动的主要目的地还是中等城市以上的城市，并且呈现城市规模越大，流动人口的进入意愿越强的规律性特征。其深层次原因还是由于不同规模城市户籍的"含金量"不同。随着城市层级的提高，政府所能提供的公共产品越充裕，公共服务越完善，就业和其他发展机会越多，对流动人口的吸引力越大。

同时，我们也已经看到，由于大城市生活成本高等原因，大量的流动人口所诉求的并一定是在大城市中"落户"，而是希望能够最大限度的利用大城市所能提供的发展机会，实现个人和家庭发展的福利最大化。务实的户籍改革措施应该引导流动人口在城乡、城市之间合理分布，选择适合自身发展的区域永久居住。

3. 实现权益相伴的自由流动，促进建成统一劳动力市场

统一、高效的劳动力市场是我国应对社会转型时期面临的经济结构、人口结构等各方面变化的有效途径，也是促进平等就业与公平分享改革发展成果的迫切要求。在现行户籍制度存在的前提下，非农产业的劳动力需求（通常发生在城市和沿海地区）与劳动力供给（存在于农村和中西部地区）在地理上被割裂了，劳动力供给对需求的反应要缓慢很多，常常导致特定地区劳动力市场的大起大落。户籍改革应在最大程度上保证人口不以权益缺失为代价的自由流动，促进统一、高效的劳动力市场的建成。

目前，人口在区域间的机械性的自由流动已基本实现，但在现行户籍制度和福利分配机制下，这种流动是以牺牲迁移人口的部分利益为代价的。同时，目前的各种户籍改革措施主要还是让外来的农村人口转化为流入地的市民，是以这些外来人口成为市民以后不再迁移为假设的。但由于没有相应的社会保障等制度改革的配套，转化为流入地市民的外来人口又被固定在流入地，而不能继续自由地迁移到其他城市或地区。也就是说，目前的户籍改革可能解决了农村人口转变成一个具体的城镇的市民的问题，但没有解决真正意义上的人口自由流动问题。

劳动力的自由流动不仅有利于经济健康发展，也会有效降低社会风险。在中国产业结构不断升级、区域经济格局不断变化的过程中，通过户籍制度改革将流动人口固定在某一城镇，可能会带来诸多社会风险，造成新的公共安全隐患。2009年世界金融危机时，各界都非常担心危机会造成整个中国出口企业不景气，导致大量农民工失业，引发社会不安定。但结果却并未发生较大问题，大量农民工返乡，在农村依然可以劳作生存或者在当地找到其他的生存和发展机会。

户籍改革措施要尽量与总体的改革目标保持内在一致，但由于我国社会经济发展现状的限制，改革的多重目标的达成存在优先顺序，需逐渐过渡。总的来讲，户籍改革需坚持渐进式改革思路，改革路径应由选择型逐渐走向普惠型，改革的政策取向应是淡化户籍制度与社会公共产品分配的联系，采取剥离式改革模式。从实际改革路径来看，户籍改革要从"完全的控制体制"回归到最初的

"登记体制",中间要经历很长的过渡期,而过渡期内则仍需要从"选择型制度"过渡到"普惠型制度"。计划经济时代的城乡二元管理完全基于户籍"身份"来分配权力和福利;在过渡时期,则是要逐步放开户籍作为福利分配载体的控制权限,具体来讲,要根据社会经济发展情况,在过渡期内由"选择型制度"转向"普惠型制度",即政策实施对象由"选择性的人才"扩大至"所有流动人口";最终,当户籍的含金量越来越低,户籍制度回归到登记体制,即根据居住地登记,仅履行最初始的人口管理职能,不再作为福利和权利的分配载体。

户籍改革的成功绝非单纯的改革户籍制度本身,同时要依赖于各项社会政策配套改革的推动实施,若能在调整社会政策的过程中找到新的福利载体也可以视为一种户籍制度改革的成功。因此,试图在短期内从根本上破解户籍制度之困是十分艰难的。中国的户籍制度的历史变迁决定了户籍改革需要以渐进式思路推进,必须按照"承认差异,梯度推进"的原则开展。

我国社会经济发展和人口迁移流动都已经发展到一个新阶段,无论从和谐社会的构建还是中国经济的持续发展,"选择型"的户籍制度改革措施已无法满足人们的需求,亟须推行一种受众面更广、灵活性更强的"普惠型"制度设计。国务院2014年发布的《关于调整城市规模划分标准的通知》以及《居住证管理办法(征求意见稿)》明确了居住证持有人享受的各项基本公共服务、各项便利和逐步享有的权利,以及最终落户的程序。征求意见稿也明确提出在大城市和特大城市建立完善积分落户制度。

我们的研究团队多年来一直开展与户籍制度改革有关的学术研究和政策咨询。本书就是我们在2010年前后在教育部重大项目资助下开展研究的主要成果,全书试图在分析现有户籍管理制度和管理模式存在的问题及其成因的基础上,探讨过渡期我国户籍改革的总体思路,包括政策理念、理论框架和具体的制度设计。首先,研究从人口管理的基本内涵、特征及目标出发,对我国户籍制度的演变过程进行梳理,并对其在不同历史时期的特点、作用以及存在的问题做出客观评价;其次,系统分析社会转型期户籍管理面临的各种现实问题,开展以户籍为载体的福利状况调查和户籍改革相关人群综合调查,并对由城乡福利差异、人口流迁等所引发的户籍制度改革问题展开讨论,分析现阶段户籍改革呈现的特点和改革趋向;再次,就人口流迁与流动人口的社会融合、人口容量与城市可持续发展等与城市户籍改革相联系的重要论题进行研究,分析人口发展和城市化推进对户籍管理相关制度安排产生的影响;在此基础上,借鉴国际上其他国家在人口管理方面的先进经验,设计我国户籍改革的总体思路,明确户籍改革的政策理念和理论框架,形成"权利与义务对等"的积分权益制的政策方案;研究最后从城市户籍限制最优水平的经济学分析和户籍制度改革的全国性财政配套改革分析,进一步论证方案的可实施性。其中有关建立和完善积分权益制的研究和方案设计得到了学界和政府部门的重视，并获得2013年度上海市决策咨询一等奖。

积分权益制是基于"权利与义务对等"原则的制度设计，可以平稳有序地推进户籍改革。其基本理念是以社会管理规范化和基本公共服务均等化为目标的流动人口管理制度，是与户籍改革的多重目标保持内在一致性的普惠型制度设计，充分体现了"渐进式、剥离式"的户籍制度改革模式及流动人口基本公共服务"普惠制"的发展趋势。这一制度创新面向所有外来人口，而不是如以往的户籍改革那样仅仅面向所谓的人才。

严格地讲，积分制并没有破除城市中的新二元结构，它是在承认城市原有人口的既得权益的基础上，为外来人口融入当地社会提供了一个政策通道。或者说积分权益制试图在维持现有户籍居民的福利水平基本不变的前提下增加和改善对积分持有者的公共资源与福利的供给水平，从而在制度层面上打破以户口为标准来分配城市公共产品和公共福利的惯例，为公共福利分配提供了新的载体。剥离了附着在户籍之上的就业、教育、社会保障等公共服务，降低了城市户口的"含金量"，是一种绕过户口的户籍改革模式，也是一种类似双轨制的改革模式。

积分权益制主要还是一种基础性的载体，更加公平和高效的社会发展还是要依赖其他社会保障和福利制度的改革。只有当劳动就业、老年福利、医疗健康、教育等社会政策和保障项目不再与户籍挂钩，积分权益制也就可能完成其历史使命了。

中国的整体性改革正在持续稳定地深化，新的改革举措不断出台和运行，户籍制度和相关体制机制的改革也在中央的统一安排下有序地开展。我们在过去几年中开展的这项研究虽然不能全面涵盖学界最新的研究成果和最新的政策实践，但我们的研究将为研究者和决策者提供一个全面的历史回顾和可行的政策思路，也希望能由此推动中国公共政策领域的学术发展。我们的研究自然也会存在诸多不足之处，也希望读者能够对此提出批评建议。在此再一次感谢教育部重大攻关项目和上海市决策咨询项目的支持，感谢所有参加此项研究的专家学者、政府官员和研究生们，也感谢所有参与本研究的社会调查和数据采集的工作人员和被访问者。

复旦大学人口与发展政策研究中心
2014年12月

摘　要

本项目的最终研究成果分九章来呈现：

第一章　导论，主要介绍研究背景、选题意义、研究思路与目标、本研究的方法论特征以及主要研究内容。

第二章　户籍制度的历史经验与改革重估，本章通过对我国户籍制度演变历程的梳理和近年来国家及地区层面的改革现状及特点的分析，对户籍制度在不同历史发展阶段的功过是非进行客观评价，研究户籍改革的动因和制度基础，并据此分析社会转型期我国户籍制度改革面临的矛盾、问题及其未来的发展趋势。研究认为，中国的户籍制度变迁是与中国工业化和城市化发展阶段相联系的。从计划经济时代为支持重工业优先战略而实施的"城乡分治"，到改革开放以后与人口流动和资源配置市场化逐步适应，中国的户籍制度呈现出"从封闭的城乡二元结构向开放的一元化格局"变迁的特征。

第三章　户籍改革的政策理念及其政治经济逻辑，本章的主要任务是设计我国户籍改革的总体思路，明确政策理念，形成科学合理的理论框架，侧重于两点：（1）政策理念必须兼顾效率与公平目标，既要考虑城乡福利差异和流动人口权益保护、减小社会震荡，也要考虑城市人口承载能力、城市化水平和质量，以及制度转换成本；（2）我国的户籍改革与相关政策调整必须遵循"承认差异，梯度推进"的原则。研究认为，户籍改革的政治经济学命题表现为决策者的政策目标的优先序从工具性目标向权利和平等的价值性目标的转变。户籍改革的本质是决策者放弃以限制人口自由迁徙的权利及其相关的社会福利来实现经济发展与社会稳定的工具性目标，将流动人口的权利保障及其正义性纳入到自身的社会总福利函数之中,并赋予其权利价值在政策目标序中的优先地位。通过分析户籍制度的历史价值及其权利限制的政策后果,以及现行户籍管理制度改革的渐进模式,即"准入制"与"居住证制"政策效果分析,研究发现,改革的路径是以渐进式为基调的,以一种循序渐进的适应内外压力的形式出现的,并对原制度存在强烈的依赖性。户籍制度改革的基本取向应当是逐步剥离附加在户籍之上的种种福利附加,使户籍管理功能回归本位。

第四章 大城市户籍改革的困境、政策取向与路径探析,本章以上海为例,对大城市户籍改革面临的一系列难题进行系统分析,并就城市户籍改革所涉及的利益关系调整问题深入探讨。研究认为,促进流动人口市民化是城市户籍改革的重要环节,在城市社会的总体承受能力相对不足的情况下,应当按照"权利与义务对等"的原则,为流动人口获得市民待遇提供合理途径,构筑起有利于推动人口合理流动和流动人口社会融合的制度框架。在制度框架内,调控机制主要发挥引导和驱动作用,由外来人口自主决定去留。户籍改革的最终目标是从"完全的控制体制"回归"登记体制",中间要经历较长的过渡控制期。大城市未来的户籍改革方向:一是渐进改革中的户籍福利与权利剥离;二是对外来人口的福利供给制度从"选择型"走向"普惠型"。当两个方向的改革汇集为一点,大城市户籍改革将取得突破性进展,实现全体社会成员机会和待遇的平等,促进整个社会资源配置效率的提高,从而为社会转型、经济转轨和经济社会的持续健康发展提供制度保证。

第五章 外来流动人口社会分化、福利需求及其对户籍改革的含义。本章主要以"浦东新区流动人口公共服务及户籍改革意向调查"为基础,分析流动人口对于以户籍为载体附加的各种利益和福利的利用及其认知性评价情况,并就城乡户籍福利差异内含的权益资格及其公平性问题进行探讨,从而为正在进行中的户籍制度改革提供经验支持。研究发现,虽然外来人口内部的不同阶层之间收入差距并不是非常大,但是其亚阶层的社会保障、就业和教育机会以及通往上一阶层流动或成为城市居民的机会却存在显著的差异。阶层的再分化是由外在制度因素与人群的人力资本、单位以及社会关系状况等内在因素交互作用的产物。作为外在制度的公共政策是非中性的，政策本身具有选择和歧视的不平等特性，而"居住证"模式正在成为福利权益剥离难度最高的特大城市户籍改革的基本方向。

第六章 户籍制度改革与流动人口的社会融合。本章主要从完善城市流动人口管理制度的角度来论证，流动人口社会融合首先是加强制度融合，城市户籍改革必须充分考虑流动人口的权益，逐步将流动人口纳入整个城市管理体系。本章主要讨论了三个方面的问题：第一，流动人口在城市长期居留的特点和社会融合的需求迫切要求推动户籍制度改革，研究具体衡量流动人口社会融合的特点和影响因素，说明除了流动人口自身的人口学因素和社会资本，以户籍制度为基础的制度性因素也对流动人口实现社会融合具有显著的影响；第二，研究说明户籍制度成为导致流动人口社会排斥的基础性，以及最为根本的制度安排，需要通过户籍改革推动以融合为导向的城市人口管理体制改革；第三，研究回顾了改革开放以来城市户籍制度改革的有关探索，对推动城市户籍改革、促进流动人口社会融合提出对策思路。

第七章 发展主义政府与城市落户门槛：关于户籍制度改革的反思。本章从发展主义政府的视角探讨户籍制度改革的障碍，即落户门槛问题。通过投影寻踪模型、因子分析和聚类分析的方法对我国46个样本城市的现行落户条件及其关联因素进行分析，构建落户门槛指数评价不同城市落户门槛的高低，并在此基础上探讨落户门槛的高度与哪些影响因子显著相关，以及不同类别的城市落户门槛影响因子的作用效应。研究结果表明，在强调增长的经济社会生态下，落户门槛在样本城市存在"质"的共性但有"度"的差别，而落户门槛高度在很大程度上可以被城市财政经济总量、消费水平、城建物化度、对外依赖度和经济结构等公因子的作用强度和结构属性解释。而地方财力的提升并不会必然降低城市落户门槛。户籍制度改革延伸内涵的深度需要涉及权利之外的更广泛的政治、经济、社会的现实运作格局和多个领域改革的互动，这些领域包括发展模式、政府职能、公共财政、收入分配、民众权利等等。

第八章 城市户籍限制最优水平的经济学分析。本章首先重点分析了城市间户籍限制政策的优化问题，为此将所选的55个城市依据人力资本回报率和人均公共福利水平分为四大类型，并分别展开讨论后得出了具体的政策性结论。本章简要分析了关于城乡间户籍限制政策的优化问题，得到的初步政策结论是，给定当前我国城乡间户籍限制的特定初始条件，则全社会最优的方案是，首先应当由那些边际拥挤成本相对较低或者说人口密度相对较低的城市向农村劳动力放开户籍限制。

第九章　户籍制度改革的全国性财政配套改革，本章首先分析城市户籍所含福利的可剥离性与财政配套改革，将与全国财政配套改革的福利分为两类（教育机会、就业机会为第一类福利，社会保障为第二类福利），而城市便捷的生活服务设施需要地方性财政配套改革。研究认为，户籍制度改革的全国性财政配套改革主要旨在将上述第一类和第二类福利从城市户籍中剥离，在对两类福利财政根源分析的基础上，提出全国财政配套改革的具体方向。而地方性公共产品多由地方财政支持，在考虑这部分福利时，不能采用剥离的手法，而应该利用市场经济中价格调节、税收调节等杠杆手段来对使用此类公共产品的人群进行征税。最后，分别给出中央和地方政府局部最优模型的结论与政策含义，并特别指出：剥离户籍所附着的社会福利是户籍制度改革成败的关键，地区间社会福利制度的有效衔接是推动户籍制度改革的重要环节，政府有力推动是剥离户籍福利的根本保证。

Abstract

The research findings of this project are shown in nine parts as follows:

The first part is Introduction, mainly discusses research background, implications, the overall train of thought and the objective, characteristics of the methodology and main content of the whole book.

The second part is Historical Experience of the Household Registration System and Revaluation of the Reform. This chapter aims to evaluate the household registration system at different historical stages through presenting the evolution process of the household registration system in China, characteristics and current situation of the household registration system's reform at national and regional level in recent years, and to study reasons and institutional basis of hukou's reform, before analyzing contradictions, problems and trends of the household registration's reform in China during the social transition period. The Study suggests that the evolution process of China's household registration system is linked to different stages of industrialization and urbanization. From implementation of "urban-rural managed respectively" which aimed to support heavy industry during the planned economy era, to adapt to migration and marketization of allocation for resources gradually since reform and opening up, China's household registration system shows a trend "changing from the closed urban and rural dual structure to the opened unified pattern".

The third part is Policy Ideas of the Household Registration System's Reform and its Logic in Political Economics. The main purpose of this chapter is to design the overall plan of the household registration system's reform in China, to clarify its policy ideas and construct a theory framework scientifically, so this chapter will focus on two points, 1) to take both efficiency and fairness into account in formulating policy ideas, there is a need to strike a balance between protection of rights and interests of the floating population to promote social stability with considering differences between urban and rural areas and consideration of population capacity for a city, its level and quality of urbanization as well as switching costs. 2) hukou's reform and related policy adjustment should follow the principle "acknowledge in differences, advancement by gradient". The study suggests that the household registration system's reform shows a trend that the objective of policymakers changes from instrumental goal to the value target based on rights protection and social equality from the perspective of political economics. The nature of hukou' reform is that policy makers intend to incorporate rights and social justice of the floating population into the total social welfare function, and give priority to their rights instead of achieving economic development and social stability through restricting freedom of migration and their social welfares. According to analysis of the historical value of the household registration system and policy consequences of restriction on rights, as well as policy effects of two current modes "access system" and "certificate of residence system" for the household registration system's reform, the study suggests that the reform is a kind of progressive one, and emerges in the form of adaptation to internal and external pressures step by step, and has strong dependence on the original system. The basic direction of the household registration system's reform should be pointed to stripping additional benefits gradually and putting the household registration system into its original function box.

The fourth part is Difficulties, the Orientation of Policies and Paths of Household Registration System's Reform in Big Cities. Taking Shanghai for example, this chapter will analyze a series of problems faced by big cities when processing hukou's reform and have deeper insight in adjustment of interests' relationships incorporated in the urban household registration system's reform. The study shows that to promote citizenization of the floating population is an important element of the household registration system's reform. It is necessary to provide a reasonable approach to citizenship for the floating population and construct an institutional framework for guiding population flow and integration of the floating population into cities according to the principle "equivalence between rights and obligations" against the background of limited capacities in urban areas. Under the institutional framework, regulatory mechanism mainly plays a role in guiding directions of the population flow and final decisions should be made by migrants. The ultimate goal of hukou's reform is to change the system from "fully control system" to "registration system", which will undergo a long transition period. The direction of household registration system's reform in big cities should be as follows, one is the detachment of household welfares from rights gradually, and the other one is the transformation of public welfare supply system for the floating population from "patterns of selection" to "GSP". When these have progressed successfully, breakthrough will occur in hukou's reform of big cities the result is to realize equality of opportunity and treatment for all social members, to promote efficiency of resource allocation in the whole society, and thus to provide an institutional foundation for social transformation, economic transition and sustainable socioeconomic development.

The fifth part is Social Differentiation of the Floating Population, the Demand for Public Welfare and its Implications for the Household Registration System's Reform. This chapter researches on evaluation of the floating population on utilization and cognition of additional benefits included in household registration system, which based on "the intention survey of public services and the household registration system's reform of Pudong New Area". This study will also discuss the qualification of rights and related fairness resulting from differences in urban and rural household registration system's welfare so as to provide ongoing reform of the household registration system with practical supports from demand side. The Study suggests that although the income gap between the floating population of different classes is not very huge, but there are significant differences in the social security, opportunities for employment, education and flowing to upper classes or chances of becoming urban residents of the sub-class. Re-differentiation of the class is resulted from intersection of external factors such as institution and inner factors including human capitals, employed units and their social relationships. Public policy acted as an external institution factor is non-neutral, policy itself has the characteristic of inequality in selection and discrimination, and "certificate of residence system" is becoming a basic direction of hukou's reform in megacities where the detachment of welfares from rights is the most difficult.

The sixth part is the Household Registration System's Reform and Social Integration of the Floating Population. This chapter mainly discusses three problems. The first one is the characteristic of the floating population who residents in the city for a long time and their demands for social integration compel the household registration system's reform urgently. Researching on impact factors and characteristics of social integration of the floating population, a study shows that institutional factors based on the household registration system have significant effect on social integration of the floating population in addition to their own demographic factors and social capitals. Secondly, the study suggests that the household registration system has become the basic institutional arrangement for social exclusion of the floating population, and there is also a need to promote urban population management system's reform through the reform of the household registration system. Finally, the study reviews the whole history of exploration in urban household registration system's reform since reform and opening up, and puts forward countermeasures to promote urban hukou's reform and social integration of the floating population.

The seventh part is Development – Oriented Governments and the Threshold of Household Registration. Reflection on the Household Registration System's Reform. This chapter discusses the obstacle of the household registration system's reform, namely the threshold of household registration, from the perspective of the development-oriented government. This chapter is to analyze current registration conditions and its associated factors of 46 sample cities in China through the projection pursuit model, factor analysis and cluster analysis, and to evaluate the threshold of the household registration in different cities through building the index of household registration's threshold, before discussing which impact factor has significant association with the threshold of the household registration and effects of impact factors of different categories. The result shows that because of placing emphasis on economic growth, the threshold of the household registration in sample cities is identical essentially although with some variances in degree, and the threshold of the household registration can be largely explained by intensity and structure properties of the urban economy, the level of consumption, the materialized urban construction, external dependency and the structure of its economy. The better local financial situation does not necessarily guarantee a reduced threshold of the household registration. The interaction in multiple fields such as modes of development, functions of governments, public finance, income distribution, public rights etc. and practical operations politically, economically and socially should be involved in the scope of the hukou's reform.

The eighth part is Economic Analysis on Optimization of Restrictions on Urban Household Registration. This chapter firstly analyzes the optimization of restrictions on household registration between different cities, and divides 55 cities into four groups according to the rate of human capital return and the level of public welfare per capita, and then makes conclusions after discussing specific policies. This chapter briefly analyzes the optimization of restrictions on household registration between urban and rural areas and draws preliminary policy conclusions given current restrictions on household registration between urban and rural areas in China, the most optimal scheme for the whole society is to open to rural labor-force firstly at those places where feature on a relative low marginal cost of congestion or relative low density of population.

The ninth part is Related Fiscal Reforms Associated with the Household Registration System's Reform. This chapter firstly focuses on the possibility of detachment of the public welfare incorporated into the household registration system and related fiscal reforms, and then divides the public welfare into two clusters (one including opportunities of education and employment, the other one referring to social security), those convenient service facilities for urban life should be compatible with related fiscal reforms at local level. The study suggests that the main purpose of the household registration system's reform is to strip public welfares of the first and second cluster from the urban household registration system, and put forward the specific direction of fiscal reforms after studying financial sources of different public welfares. Because local public goods are usually supported by corresponding financial resources, this part of public welfare should be adjusted by leverage methods such as price and tax in a market economy instead of being stripped. Finally, the study provides conclusions and implications of optimization models of the central and local governments respectively, and points out that detachment of social welfares included in the household registration system from rights is the key to success in the household registration system's reform, the effective engagement of the social welfare system in different regions is an important part of the household registration system's reform, and supports from governments are the fundamental guarantee of stripping public welfares from the household registration system.

目 录

第一章 导论　1
　　一、研究背景与意义　1
　　二、本书研究思路与总体目标　5
　　三、本研究的方法论特征　7
　　四、本书的安排　9

第二章 户籍制度的历史经验与改革重估　13
　　一、中国现行户籍制度的演进历程　13
　　二、对中国户籍制度的基本评价　16
　　三、现阶段户籍制度改革呈现的主要特点　19
　　四、户籍改革模式与地方实践　24
　　五、户籍制度改革持续推进涉及的核心问题　36

第三章 户籍改革的政策理念及其政治经济逻辑　39
　　一、户籍改革的政治经济学命题　39
　　二、户籍制度的历史价值及其权利限制的政策后果　40
　　三、限制流动人口权利的社会成本与收益变动：工具性目标的代价　43
　　四、户籍价值重构与流动人口权利回归　48
　　五、现行户籍管理制度改革的两种渐进模式：利益调整下的阻力　52
　　六、郑州户籍改革受挫的一个解释：个案的经验价值　58
　　七、结论与讨论　61

第四章 ▶ 大城市户籍改革的困境、政策取向与路径
——以上海为例   64

一、大城市户籍改革面临的难题——基于上海的分析   64
二、城市户籍改革必然要进行利益关系的调整   69
三、促进流动人口市民化是城市户籍改革的重要环节   70
四、城市户籍制度边际性改革的核心要素：权利、义务与时间门槛   72
五、未来的政策走向：渐进式改革与福利供给的"普惠制"   74

第五章 ▶ 外来流动人口社会分化、福利需求及其对户籍改革的含义   78

一、引言   78
二、流动人口群体的阶层内再分化及其社会福利比较   81
三、居住证制度的激励效应及其社会分化机制：影响流动人口行为选择的因素   89
四、流动人口对公共资源与社会福利的利用和公平感评价   91
五、流动人口对居住证功能的期望：社会福利需求及户籍改革意向   98
六、结论与讨论   104

第六章 ▶ 户籍制度改革与流动人口的社会融合   106

一、城市流动人口社会融合的过程、测量及影响因素   107
二、建设以融合为导向的流动人口管理制度   117
三、城市户籍制度改革与流动人口社会融合   134

第七章 ▶ 发展主义政府与城市落户门槛：关于户籍制度改革的反思   144

一、问题的提出   144
二、转型时期地方政府职能与城市落户门槛   148
三、数据、指标和方法   151
四、城市落户门槛特征及其影响因素   158
五、结论和政策涵义   166

第八章 ▶ 城市户籍限制最优水平的经济学分析   168

一、地方城市政府局部最优模型   185

二、中央政府全社会最优模型　185

　　三、城市户籍限制的地方与中央最优值的经验检验　191

　　四、本章总结　211

第九章 ▶ 户籍制度改革的全国性财政配套改革　214

　　一、城市户籍所含福利的可剥离性与财政配套改革　214

　　二、第一类福利的全国性财政配套改革　222

　　三、第二类福利的全国性财政配套改革　228

　　四、户籍制度改革的地方性财政配套改革　230

　　五、本章总结　237

参考文献　241

Contents

1 Introduction   1

    1.1   Research Background and Implications   1

    1.2   Research Outline and the Overall Objective   5

    1.3   Methodology of the Study   7

    1.4   Layout of the Book   9

2 Historical Experience of the Household Registration System and Revaluation of the Reform   13

    2.1   Evolution of Existing Household Registration System in China   13

    2.2   Basic Evaluation of Existing Household Registration System in China   16

    2.3   Main Characteristics of the Household Registration System's Reform at Present Stage   19

    2.4   Modes of the Reform and Local Practices   24

    2.5   Core Issue of Continual Advancement of Hukou's Reform   36

3 Policy Ideas of the Household Registration System's Reform and its Logic in Political Economics   39

    3.1   Proposition of Political Economics for Houkou's Reform   39

    3.2   Historical Value of the Household Registration System and Policy Consequences of Restrictions on Rights   40

    3.3   Changes in Social Costs and Benefits of Limitation on Rights of the Floating Population: the Instrumental Goal   43

3.4　Reconstruction of Household Registration's Values and Restoration of Rights of the Floating Population　48

3.5　Current Two Modes of the Household Registration System's Reform, Resistances from Interests' Adjustment　52

3.6　One Explanation for the Failure of Hukou's Reform in Zhengzhou: the Value of Case's Experiences　58

3.7　Conclusions　61

4　**Difficulties, the Orientation of Policies and Paths of Household Registration System's Reform in Big Cities: In Shanghai for example**　64

4.1　Difficulties Faced by the Household Registration System's Reform – with Shanghai for Example　64

4.2　Need to Adjust Interest Relationship during Urban Hukou's Reform　69

4.3　Promoting Citizenization of the Floating Population is an Important Part of the Urban Household Registration System's Reform　70

4.4　Core Element of Marginal Reform of Urban Household Registration System: Rights, Obligations and the Threshold of Time　72

4.5　Outlook of the Policy: the Progressive Reform and "GSP"　74

5　**Social Differentiation of Floating Population, the Demand for Public Welfare and its Implications for the Household Registration System's Reform**　78

5.1　Introduction　78

5.2　Redifferentiaton within the Floating Popultion and Comparative Analysis on Their Social Welfares　81

5.3　Incentive Effects of the Residence Certificate System and its Mechanism of Social Differentiation, Impact Factors of the Floating Population's Behavioral Choices　89

5.4　Evaluation on Utilization and Equality of Public Resources and Welfare by the Floating Population　91

5.5　Expectation on Functions of the Residence Certificate by the Floating Population, Their Demands for Public Welfare and Intentions of Hukou's Reform　98

5.6　Conclusions　104

6 the Household Registration System's Reform and Social Integration of the Floating Population   106

     6.1   Process, Measurement and Impact Factors of Social Integration of the Floating Population   107

     6.2   Elaborating on a Social Integration Oriented Management System for the Floating Population   117

     6.3   Reform of the Urban Household Registration System and Social Integration of the Floating Population   134

7 Development – Oriented Governments and the Threshold of Household Registration: Reflection on the Household Registration System's Reform   144

     7.1   Problems Presented   144

     7.2   Functions of Local Governments and the Threshold of Household Registration during the Transition Period   148

     7.3   Data, Indicators and Methods   151

     7.4   Characteristics and Impact Factors of the Threshold of Household Registration   158

     7.5   Conclusions and Policy Implications   166

8 Economic Analysis on Optimization of Restrictions on Urban Household Registration   168

     8.1   Local Optimization Models for Local Governments   185

     8.2   Social Optimization Model for the Central Government   185

     8.3   Empirical Tests for the Best Value of Restrictions on Household Registration both at Local and Central Level   191

     8.4   Conclusions and Further Discussions   211

9 Related Fiscal Reforms Associated with the Household Registration System's Reform   214

     9.1   The Possiblity of Detachment of Public Welfare from the Household Registration System and Related Fiscal Reform   214

9.2　Related Fiscal Reforms for Public Welfare of the First Cluster　222

9.3　Related Fiscal Reforms for Public Welfare of the Second Cluster　228

9.4　Local Related Fiscal Reforms Associated with the Household Registration System's Reform　230

9.5　Conlusions　237

References　241

第一章

导　论

一、研究背景与意义

（一）研究背景

人口管理作为一项最基本的社会管理制度，是其他社会制度的基础和依据。户籍管理制度是我国人口管理模式的基本形式，是在特定历史条件下发展的产物。长期以来，我国执行的是一套以户籍登记为基础的、城乡分离的"二元式"人口管理制度。1958年颁布实施的《中华人民共和国户口登记条例》标志着新中国户籍管理制度的正式确立和管理法制化的开始，进而为二元化的社会管理体制的建立奠定了基础。迄今为止，该项条例仍然是新中国户籍管理中最重要的法规。改革开放以来，伴随城市化、工业化进程的快速推进，传统户籍管理模式的弊端逐渐暴露出来，为适应社会经济发展、人口流动和城市化发展，我国的户籍管理制度已经经历了一系列重要变革，仍然存在着难以解决的问题，在寻求稳定与发展的道路上还需要进行不懈的改革探索。

1. 传统户籍管理模式以治民和社会成员的身份化、等级化为基本特征，是特定历史条件下的产物

从新中国成立之初一系列关于人口管理的法规、文件的颁布，到1958年《中华人民共和国户口登记条例》的正式实施，20世纪50年代我国基本确立了"户警一体"的户籍管理形式。重工业优先发展战略的实施，包括与此相联系的

"逆城市化"浪潮的推进，以及有限财力下仅向城市居民提供的就业安置和住房、医疗、粮食、教育等补贴制度，均在相当程度上强化了城乡边界，体现了户籍管理集政治、经济、社会等管理职能于一体的特征。

我国户籍管理制度的有效实施，对巩固新生政权、稳定社会秩序、控制人口盲目流动、促进城乡人口和劳动力合理分布发挥了重要作用。它使国家的力量渗透到社会的各个角落，最终实现了政府对秩序的重建和对社会的控制，也在很大程度上支撑了重工业优先的国家经济发展战略。而且，从某种意义上讲，即使在改革开放之后，以户籍作为主要载体的二元体制以及由此所产生的非正规就业等现象仍然是中国得以成为世界工厂的重要的制度安排，对我国社会经济改革的顺利开展也发挥了积极的作用。必须承认，我国改革开放30多年来的高速经济增长在很大程度上也得益于由于户籍分割而形成的大量廉价劳动力的存在。

应该讲，户籍制度本身应当主要作为人口登记管理的工具，但是我国的户籍制度从建立之初就被赋予了本不应该由它承担的许多政治、社会和经济功能，而这些功能又在发展过程中不断地被强化和放大，使得以人口管理制度形式存在的户籍制度发展成为我国公共福利体制的载体性制度，户籍制度上过多的利益附加已远远超过了户籍制度本身。

2. 在市场经济转轨和社会转型的过程中，传统户籍制度的超稳定性和滞后性的弊端逐渐暴露出来，现有的管理理念、管理体制和方式远远不能适应新形势下人口与社会经济发展的客观需要

改革开放30多年来，中国经历了并还在经历着迅速的城市化进程，中国人口正在重新分布，而人口流动成为影响城市化和人口再分布的最重要的因素。农村人口特别是劳动力人口以不可阻挡之势流向城市，据估计，目前我国的流动人口规模已达2.1亿。大规模人口流入引起城市社会经济结构的一系列重大变化，流动人口的常住化、家庭化、经济和社会联系的广泛化等种种特征，均表明他们已成为城市社会体系的重要组成部分。但基于户籍的社会福利政策长期以来在客观上不仅强化了对流动人口迁徙自由等权利的限制，而且也强化了对流动人口社会福利和相关利益的排斥，一些显性的或隐性的带有排斥性的制度安排隐含着巨大的社会风险。

目前，城乡迁移和人口流动已经发展到一个新的阶段，无论从和谐社会的构建还是中国经济的持续发展，都迫切需要推进户籍制度改革。经过长时期、自发性的流动人口集聚，流动人口中有相当一部分在城市长期生活、居住，依法纳税，为城市经济社会发展做贡献，已经成为事实上的城市常住居民，只不过受目前户籍制度的限制，而无法获得合法的城市居民身份。已有的城市流动人口研究表明，如果放开户口迁移的限制，使流动人口可以自由流动和自主选择时，他们中有相当一部分会选择在城市长期居留；或者退一步来讲，即使户籍改革进展缓慢，流动人口始终被排斥在城市福利体系之外，流动人口中已经在城市立稳脚跟的那部分人群，也会选择长期居留。对这部分人口，城市政府和管理部门应及早将他们纳入城市的日常管理体系和城市总体规划。当然，从社会公平和流动人口权益保护的角度讲，城市户籍改革应当在城市存量人口与增量人口之间进行适当的利益调整，基本要求是逐步缩小流动人口与户籍人口的福利差距，实现流动人口与户籍人口管理的平稳对接，在这个过程中必须为流动人口获得市民待遇提供一个合理途径。流动人口能否获得市民待遇融入城市生活，在多大程度上融入城市生活，不仅关系到流动人口的合法权益是否受到保护的问题，还直接影响到中国城市化的水平和质量，就目前的城市户籍制度改革进展情况来看，还未能形成比较明朗的将流动人口融入城市社会的制度性框架。

现有户籍管理模式还面临着来自城市（或城镇）内部大规模存在的"人户分离"现象的挑战。城市内部户籍人口的"人户分离"是伴随着社会主义市场经济体制的建立而产生的，是社会转型期诸多矛盾和问题在户籍管理上的综合体现，其根源在于社会经济发展与城市管理相对滞后的矛盾运动。从某种意义上讲，户口约束作用的下降和部分附着利益的残存是城市内部"人户分离"产生的制度基础。"人户分离"现象的大量存在不仅增加了人口管理的难度，人口信息的失真还直接影响到公共资源的合理配置和各项规划，影响到公共服务的质量，对长期以来以户籍为基础的人口管理体制和管理方式造成了很大冲击。

3. 户籍制度改革为大势所趋，改革的难点是附加利益的剥离以及相关社会政策综合配套改革的推动、实施

伴随着城市化的快速推进以及流动人口管理、"人户分离"等各种问题的凸显，自20世纪80年代中期开始，我国的户籍制度改革逐步成为民众、政府管理部门和学术界普遍关注的热点问题之一。学术界基于不同视角对二元制户籍制度存在的弊端、存废取向、改革路径等一系列问题进行了系统研究。尽管在许多方面尚存在分歧，但对于户籍改革复杂性的认识却高度统一。现有户籍制度包括三部分内容：户口登记制度、户口迁移制度和身份证制度，其中，遭受批评和质疑最多的当属户口迁移制度对公民自由迁徙权的限制，以及背后所隐藏的各项与户口捆绑在一起的教育、就业、医疗、公共福利等社会政策。归根到底，是因为户籍制度过多地承担了作为福利和利益分配载体的职能。许多专家认为，户籍改革本身并不复杂，但附加在户籍制度之上的相关社会经济政策以及由此形成的社会利益分配格局却是错综复杂的。户籍改革的难点在于附加利益的剥离以及相关社会政策综合配套改革的推动、实施。不研究解决好相关的社会经济政策问题，户籍管理制度改革将难以稳步推进。

当前，中央政府对户籍制度改革的目标主要表现在两个相互冲突的方面：一是工具性目标，以户籍管理对象或流动人口的权利作为发展的工具，以追求经济的快速健康发展和实现资源的优化配置，保护城市居民充分就业，推进城乡劳动力市场的一体化，乃至保持国家政治、经济社会的长期稳定。二是价值性目标，即以促进和保障流动人口的权利及其福利为导向的，通过缩小城乡差距，从而最大限度促进不同群体人口的公平为首要的正义目标。在社会经济发展难以提供充裕的就业机会和公共服务能力的情况下，地方政府要在流动人口权益保护与地方户籍人口利益之间进行权衡和取舍，但一般都会倾向于工具性目标，即优先考虑既得利益以及所谓的经济社会稳定问题。虽然中央政府推进户籍改革的态度是积极的，但在具体措施的出台上又显得亦步亦趋，更多地带有指导性。在地方政府事权、财权和管理职能不断扩大的情况下，在流动人口权益保护与地方户籍利益协调方面，地方政府拥有更大的主动权。在以人为本、关注民生的发展理念指导下，各地近年来都加大了对弱势群体的社会援助，这些措施很多都进一步提高了户籍的含金量，与户籍改革的方向相背离。

（二）研究意义

1. 本研究探讨转型期我国户籍改革的总体思路和可供选择的政策方案，可以为改革和完善我国现有户籍人口管理模式提供必要的理论和实证支持

户籍制度改革为大势所趋，二元社会体制将逐步弱化。20世纪80年代初期，中央明确提出了"控制大城市规模，合理发展中等城市，积极发展小城市"的城市发展方针。尽管在如何推动户籍改革方面还存在很多争议，但户籍改革还是率先在一些中小城市和城镇开展起来。从20世纪70年代末的配额制"农转非"，到20世纪80年代中期的农民自理口粮进入集镇落户，再到20世纪90年代初的"非农业户口"买卖，以及2001年小城镇户籍改革的全面推进，均表明了国家在户籍制度改革方面的决心。改革过程中也暴露出很多问题，例如，石家庄、郑州、济南等部分地区的户籍改革在取得了一定经验后面临困境，也显示了政府与相关管理部门在政策过渡和管理措施方面准备不足，对户籍制度改革所带来影响的估计不足，尤其是相关的配套改革未能跟上。

实际上，作为一种国际通行的人口管理办法，户籍制度的基本功能不外乎三个方面：证明公民身份、提供人口信息资料和方便社会治安，这三方面又可以归纳为服务和管理控制两大职能，而管理控制必须建立在服务的基础上。目前的户籍制度之所以成为制约社会经济发展的障碍性因素，根本原因在于过于偏重发挥户籍制度的控制功能，而淡化了其社会服务功能。综观近年来各地实施的户籍改革，在改革思路上对传统户籍制度的固有缺陷、户籍制度应发挥的基本功能以及现有制度的改革趋向等一系列问题尚缺乏清醒的认识和科学的把握。今后，户籍改革的路怎么走，特别是大城市的户籍改革如何推动，对户籍改革过程中出现的问题如何应对，等等，尚需要做理论上的充分论证和实践中的积极探索。

2. 本研究可以为完善人口信息社会化管理和推动基本公共服务均等化提供政策思路和管理依据

未来社会是高度信息化的社会，更加要求公共信息的社会化管理。依法科学地进行户籍制度改革，使其切实有效地保护公民合法权益，方便公民行使权利、履行义务和参加各项社会经济活动，为社会经济发展服务，为维护公共安全服务，户籍制度的进一步改革已经成为社会进步与经济发展的必然要求。对于城市社会而言，大规模的人口流入对城市基本建设和社会经济发展做出了贡献，但同时也对城市资源、环境、基础设施和公共服务带来了巨大压力，对现有城市管理体制和社会福利体制造成了很大冲击，加大了城市人口综合调控的难度。特别是在中央提出进一步改善农民工就业环境、推进基本公共服务均等化的背景下，地方政府很难把握政策调控力度。本研究在"以人为本的科学发展观"和"构建和谐社会"思想的指导下，立足于我国社会经济发展的现实情况，在系统分析户籍管理与改革的现状及问题的基础上，借鉴国际经验，探讨人口流动背景下实现人口信息社会化管理以及基本公共服务均等化的总体思路，前瞻性地研究制度框架，为政府和管理部门提供可供选择的改革思路和管理依据。

3. 本研究对于消除城乡二元体制、保护外来流动人口权益、提高城市化水平具有积极意义

在城市化和解决"三农"问题的背景下，流动人口的城市融入成为迫切需要解决的问题。其中，城乡二元户籍管理是必须破解的体制性障碍。长期以来，城市内部"新二元社会结构"的存在和制度区隔，不仅造成外来流动人口的权益受损，而且使得外来流动人口存在相当程度的被歧视和被剥夺感。以维权为目标的抗争行为时有发生，社会矛盾和社会冲突非常显著。外来流动人口权益保护问题的解决，可以在相当程度上降低社会矛盾和冲突发生的概率，减少社会震荡，促进社会稳定。包括农民工在内的流动人口能否获得市民待遇融入城市，不仅关系到其合法权益是否受到保护，还直接影响到我国城市化的水平和质量。本研究采用理论与实践相结合的研究方法，研究如何实现人口的宏观调控和规范管理，对于引导人口合理流动、优化城市化质量、促进社会公平和推动流动人口的社会融合，具有积极的现实意义。

二、本书研究思路与总体目标

（一）本书研究的基本思路

户籍制度是人口管理制度的存在形式。首先，本研究从人口管理的基本内涵、特征及目标出发，对我国户籍制度的演变过程进行梳理，并对其在不同历史时期的特点、作用以及存在的问题做出客观评价；其次，系统分析社会转型期户籍管理面临的各种现实问题，开展以户籍为载体的福利状况调查和户籍改革相关人群综合调查，并对由城乡福利差异、人口流迁等所引发的户籍制度改革问题展开讨论，分析现阶段户籍改革呈现的特点和改革趋向；最后，就人口流迁与流动人口的社会融合、人口容量与城市可持续发展等与城市户籍改革相联系的重要论题进行研究，分析人口发展和城市化推进对户籍管理相关制度安排产生的影响，借鉴国际上其他国家在人口管理方面的先进经验，进一步明确户籍改革的政策理念和理论框架，进行多方案、大数据量的政策模拟，从而论证转型期我国户籍改革与模式创新的政策选择，在此基础上，形成可供操作的政策方案。各部分具体逻辑关系如下（见图1-1）：

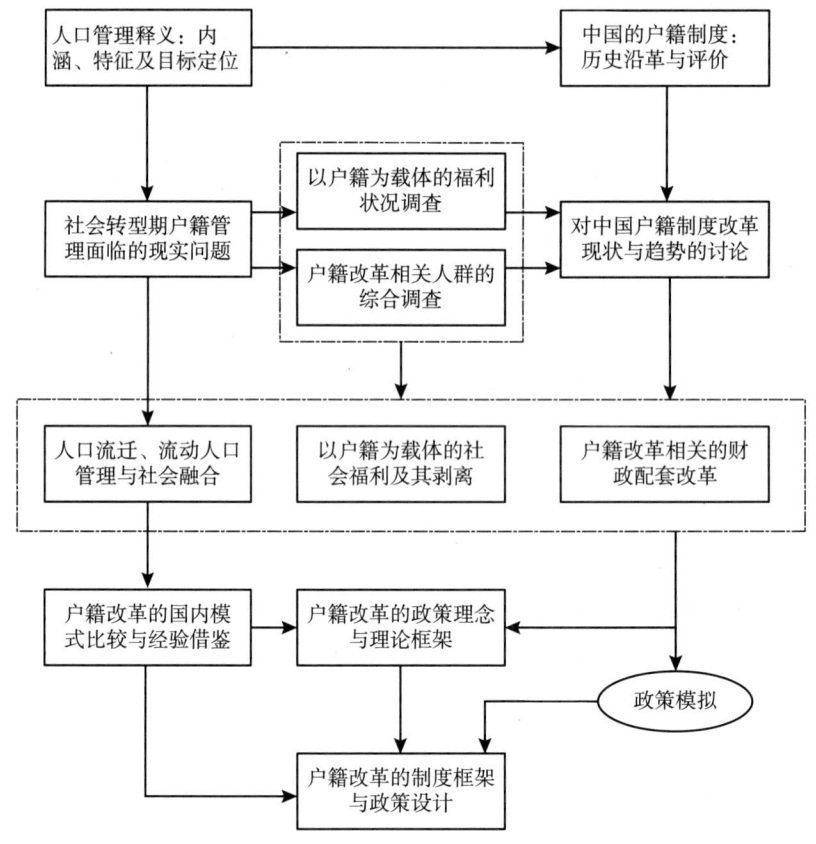

图1-1 本研究的总体思路与基本框架

（二）本研究的总体目标

在体制转轨和社会转型的大背景下，特别是伴随着快速的城市化进程和人口发展态势的变化，我国以户籍为主要形式的人口管理制度必然要经历从传统模式向现代模式的转变。社会转型期的人口管理具有明显的过渡性特征。本研究以我国户籍制度改革为研究选题，在分析现有户籍管理制度和管理模式存在的问题及其成因的基础上，探讨过渡期我国户籍改革的总体思路，包括政策理念、理论框架和具体的制度设计。本研究客观分析传统户籍制度存在的主要弊端，并以二元社会管理体制下户籍管理面临的各种现实问题为切入点，附之以户籍为载体的城乡福利状况和户籍改革相关人群专项调查，对现有户籍管理模式做出基本的价值判断。目的是在此基础上深入研究户籍制度的改革思路和实现路径，探讨转型成本最低、社会震荡最小、公民权利保护相对较好、可操作性较强的渐进式平稳过渡模式，形成可供选择的制度框架，为政府部门制定相关决策提供对策建议，对我国人口管理及与此相关的各项社会事业的发展有所贡献。

三、本研究的方法论特征

本研究涉及社会学、人口学、经济学和公共管理学等多学科领域的交叉综合性课题，研究方法的选择对研究过程的开展乃至结果都具有十分重要的意义，因此，需要对研究方法进行考量和设计。根据实际研究的需要和具体分析，本课题需要采用的主要研究方法如下：

（一）本研究采用问卷调查、数据库数据查询挖掘、深入访谈和专家咨询、典型案例分析等调查研究方法，收集基础数据，为课题的进一步深入研究奠定实证数据基础

为我国人口管理体系和户籍改革政策的构建提供具体的管理实践材料，这是本课题研究的基础。其中：（1）问卷调查：主要针对户籍改革相关人群进行综合调查，问卷调查的样本量为3 000份，分别在上海浦东、浙江绍兴和广东广州、东莞等地各1 000份。（2）深度访谈：包括参与人口管理的相关部门对完善人口管理体制、工作机制的意见和建议；城市外来流动人口的利益诉求以及对户籍改革所持态度、城市户籍人口、农村人口对人口管理政策和制度安排的态度。（3）合作研究：本课题组与相关地区的政府部门联系，试图通过对个案的深入剖析，获得了大量第一手的资料。先后与上海市人口计生委、上海市发改委、广

东省人口计生委、绍兴市人口计生委等开展合作研究,对于本研究的顺利开展起到了非常重要的作用。(4)专家咨询:本课题还通过邀请专家来基地短期访问、召开专家咨询研讨会等方式,广泛吸收了相关领域专家学者和政府官员的意见,从而提升了本研究成果的学术质量和政策建议的可操作性。

(二)运用政策过程理论以及政治经济学方法,研究中国城市人口管理政策的价值目标冲突以及复杂性

现有的研究缺乏一个合理的理论基础以解释什么是中国人口管理政策的目标追求,以及近期政策转变的原因又是什么。本研究认为,户籍改革的政治经济学命题表现为决策者的政策目标的优先序从工具性目标向权利和平等的价值性目标的转变。户籍改革的本质是决策者放弃以限制人口自由迁徙的权利及其相关的社会福利来实现经济发展与社会稳定的工具性目标,将流动人口的权利保障及其正义性纳入自身的社会总福利函数之中,并赋予其权利价值在政策目标序中的优先地位。基于此,本书探讨了现行城市人口管理政策理念转变及其对各地方政府调整人口控制与服务模式的影响机制,并试图识别和区分城市人口管理中潜在的不同利益集团之间的制度关系对政策调整的压力含义,以及对人口管理政策的价值目标冲突的政治经济学分析,即人口控制的安全目标、效率与平等主义的内在紧张。

(三)本研究利用文献比较和历史分析的方法,分析户籍(人口)管理的有代表性的国内经验模式,以及我国户籍制度演变历程及其主要特征和改革方向

围绕人口管理、户籍制度改革,收集国内外相关期刊论文、书籍、政府文件、各地试点经验和案例等。收集途径包括 CBMDISC 数据库、图书馆、政府文件和政府网络等,加强文献资料库建设。通过人口管理与户籍改革方面的研究成果进行系统梳理和归纳、分析,对相关概念、基本内涵等进行合理界定,在此基础上,建立起科学、有效的理论分析框架。为此,首先,简要回顾我国户籍制度演变历程及其主要特征,分析现有管理模式存在的矛盾和问题;然后梳理现阶段不同区域户籍制度改革的进展情况,对已取得的阶段性成果进行总结,分析其特点和今后的改革趋向;同时,开展户籍管理的国内经验模式的比较研究,探讨了社会转型期户籍管理在城市管理体系中的定位、相关制度安排、管理体制与运作机制的适应性调整策略。

（四）对不同利益群体的交易关系运用博弈分析方法，构建博弈均衡模型加强解释的严谨性，并在实证分析的基础上进行价值判断

本研究构建了一个基于城市政府目标函数的最优户籍政策模型，并将这一基本模型扩展为城市政府与外来人口之间的博弈均衡模型，以精确分析各主要影响变量如何影响城市户籍门槛的设定，并运用各种实证数据与资料对上述模型的基本推论进行计量或统计检验，对城市政府户籍政策行为的理论与经验的实证分析和解释，依据实证分析的推断提出政策建议，旨在为减少城市户籍限制的户籍制度改革寻找一些"杠杆解"。在此基础上，对与户籍相关联的福利进行分类，探讨全国性和地方性财政配套改革方案。

（五）选取样本城市，通过构建模型对现行落户条件及其关联因素进行分析

本研究以发展主义政府为研究视角，通过投影寻踪模型、因子分析和聚类分析的方法对我国46个样本城市的现行落户条件及其关联因素进行分析，构建落户门槛指数评价不同城市落户门槛的高低，并在此基础上探讨落户门槛的高度与哪些影响因子显著相关，以及不同类别的城市落户门槛影响因子的作用效应，以此检视各地普遍设置落户门槛的体制逻辑。

（六）运用政策模拟与政策试验方法

本研究充分利用了复旦大学公共管理与公共政策国家哲学社会科学创新基地政策模拟实验室的硬件和软件条件，对涉及户籍改革的相关政策效果进行模拟，对不同方案下的政府财政负担、制度转换成本、福利效应进行测算和论证，以便于未来制度安排的优化设计，提高研究成果的应用价值。

四、本书的安排

本书共计九章内容。

第一章，导论。主要介绍研究背景、选题意义、研究思路与目标、本研究的方法论特征以及主要研究内容。

第二章，户籍制度的历史经验与改革重估。以城乡分割为特征的户籍管理模式具有显著的中国特色。本章通过对我国户籍制度演变历程的梳理和近年来国家及地区层面的改革现状及特点的分析，对户籍制度在不同历史发展阶段的功过是非进行客观评价，研究户籍改革的动因和制度基础，并据此分析社会转型期我国户籍制度改革面临的矛盾、问题及其未来的发展趋势。研究认为，中国的户籍制度变迁是与中国工业化和城市化发展阶段相联系的。从计划经济时代为支持重工业优先战略而实施的"城乡分治"，到改革开放以后与人口流动和资源配置市场化逐步适应，中国的户籍制度呈现出"从封闭的城乡二元结构向开放的一元化格局"变迁的特征。

第三章，户籍改革的政策理念及其政治经济逻辑。本章的主要任务是设计我国户籍改革的总体思路，明确政策理念，形成科学合理的理论框架，侧重于两点：（1）政策理念必须兼顾效率与公平目标，既要考虑城乡福利差异和流动人口权益保护、减小社会震荡，也要考虑城市人口承载能力、城市化水平和质量，以及制度转换成本；（2）我国的户籍改革与相关政策调整必须遵循"承认差异，梯度推进"的原则。研究认为，户籍改革的政治经济学命题表现为决策者的政策目标的优先序从工具性目标向权利和平等的价值性目标的转变。户籍改革的本质是决策者放弃以限制人口自由迁徙的权利及其相关的社会福利来实现经济发展与社会稳定的工具性目标，将流动人口的权利保障及其正义性纳入自身的社会总福利函数之中，并赋予其权利价值在政策目标序中的优先地位。通过分析户籍制度的历史价值及其权利限制的政策后果，以及现行户籍管理制度改革的渐进模式："准入制"与"居住证制"政策效果分析，研究发现，改革的路径是以渐进式为基调的，以一种循序渐进的适应内外压力的形式出现的，并对原制度存在强烈的依赖性。户籍制度改革的基本取向应当是逐步剥离附加在户籍之上的种种福利附加，使户籍管理功能回归本位。

第四章，大城市户籍改革的困境、政策取向与路径。本章以上海为例，对大城市户籍改革面临的一系列难题进行系统分析，并就城市户籍改革所涉及的利益关系调整问题深入探讨。研究认为，促进流动人口市民化是城市户籍改革的重要环节，在城市社会的总体承受能力相对不足的情况下，应当按照"权利与义务对等"的原则，为流动人口获得市民待遇提供合理途径，构筑起有利于推动人口合理流动和流动人口社会融合的制度框架。在制度框架内，调控机制主要发挥引导和驱动作用，由外来人口自主决定去留。户籍改革的最终目标是从"完全的控制体制"回归"登记体制"，中间要经历较长的过渡控制期。大城市未来的户籍改革方向：一是渐进改革中的户籍福利与权利剥离；二是对外来人口的福利供给制度从"选择型"走向"普惠型"。当两个方向的改革汇集为一点，大城市户籍改革将取得突破性进展，实现全体社会成员机会和待遇的平等，促进整个社会资源配置效率的提高，从而为社会转型、经济转轨和经济社会的持续健康发展提供制度保证。

第五章，外来流动人口社会分化、福利需求及其对户籍改革的含义。制度导入的一个重要功能是将原来自发的社会分化正式化和固定化了，并赋予不同阶层的人群以更清晰的身份标签，呈现一个可视的清晰的阶层梯度。本章主要以"浦东新区流动人口公共服务及户籍改革意向调查"为基础，分析流动人口对于以户籍为载体附加的各种利益和福利的利用及其认知性评价情况，并就城乡户籍福利差异内含的权益资格及其公平性问题进行探讨，从而为正在进行中的户籍制度改革提供经验支持。研究发现，虽然外来人口内部的不同阶层之间收入差距并不是非常大，但是其亚阶层的社会保障、就业和教育机会以及通往上一阶层流动或成为城市居民的机会却存在显著的差异。阶层的再分化是由外在制度因素与人群的人力资本、单位以及社会关系状况等内在因素交互作用的产物。作为外在制度的公共政策是非中性的，政策本身具有选择和歧视的不平等特性，而"居住证"模式正在成为福利权益剥离难度最高的特大城市户籍改革的基本方向。

第六章，户籍制度改革与流动人口的社会融合。毋庸置疑，中国未来人口流迁态势和城市化进程将对户籍改革的推进和政策调整产生重大影响。流动人口管理制度以及一系列与户籍相关的社会福利制度，所形成的对流动人口的限制与排斥，对流动人口的社会融合有着根本性的影响。该部分主要从完善城市流动人口管理制度的角度来论证，流动人口社会融合首先是加强制度融合，城市户籍改革必须充分考虑流动人口的权益，逐步将流动人口纳入整个城市管理体系。本章主要讨论了三个方面的问题：第一，流动人口在城市长期居留的特点和社会融合的需求迫切要求推动户籍制度改革，研究具体衡量流动人口社会融合的特点和影响因素，说明除了流动人口自身的人口学因素和社会资本，以户籍制度为基础的制度性因素也对流动人口实现社会融合具有显著的影响；第二，研究说明户籍制度成为导致流动人口社会排斥的基础性，以及最为根本的制度安排，需要通过户籍改革推动以融合为导向的城市人口管理体制改革；第三，研究回顾了改革开放以来城市户籍制度改革的有关探索，对推动城市户籍改革、促进流动人口社会融合提出对策思路。

第七章，发展主义政府与城市落户门槛：户籍制度改革的反思。本章从发展主义政府的视角探讨是户籍制度改革的障碍，即落户门槛问题。通过投影寻踪模型、因子分析和聚类分析的方法对我国46个样本城市的现行落户条件及其关联因素进行分析，构建落户门槛指数评价不同城市落户门槛的高低，并在此基础上探讨落户门槛的高度与哪些影响因子显著相关，以及不同类别的城市落户门槛影响因子的作用效应。研究结果表明，在强调增长的经济社会生态下，落户门槛在样本城市存在"质"的共性但有"度"的差别，而落户门槛高度在很大程度上可以被城市财政经济总量、消费水平、城建物化度、对外依赖度和经济结构等公因子的作用强度和结构属性解释。而地方财力的提升并不会必然降低城市落户门槛。户籍制度改革延伸内涵的深度需要涉及权利之外的更广泛的政治、经济、社会的现实运作格局和多个领域改革的互动，这些领域包括发展模式、政府职能、公共财政、收入分配、民众权利，等等。

第八章，城市户籍限制最优水平的经济学分析。户籍制度改革的主要障碍表现为两方面：一是城市和发达地区居民的既得利益问题；二是地方政府局部最优和中央政府全社会最优的户籍限制水平的不一致性问题。这就需要对地方政府和中央政府分别进行分析，建立相应的理论框架。本章首先重点分析了城市间户籍限制政策的优化问题，为此将所选55个城市依据人力资本回报率和人均公共福利水平分为四大类型，并分别展开讨论后得出了具体的政策性结论。本章简要分析了关于城乡间户籍限制政策的优化问题，得到的初步政策结论是，给定当前我国城乡间户籍限制的特定初始条件，则全社会最优的方案是，首先应当由那些边际拥挤成本相对较低或者说人口密度相对较低的城市向农村劳动力放开户籍限制。

第九章，户籍制度改革的全国性财政配套改革。户籍改革的核心问题是利益分配和协调问题，因此，与户籍改革相关的财政配套改革成为我国户籍制度改革不可回避的一项重要内容。本章首先分析城市户籍所含福利的可剥离性与财政配套改革，将与全国财政配套改革的福利分为两类（教育机会、就业机会为第一类福利，社会保障为第二类福利），而城市便捷的生活服务设施需要地方性财政配套改革。研究认为，户籍制度改革的全国性财政配套改革主要旨在将上述第一类和第二类福利从城市户籍中剥离，在对两类福利财政根源分析的基础上，提出全国财政配套改革的具体方向。而地方性公共产品多由地方财政支持，在考虑这部分福利时，不能采用剥离的手法，而应该利用市场经济中价格调节、税收调节等杠杆手段来对使用此类公共产品的人群进行征税。最后，分别给出中央和地方政府局部最优模型的结论与政策含义，并特别指出：剥离户籍所附着的社会福利是户籍制度改革成败的关键，地区间社会福利制度的有效衔接是推动户籍制度改革的重要环节，政府有力推动是剥离户籍福利的根本保证。

第二章

户籍制度的历史经验与改革重估

在体制转轨和社会转型的大背景下，特别是伴随着快速的城市化进程和人口发展态势的变化，我国以户籍为主要形式的人口管理制度必然要经历从传统模式向现代模式的转变。应该讲，中国的户籍制度变迁是与中国工业化和城市化发展阶段相联系的。从计划经济时代为支持重工业优先战略而实施的"城乡分治"，到改革开放以后与人口流动和资源配置市场化逐步适应，中国的户籍制度呈现出"从封闭的城乡二元结构向开放的一元化格局"变迁的特征。

研究社会转型期我国户籍制度改革的总体思路和政策调整框架，首先，我们应该了解现行户籍制度走过的漫长历程，包括其形成的背景、不同发展阶段所经历的变革，以及与社会经济发展的适应性。社会转型期传统的户籍制度面临怎样的冲击与挑战？全国范围内不同广度、深度的户籍改革实践对经济社会发展有着怎样的影响？今后的改革趋势如何？本章旨在通过对我国户籍制度演变历程的梳理和近年来改革现状的分析，客观评价户籍制度在不同历史发展阶段的功过是非，研究户籍改革的动因和制度基础，并据此分析社会转型期我国的户籍改革面临的矛盾、问题及其未来的发展趋势，从而为户籍改革思路和政策设计提供理论和实践基础。

一、中国现行户籍制度的演进历程

户籍制度是指与户口或户籍管理相关的一套政治经济和法律制度，其中包括通过户籍来证明个人身份、执行资源配置和财富分配。中国现行的户籍制度是在新中国成立之后，伴随着政治、经济和社会发展逐步建立起来的。多数研究通常把现行户籍制度的建立与1958年《中华人民共和国户口登记条例》的颁布实施对应起来。实际上，该项条例的颁布实施有其自身的制度酝酿和催生过程。

　　从新中国成立之初到1958年的这一时期，国家颁布了一系列关于人口管理的法规、文件，为我国户籍管理制度的正式形成奠定了基础。1950年8月，公安部制定了《关于特种人口管理的暂行办法草案》，同年11月，第一次全国治安工作会议要求先在城市开展户籍管理工作。1951年7月，经政务院批准，公安部颁布实施《城市户口管理暂行条例》，建立了全国统一的城市户口登记制度。1953年4月，政务院发布《为准备普选进行全国人口调查登记的指示》，并制定了《全国人口调查登记办法》。1954年9月第一届全国人民代表大会审议通过《宪法》，并规定：中华人民共和国公民有居住和迁徙自由。随着1953年12月全国粮食统购统销制度的实施，粮食生产和分配问题开始与户籍制度联系起来。为了增加粮食生产和供应，政府希望能够把农民留在土地上，以确保农村有足够多的劳动力。1954年12月，由内务部、公安部、国家统计局联合发出通知，要求普遍建立农村户口登记制度，并规定农村户口登记由内务部主管。1955年6月，国务院发布《建立经常户口登记制度的指示》。1955年11月，国务院颁发的《关于城乡划分标准的规定》确定将"农业人口"和"非农业人口"作为人口统计指标，城乡分割的二元社会结构初见端倪。1956年2月，国务院要求把全国的户口登记管理工作全部交给公安机关，至此，"户警相结合"的户籍管理模式初步确立。此后，"肃反"工作、就业安置、粮食供应计划以及公共秩序维护等几乎联为一体。这一时期户籍管理的主要任务，是"证明公民身份，便利公民行使权利和履行义务；统计人口数字，为国家经济、文化、国防建设提供人口资料"。应该讲，这一时期的户籍制度主要是作为一个人口变动和迁移的登记机制，而不是控制机制，对公民居住和迁徙没有限制，允许公民在城乡之间、城镇之间自由迁移。但在粮食统购统销制度建立后，户籍制度所承载功能的不断放大和强化趋势已非常明显。

　　1958年1月，《中华人民共和国户口登记条例》（以下简称《条例》）的颁布标志着新中国户籍管理制度的正式确立和管理法制化的开始，进而为二元化的社会管理体制的建立奠定了基础。迄今为止，该项条例仍然是中国户籍管理中最重要的法规。《条例》明确规定，中华人民共和国公民，都应当依照本条例的规定履行以户为单位的户口登记，户口登记簿和户口登记的事项具有证明公民身份的效力。《条例》还对常住户口登记、暂住登记、出生登记、死亡登记、迁移登记、变更登记以及法律责任等作了详细规定，并正式确立了户口迁移审批制度和凭证落户制度。当该条例开始生效时，全国开始了大跃进运动，政府的首要任务转移到加速工业增长方面，城市企业招收大量的农村劳动力，1958~1959年保持了较高的乡—城人口迁移率，使新颁布的户口登记条例不得不被搁置一旁。

从1958~1978年的20年间，中国的户籍管理总体上处于限制迁徙期。1959~1961年三年自然灾害致使农村出现严重的饥荒和城市粮食供应危机。1961年6月，中共中央发出《关于减少城镇人口和压缩城镇粮销量的九条办法》，要求三年内城镇人口必须减少2 000万以上，1961年以内至少减少1 000万人，由此开始了由行政命令支配的第一轮逆城市化运动。1961年，公安部进一步明确了"农业人口"的具体含义，农业人口指从事农、林、牧、副、渔的劳动者及其所在的家庭。1962年12月，公安部作出的《关于加强户口管理工作的意见》中规定：对农村迁往城市的必须严格控制，城市迁往农村的应一律准予落户。中小城市迁往大城市要适当控制。1963年以后，公安部把是否吃国家计划供应的商品粮作为划分户口性质的标准，吃国家商品粮的划为"非农业人口"。"农业人口"和"非农业人口"的概念一直被广泛使用。20世纪60年代中期以后，4 000万城市知识青年"上山下乡"运动掀起了第二轮逆城市化浪潮。1975年修正后的《宪法》取消了关于公民迁移自由的条文。总体而言，1958~1976年的户籍制度基本遵循一种反城市化的逻辑，政府一味强调用行政命令来控制城市和城市化的发展。这实际上把矛盾积压到农村，使整个社会系统的整合程度降低，社会发展不协调问题越显突出，主要表现为工业化与城市化不协调、人口增长与社会经济发展水平的不相协调[1]。1977年11月，国务院批转《公安部关于处理户口迁移的规定》，规定确立关于处理户口迁移的原则主要为："从农村迁往市、镇，由农业人口转为非农业人口，从其他市迁往北京、上海、天津三市的，要严格控制。从镇迁往市，从小市迁往大市，从一般农村迁往市郊、镇郊农村或国营农场、蔬菜队，应适当地控制。"

1978年以后户籍管理逐渐进入改革调整期。随着市场经济体制的逐步建立，户籍制度也逐渐列入改革的议程。首先是"农转非"政策的实施，尽管实行的是配额制，即农转非指标控制在非农业人口的1.5%以内，但政策上的微调却标志着中国的户籍管理由严格限制开始出现松动。20世纪80年代初期，中央明确提出了"控制大城市规模，合理发展中等城市，积极发展小城市"的城市发展方针。

自20世纪80年代中期开始，为适应改革开放后城乡劳动力合理流动的需要，我国的一些城镇对户籍政策进行了进一步的调整和改革尝试。其中，一些改革举措在全国范围内颇具影响力。1984年颁发的《国务院关于农民进入集镇落

---

[1] 陆益龙.1949年后的中国户籍制度：结构与变迁[J].北京大学学报，2002（2）：123-130.

户的通知》在户籍改革进程中是一项具有里程碑意义的决定,尽管附带有"自理口粮"等条件,但却使农民合法进入城市打工和经商成为可能;1992年8月,公安部发出《关于实行当地有效城镇居民户口的通知》(蓝印户口),广东、上海、浙江、山东、山西、河北、天津等十几个省市先后试行"当地有效城镇居民户口";1997年国务院批转公安部《关于小城镇户籍制度改革试点方案》,进一步使小城镇户籍改革成为主流;2001年5月,国务院再次批转公安部《关于推进小城镇户籍制度改革意见》,小城镇户籍管理制度改革从试点转向全面实施,入户条件只有两个:稳定的生活来源和合法住所。

实际上,1992年以来人口特别是农民工的大规模流动,曾经一度推动了户籍管理制度和政策思路的调整。1994年公安部已经完成户籍制度改革文件草稿,其基本精神就是改变管理原则,按照职业和居住地来建立户籍管理制度,但文件草稿没有最终变成政府文件。文件草稿在征求各部委和地方政府意见时出现了难以协调的现实问题:大城市显然不能完全放开,各地应对性的地方户口收费政策纷纷出台;农民进入城市是否应该放弃在农村的土地权益?如果农民进城退了土地,是否能够在城市享受政府提供的社保?要让社保覆盖进城农民需要增加多少开支?城市流动人口犯罪激增问题严重;等等①。这一文件草稿的搁浅与1994年及之后宏观环境的变化有直接关系。1994年的分税制改革使得中央与地方的财权、事权关系发生变化,不同地区的地方政府收入差别逐步显性化。城市政府在财政赤字不断增加的情况下,不得不考虑财政补贴项目的承受能力,着手进行就业、社会保障、医疗卫生等领域的体制改革。同时伴随国企改革大量人员下岗、失业的出现,导致一些城市政府出台限制农民进城的文件。1995年,11部委联合提出小城镇建设的政策思路。1997年《关于小城镇户籍制度改革试点方案》正是在此环境下所催生的,由此形成了户籍制度改革小城镇先行、大城市滞后的局面。总体而言,伴随着户籍政策调整,城镇户籍价值经历了显化与淡化的社会变迁过程②。

二、对中国户籍制度的基本评价

户籍管理制度是我国人口管理模式的基本形式,是在特定历史条件下发展的产物。这一制度的有效实施,对巩固新生政权、稳定社会秩序、控制人口盲目流动、促进城乡人口和劳动力合理分布发挥了重要作用。它使国家的力量渗透到社

---

① 温铁军. 我们是怎样重新得到迁徙自由的 [J]. 中国改革, 2002 (5): 12-14.
② 李若建. 城镇户籍价值的显化与淡化过程分析 [J]. 社会科学, 2001 (9): 53-57.

会的各个角落,最终实现了政府对秩序的重建和对社会的控制,也在很大程度上支撑了重工业优先的国家经济发展战略。

随着改革开放的不断深入和市场经济体制的建立,城乡分割的二元户籍制度的负面效应充分暴露出来。从价值判断层面看,户籍制度存在诸多弊端已经成为人们的共识。这些弊端主要是改革开放后,伴随人口流动特别是市场经济体制建立而逐渐暴露出来的。市场经济的精髓在于通过市场调节和要素的合理流动来实现资源的最优化配置,其中包含了人力资源和生产要素的自由流通、经济机会的均等和待遇的公平。而二元户籍管理模式执行的是以市场化的思路处理资本要素配置,以计划经济的思路处理人力资源配置,两种资源配置逻辑的内在冲突必然导致管理方式的错位和管理措施的混乱①。我国的户籍制度涵盖了整个社会结构和分配制度,承担了许多本不应该由它承担的政治、社会和经济功能,户籍的"基本"价值与"实际"功能错位。长期以来,户籍制度不仅强化了对人口迁徙自由等权利的限制,而且基于户籍的社会福利政策也强化了对流动人口社会福利和相关利益的排斥②。李强在分析影响中国城乡流动人口的推力和拉力因素时指出:在推拉背后,与国际上最大的差异是中国的户籍制度,户籍制度是中国城乡流动的最为突出的制度障碍,它可以使推力和拉力失去效力③。尽管户籍制度曾在社会控制中发挥过某些作用,这一制度始终是城乡关系协调发展、城乡一体化进程的最大障碍,因此,淡化户籍边界并最终消解这一边界显得格外重要④。

我们必须历史地评价户籍制度的功能和历史功过,而不应当将其妖魔化。在一定意义上,以户籍作为主要载体的二元体制以及由此所产生的非正规就业等现象是中国得以成为世界工厂的重要的制度安排,对我国社会经济改革的顺利开展也发挥了积极的作用。我国改革开放以来的高速经济增长在很大程度上得益于由于户籍分割而形成的大量廉价劳动力的存在⑤。应该讲,户籍制度从建立之初就被赋予了本不应该由它承担的许多政治、社会和经济功能,而这些功能又在发展过程中不断地被强化和放大,使户籍制度上过多的利益附加已远远超过了户籍制度本身,这也是户籍制度改革难以推进的根本所在。户籍制度有问题,但不应当

---

① 顾骏. 关于上海流动人口管理的深层次思考 [J]. 城市管理, 2005 (2): 50 - 55.
② 莫纪宏, 张树义, 杜纲建. 迁徙自由: 户籍制度改革的终极目标 [J]. 领导决策信息, 2001 (15): 18 ~ 19.
黄仁宗. 城镇化抑或迁徙自由: 反思我国户籍制度改革的价值取向 [J]. 求实, 2002 (5): 38 - 41.
③ 李强. 影响中国城乡流动人口的推力和拉力因素分析 [J]. 中国社会科学, 2003 (1): 125 - 136.
④ 陆益龙. 户籍制度改革与城乡关系的协调发展 [J]. 学海, 2001 (6): 57 - 61.
⑤ 彭希哲, 郭秀云. 权利回归与制度重构——对城市流动人口管理模式创新的思考 [J]. 人口研究, 2007 (4): 1 - 8.

把板子完全打在户籍制度上，相比之下更重要的可能是我国社会政策和公共福利制度的改革。

自 20 世纪 80 年代中期开始，户籍制度改革的呼声越来越高。各地和各政府部门已经采取多种措施，试图在短期内从根本上破解户籍制度之困。各地户籍改革探索方兴未艾，一方面源于国家城市发展战略和政策层面的推动；另一方面从各地社会经济发展本身需求出发，城镇、中小城市、大城市选择了不同的改革思路。由于中央与地方政府在户籍改革方面的政策目标不同，在政策制定和执行的方式和力度上存在很大差别。

户籍制度改革之所以不是由中央政府统一规定，而允许各地根据实际情况推进，关键是在过去的计划经济体制下，户籍制度附加了很多带有利益性的东西[①]。小城镇在户籍制度改革方面迈出的步伐最大、改革最为彻底，城市规模越大、等级越高，户籍改革的难度越大，改革的步伐越滞后。究其原因，城市类型不同，户口背后所附加的权利和福利待遇存在差异，户口的"含金量"不同，自然对流迁人口的吸引力不一样，户籍改革面临的潜在的人口涌入压力也有所不同。例如，即使拥有小城镇户口，政府仍缺乏经济能力而且也很少承诺为居民提供就业、社会保障及福利待遇，公共服务基本上通过市场化渠道获得，如果农村劳动力取得小城镇户口，不仅得不到多少好处，相反，由于"农转非"还会付出失去农村承包地的代价，因此，即使放开小城镇户口，所面临的人口流入的压力是有限的。较之小城镇，中等城市的就业机会、经济能力和公共资源的福利或半福利性供应更多，户口的"含金量"要高。而像北京、上海这样的大城市就有所不同，较多的就业机会、完善的社会保障和福利体系以及与户口相联系的充裕的公共资源（如教育资源）等，对外来人口的吸引力就更大。一旦取消入户门槛，所面临的人口迁入压力不可低估，导致改革的成本远远大于收益。在以人为本、关注民生的发展理念指导下，各地近年来都加大了依户籍身份对弱势群体的社会援助，这些措施很多都进一步提高了户口的含金量，与户籍改革的方向相背离。

因此，城市政府在决策中就陷入政策悖论的困境：一方面，由于不同地区户籍所隐含的权利和福利待遇不同，如果降低入户门槛，户口含金量越高的城市，面临的人口流入压力就越大；另一方面，如果为避免人口大量涌入，降低城市户口"含金量"，势必要剥离或至少部分剥离户口的利益附加，城市户籍人口作为既得利益者，有足够的动力进行游说和抵制，当面临城市居民的发难时，城市政府会倾向于制定排斥外来人口的地方保护政策。那么，政策悖论的结局往往是户

---

① 陆益龙. 1949 年后的中国户籍制度：结构与变迁 [J]. 北京大学学报（哲学社会科学版），2002（2）：123 - 130.

口越具有吸引力的地区，户籍改革越艰难。

三、现阶段户籍制度改革呈现的主要特点

20世纪80年代初期，中央明确提出了"控制大城市规模，合理发展中等城市，积极发展小城市"的城市发展方针。中央政府在方方面面给予了政策支持。1984年颁发的《国务院关于农民进入集镇落户的通知》在户籍改革进程中是一项具有里程碑意义的决定。1992年，由国务院办公厅牵头、公安部等部门参加，成立了国务院户籍制度改革文件起草小组，并于1993年6月草拟出户籍制度改革总体方案，提出了包括"取消农业、非农业二元户口性质，统一城乡户口登记制度；实行居住地登记户口原则，以具有合法固定住所、稳定职业或生活来源等主要生活基础为基本落户条件，调整户口迁移政策"的改革目标。从我国户籍改革进程看，中小城市特别是小城镇的改革步伐远远快于大城市。现阶段户籍制度改革存在以下特点：

第一，以渐进式改革为基调，对原制度有强烈的路径依赖性。近年来户籍制度改革的实践表明，改革的路径以一种循序渐进的适应内外压力的形式出现，表现出对原制度的强烈依赖性。通常，渐进主义作为一种社会行动方法，具有成本低、代价小的特点。与"剧变式"思路相比，"渐变式"的改革思路无论是在技术操作层面，还是在价值取向上都可以找到合理性解释。以渐进式公共政策为例，它只是以往政策的持续，只不过做了某些局部的修正而已。从技术操作层面看，决策者不可能对所有的政策后果准确地预期，即使预期是准确的，决策者也缺乏足够的时间和充裕的资源来对每一项政策方案的后果予以调整。况且，现行政策的各种有形无形投入巨大，其推行也已经相对成熟并具备了较强的适应性，剧变可能会带来一系列振荡和风险。从价值取向上看，虽然客观上存在最佳的改革路径，决策者在现实主义倾向诱使下，更偏重于可行性，通常不会寻求唯一的最佳路径。因为对他们来讲，最保险的莫过于选择与现行政策相似的政策。尤其在一个多元结构的社会里，决策者出于追求稳定和控制风险的考虑，对全面性和根本性的政策改革一般会谨慎处之。

按照"渐进式"思路，经过20多年的户籍制度改革，尽管户籍上附着的经济利益大大减少，进城的门槛降低，但一些正式或非正式的制度壁垒依然存在。如果说原有户籍壁垒刚性的下降，得益于市场化和工业化的推进，而现有城镇户籍利益的存在，却是由转轨时期的相关制度重新赋予的[1]。正如前面分析所提到

---

[1] 李健英. 户籍制度在转轨时期的特点及其路径依赖[J]. 华南师范大学学报，2005（6）：21-27.

的,渐进式改革的最大特点是成本低、代价小,能够保持政策的延续性。转轨时期的一个重要特点是新旧制度并存,成本最小化原则加强了新制度对旧制度的依赖性。渐进式改革模式下,新制度对旧制度的强烈依赖,往往会导致改革路径偏离新体制设计的总体目标。特别是在分税制改革后,中央政府与地方政府的事权、财权关系发生变化,伴随着地方政府事权和职能的扩大,地方政府往往会追求行政区经济利益最大化和制度设计成本的最小化。目前,普遍存在的将流动人口排斥在外的渐进式的城市公共产品政策改革思路就是很好的例证。

第二,户籍改革步伐缓慢,存在一定的改革阻力。多数研究者认为,城市利益集团是传统制度的受益者,对户籍改革形成强大的阻力。全国性的城市户籍限入制度是在工业化的大背景下形成的,城乡居民福利差距得以巩固和扩大,这种福利差距又使得城市居民成为一个相对独立的既得利益群体,后者反过来又成为维护这种制度安排的力量[1]。户籍改革的根本困难并不在于确定一个城乡统一的居住地登记体制,而是在于户籍制度是城市公共福利体制的母体性制度和载体性制度,因此户籍改革就要求城市公共福利体制进行相应改革,而这种整体性改革对城市部门而言是存在巨大压力的。虽然户籍改革需要整体性的方案和多个政府部门之间的协调合作,政府的部门利益成为改革的阻力[2][3],其结果表现为基于户籍的制度性保护和制度性排斥。一些经验研究表明,在劳动力市场上,劳资关系、工资、社会保障、工会参与等存在着户籍差别,户籍制度对城市劳动力就业起到了保护作用,相反,对农村劳动力则具有排斥作用[4][5]。

第三,改革的成败在很大程度上取决于教育、就业、社会保障制度等相关的社会经济政策配套改革是否成功。长期以来,城镇居民生活必需品的计划供应制度、统包统分的劳动就业制度和包括社会保障、教育制度在内的城市福利制度,已经使户籍制度发展成为城市公共福利体制的载体性制度。尽管经过若干年的改革,户籍上附着的经济利益有所减少,但与城镇户口相联系的诸多显性和隐性利益仍然是农业户口不可比拟的。一般地,一项制度上附加功能越多,越是背离其基本功能,越容易遭受质疑和批判。户籍改革本身并不复杂,但附加在户籍制度之上的相关社会经济政策以及由此形成的社会利益分配格局却是错综复杂的。不研究解决好相关的社会经济政策问题,户籍管理制度改革将难以稳步推进。

---

[1] Dorothy J. Solinger, 1999, Contesting citizenship in urban China: peasant migrants, the state, and the logic of the market, Berkeley: University of California Press.
[2] 任远. 确保城乡结构弹性松动和渐进融合 [J]. 解放日报, 2005.
[3] 王太元. 城市要不要控制人口 [J]. 小康, 2006 (3): 46-50.
[4] 蔡昉, 都阳, 王美艳. 户籍制度与劳动力市场保护 [J]. 经济研究, 2001 (12): 41-49.
[5] 姚先国, 普赖青. 中国劳资关系的城乡户籍差异 [J]. 经济研究, 2004 (7): 82-90.

目前,包括教育、卫生、劳动就业、社会保障与社会福利制度在内的社会经济政策依然以城乡分割和行政区分割为基本特征。经过长时期、自发性的人口流动与集聚,流动人口中有相当一部分在城市长期生活、居住,依法纳税,为城市经济社会发展做贡献,已经成为事实上的城市常住居民,只不过受目前户籍制度的限制,而无法获得合法的城市居民身份。尽管取消户口限制、统一城乡户籍从道理上是正确的,但是,一个比较现实的问题是,城市政府对公共产品的供给能力总体上是相对不足的,在城市社会难以提供充足的就业机会和公共产品及服务的情况下,贸然的政策变动往往达不到预期的效果,极有可能造成难以克服的矛盾,使户籍改革面临更大的压力和挑战。

户籍制度改革的基本取向是逐步剥离附加在户籍之上的种种福利附加,使户籍管理功能回归本位。当然,这是一个需要周密设计和谨慎对待的长期过程。将福利从户口上剥离不等于取消福利,福利体制可以脱离户籍管理体制独立运行。措施服务于目标,如果要完全取消"农业户口"和"非农业户口"的差别,必然以实现包括社会保障制度在内的城乡社会经济政策的有效衔接为前提。

第四,改革进程表现为各利益相关方的博弈过程。中央政府对户籍制度改革的目标表现在多个方面:追求经济的快速健康发展,实现资源的优化配置,保持国家政治、经济、社会的长期稳定等。从长远来看,经济的快速健康发展和经济社会的长治久安,均要求所有的资源(包括资本、人力资源等)通过市场来实现最优化配置,因此,中央政府一直是积极推动户籍制度改革的。改革开放以来,为适应城乡劳动力资源合理流动、推动城乡协调发展的需要,国家相继出台了一系列的制度和相关政策(见表2-1),希望借助于相应的政策体系构筑起有利于人口合理流动和城乡社会统筹发展的制度框架。

表 2-1　　　　　　　国家层面的主要制度与政策安排

政策领域	颁布时间、机构、名称	相关内容
户籍制度改革	1984年,国务院办公厅,《国务院关于农民进入集镇落户问题的通知》	允许农民自理口粮到县以下的集镇入户居住,发给《自理口粮户口簿》
	1992年,公安部	实行当地有效城镇户口制度(蓝印户口制度)
	1997年,国务院批转公安部,《小城镇户籍管理制度改革试点方案》、《关于完善农村户籍管理制度的意见》	规定在小城镇居住的农民符合一定条件的可转为城镇常住户口

续表

政策领域	颁布时间、机构、名称	相关内容
户籍制度改革	1998年，国务院批转公安部，《关于解决当前户口管理工作中几个突出问题意见的通知》	婴儿落户随父随母自愿，放宽解决夫妻分居户口政策，老龄人口投靠子女落户政策，在城市投资、兴办实业、购买商品房可落户
	2000年，中共中央、国务院，《关于促进小城镇健康发展的若干意见》	自2000年起，在县人民政府驻地有合法住所、稳定职业或生活来源的农民，均可根据本人意愿转成城镇户口
	2001年，国务院再次批转公安部《关于推进小城镇户籍制度改革意见》	小城镇户籍管理制度改革从试点转向全面实施
	2004年，国务院办公厅，《关于进一步做好改善农民进城就业环境工作的通知》	推进大中城市户籍制度改革，放宽农民进城落户条件
	2010年中央1号文件	积极研究促进农民工在城镇落户的政策措施，推动有条件的城市允许有稳定职业和收入的农民工及其子女转为城镇户口，并纳入城镇社会保障、住房保障等公共服务体系
改善农民工就业环境、维护合法权益	2004年，国务院办公厅，《关于进一步做好改善农民进城就业环境工作的通知》	取消歧视性规定，取消职业工种限制，研究进城就业农民的住房问题，开展有组织的劳务输出，完善农民进城就业的职业介绍服务，加强培训等
	2003年，国务院办公厅转发教育部，《关于进一步做好进城务工就业农民子女义务教育工作意见的通知》	流入地政府负责农民工子女接受义务教育，以全日制公办中小学为主
	2004年，国务院办公厅，《关于进一步做好改善农民进城就业环境工作的通知》	各地教育部门和学校对农民工子女接受义务教育、入学条件等方面与当地学生同等对待

续表

政策领域	颁布时间、机构、名称	相关内容
改善农民工就业环境、维护合法权益	2004年，国务院办公厅，《关于进一步做好改善农民进城就业环境工作的通知》	进一步解决拖欠农民工工资问题，将农民工纳入工伤保险范围
	2004年，劳动和社会保障部，《关于推进混合所有制企业和非公有制经济组织从业人员参加医疗保险的通知》	把与用人单位形成劳动关系的农村进城务工人员纳入医疗保险范围
	2006年，国务院，《关于解决农民工问题的若干意见》	提出抓紧研究低费率、广覆盖、可转移，并能够与现行的养老保险制度衔接的农民工养老保险办法

地方政府的目标也是多方面的，除了经济快速增长和经济社会稳定以外，地方政府还必须考虑财政负担问题，其中，经济增长是首要目标。地方政府为了发展经济，在户籍改革方面采取的是向高质量的劳动力和投资者开放城市户口，而对低素质劳动力仍然实行较为严格的流迁限制。为了吸引资金和优秀人才，许多城市不同程度地降低了户口入迁的门槛。在户籍改革方面，地方政府要着重考虑的一个问题是，地方财政有没有能力承担大量人口进城后对城市就业、教育、卫生、治安、交通、环境等方面所带来的压力。毕竟，根据中国的城市化模式，人口基本是沿着农村→小城镇→中等城市→大城市的路径单向流动的，因此，城市尤其是大城市的户籍人口基本可视为存量人口。经历了20世纪80年代以来的社会和经济转型，特别是大规模产业结构调整产生了大量下岗、失业人员，外来劳动力和本地劳动力的竞争也逐渐激烈。在社会经济发展难以提供充裕的就业机会和公共服务能力的情况下，地方政府要在流动人口权益保护与地方户籍利益之间进行权衡和取舍，一般都会倾向于后者。

在对待户籍改革的态度上，用人单位的思路是矛盾的。一方面，担心因户籍门槛收紧招不到单位发展所需的人才，或导致未获得户籍的现有人才的流失；另一方面，又希望借助户籍制度的存在，通过以户籍为基础的城市社会保障和福利体制的排斥作用，充分享受非正规就业领域流动劳动力由于低工资和缺乏足够的社会保障权益而为企业发展带来的特殊的"制度性收益"。在这一点上，企业与

（地方）政府的利益是一致的①。其结果表现为城市部门、企业等用人单位对城市户籍改革的有条件支持，即主张为单位发展所需的高端劳动力（人才）提供办理户籍的便利，同时，将低端劳动力排斥在城市体制之外，以降低单位的用工成本，最大限度地增加获利空间。

包括农民工在内的流动人口对户籍改革所持态度，依居留倾向和生存状态不同而存有差异。显然，与流动性较强的人群相比，长期居留者更关心户籍改革对切身利益的影响。如果对未取得所在城市户籍的长期居留者按生存状态分类，其中的白领阶层、投资者阶层和投靠亲友者，他们的生活状态与本地户籍人口没有太大差别，社会地位相对较高，而且已经成为事实上的常住人口，他们对户籍改革的呼声比较具有影响力；而长期在外务工的农民，已经适应了城市生活，虽然对户籍制度的改革也非常热心，有很多现实问题需要解决，如住房问题、子女教育问题、未来的养老问题等，但由于被边缘化的社会地位和不体面的生存状态，使其在多方博弈中处于弱势。

显然，多数城市市民对户籍制度改革是持反对态度的。城市人口因为其所拥有的城市户籍，享受相对较高的教育、卫生、医疗、就业和社会保障等社会福利，是城市户籍制度的既得利益者，自然不愿放弃眼前的利益和优越感。因为如果户籍制度放开，毕竟城市社会的承受能力是有限的，"僧多粥少"，必然导致竞争加剧，生活状态和生存质量下降。

由上面的分析可以看出，在由中央政府、地方政府、用人单位、外来流动人口和城市市民等多个利益集团组成的多方博弈中，中央政府希望淡化城镇户籍的价值，促进生产要素的合理流动，但是在不同地区经济发展存在较大落差的情况下，又担心影响发展的效率和经济社会稳定，虽然推进户籍改革的态度是积极的，但在具体措施的出台上又显得亦步亦趋，更多地带有指导性。在流动人口权益保护与地方户籍利益协调方面，地方政府拥有更大的主动权。

四、户籍改革模式与地方实践

多数人认为，真正意义上的户籍制度改革始于1984年10月国务院颁布的《关于农民进入集镇落户问题的通知》，即允许农民自理口粮进入县镇的规定。之后，许多省市在户籍改革方面进行了积极探索，究其改革的出发点，既有对中

---

① 温铁军指出，如果我们承认企业家是以利益最大化为第一目标的所谓理性经济人，那么他更愿意的就是现在的制度，因为这种制度会源源不断地保证最好的劳动力来让他以最低的工资支付，一旦最好的劳动力所支付剩余价值被企业占有，就让他们走人，还会再来一批新的最好劳动力。所以，发达地区的企业家恰恰是跟政府的利益高度一致的，他们恰恰不愿意让这些劳工形成利益集团。

央出台的户籍改革政策的呼应，也有出于地方经济社会发展的需求。就各地户籍改革实践而言，改革的模式及其路径归纳起来可以分为四类：直接的户籍准入制、蓝印户口制、居住证转办制、积分制。一定时期内，一些地方执行单一模式或两种以上模式并行。

（一）直接的户籍准入制

直接的户籍准入制属于体制内的户口迁移模式，该模式在全国各地均采用，只是各地的户籍门槛或入籍条件有所不同。一般来讲，城市规模越大、等级越高，户口背后所附加的权利和福利越多，户口的"含金量"越高，入籍门槛就越高，入籍条件越是从紧；反之，城市越小，户口的"含金量"越低，入籍门槛就越低，入籍条件越是宽松。

1."农转非"政策与小城镇户籍改革

改革开放之前，"农转非"是农村人口进入城市的主要渠道。即使在改革开放以后，一直到20世纪90年代后期，"农转非"政策依然发挥了重要作用。20世纪80年代，随着改革开放的推进，因严格控制迁移带来的各种矛盾和问题日渐突出，"农转非"政策有所放宽，主要是为了解决在过去遭到不同的政治和经济政策错误对待的国家职工、知识分子和他们的家属、先前的下乡知青等。截至1993年，对"农转非"政策累计开了23个口子，而在20世纪50年代仅有9个口子。主要由于"农转非"政策的放松，1979~1995年，非农业户口人口每年增长780万，年增长率为3.7%，这个速度大约是1963~1978年的两倍[①]。

20世纪90年代初，粮油制度以及一些其他城市补贴制度废除，地方政府在行政分权和财政分权中获得较大权利，一些地方开始采取针对当地户口的就业保护政策，明文规定收取城市增容费，使获取本地户口比单纯的"农转非"更重要。1998年，国务院批转公安部《关于解决当前户口管理工作中几个突出问题意见的通知》进一步使"农转非"政策方向发生了变化，该通知废除了"农转非"政策的一些限制条件。特别是对家庭成员的随迁和入籍问题，例如，子女随父随母自愿落户、放宽解决夫妻分居户口政策和老龄人口投靠子女落户政策等，使得家庭成员的迁移入户更容易。2000年，包括广东、浙江、上海、江苏、河北等多个省市宣布废除"农转非"指标限制，并取消农业户口与非农业户口的区分。实际上，这一改革措施预示着地方政府在户籍改革和管理中的主体地位，以及外来人口在流入地获取本地户口的重要性。

---

① 杨云彦等．城市就业与劳动力市场转型[M]．中国统计出版社，2004：60．

1997年国务院批转公安部《关于小城镇户籍制度改革试点方案》，使小城镇户籍改革成为主流。该方案批准允许450个试点镇和小城市给符合条件的农业户口的人口办理城镇户口，计划仅限定在指定的小城镇和县市级建成区。入户条件有三个：稳定的生活来源、合法住所和居住年限。方案规定，农业户口的人如果有固定的非农业工作或稳定的生活来源，并有固定住所，居住满两年以上均可申请城镇常住户口。2000年，小城镇户籍改革在更大范围内推开。国务院在《关于促进小城镇健康发展的若干意见》指出，在县人民政府驻地有合法住所、稳定职业或生活来源的农民，均可根据本人意愿转成城镇户口。2001年5月，国务院再次批转公安部《关于推进小城镇户籍制度改革意见》，小城镇户籍管理制度改革从试点转向全面实施，入户条件只有两个：稳定的生活来源和合法住所。文件中将小城镇中不同类型的统一为城镇常住人口。

2. 一些中等城市的改革尝试

（1）石家庄的户籍改革

河北省石家庄市是户籍改革走在前面的城市之一。2001年6月，石家庄市政府出台《关于我市市区户籍管理制度改革的意见》及其实施细则，2001年8月，石家庄市全面启动的户籍制度改革，在当时的省会一级城市首开先河。引起全国轰动的是石家庄市规定落户的7条政策[①]，特别是在直系亲属投靠、外来投资、大中专毕业生分配、外来务工经商人员落户等方面有重大突破，而外来务工人群门槛最低，意见规定，"外地公民被市内机关、团体、企业事业单位、工商服务业聘用为管理人员或专业技术人员、工作满一年以上者或招聘为合同制工人就业满两年者，可以凭单位证明迁入本市。"凭借这一条，大批"招聘为合同制工人就业满两年"的外来务工人员均可落户，许多在城市工作多年的外地大中专毕业生也以外来务工人员身份落户。

石家庄市户籍管理制度的大幅度改革有着深刻的社会经济背景。市场经济体制下对劳动力资源市场化配置的内在要求、中央政策的积极推动，以及城市自身具备的城镇化基础，均为改革的顺利进行提供了有利条件。

自2001年8月1日启动改革到2003年6月底，全市6类人员共有446 592人办理了落户石家庄市的户口。其中，就地转的最多，共有305 143人，占全部迁入人数的68%；其次是务工人员，86 723人，占全部迁入人数的19%，这两

[①] 一是有合法固定住所和常住户口的职工、居民均可办理其配偶、子女、父母的入市户口；二是经商人员可办理本人及其共同居住的直系亲属入市户口；三是管理人员、专业技术人员工作年满一年或工人就业满两年可以办理入市户口；四是购买商品房者可办理本人及其直系亲属入市户口；五是师范类本科、非师范类专科和特殊专业中专毕业生，在市内有接受单位可办理入市户口；六是市区内农业户妇女与外地人结婚，未办理迁户口，婚生子女可就地登记为非农业户口；七是二环路以内村民直接转为非农业户口，二环路以外各村陆续办理。资料来源：石家庄市政府：《关于我市市区户籍管理制度改革的意见》。

项之和占全部迁入人数的87%，其他几项之和仅为13%；特别是兴办实业和购房的人数少，兴办实业的5 595人，购房的7 202人，分别占迁入总数的1%和2%①。在石家庄户改一年后，接纳外来人口入户10万人，又过一年，接纳4万人，到第三年，则不足2万。该市公安局官员曾用"平稳良性"评价这项改革②。外来人口入户逐渐降低的一个原因是，2003年8月，河北全省的户籍改革启动，以"具有合法固定住所、稳定职业或生活来源"为基本落户条件。这样，相当一批没有固定住所而想落户的外来务工人员被拒之城外。石家庄市政府依据河北省户籍改革政策的精神，对户籍政策做出了相应的调整③。

（2）郑州的户籍改革

2001年11月，河南郑州在省内率先推行以"降低入户门槛，吸引高层次人才"为主要内容的户籍制度改革，2003年8月，郑州市入户政策再次放宽，不仅投资置业、购房、直系亲属投靠等条件可以入户，普通的投亲靠友均可入户，在当时被认为是全国各地户籍政策中条件最宽松的。但是，随着大量农村人口的进城落户，原本并不宽裕的城市公共资源"僧多粥少"的尴尬处境日益突出。其中，教育遭受的冲击最大。

据郑州市公安局统计数字显示，2001年11月至2005年4月外来人员转入户口38万多人，其中18岁以下的青少年及学龄前儿童就达10万多人。迅猛增加的学龄儿童让教育部门措手不及，郑州市中小学班级爆满，有的班额高达90多人，甚至一些学校操场站不下全体学生，只好实行每周一、三、五和二、四各班轮流做操制度……郑州市政府曾经协调9部门联合行动，基本解决了适龄学生入学难问题，但面对快速而庞大的人口增长浪潮，教育投入及其运转体系仍然存在诸多不适应。

当然，不仅仅是教育，短期内涌入的大量人口给郑州的交通运输、就业、社会保障等也造成了极大的压力。一个城市的承载能力是有限度的，忽视资源、环境容量等基础的承载能力，如果公共资源的供应不能与户籍改革同步的话，无限制地膨胀人口就会超出承载力。最终使这个城市不堪重负，使城市安全运行受到影响。2004年暑期，郑州各公安派出所接到通知，要求对入户手续进行规范，

---

① 王文录. 人口城镇化背景下的户籍制度变迁——石家庄市户籍制度改革案例分析[J]. 人口研究, 2003 (6): 8-13.

② 平稳良性：河北石家庄"户籍改革"再追踪[J]. 中国青年报, 2004.

③ 根据河北户籍改革的最新进展，2010年12月8日，河北省公安厅召开新闻发布会，正式公布户籍制度改革新政。改革实施办法进一步放宽了城市基本落户条件，取消了需要具有稳定生活来源和稳定职业的条件限制，省内人员只要在该省县城以上城市购置住房，就可以凭书面申请和《房产证》到房屋购置地公安派出所办理本人、配偶、未达到法定婚龄及无独立生活能力的子女和父母的落户手续。"新政"还进一步放宽合法经营、依法纳税和及时缴纳养老保险人员进城落户条件。

郑州户籍改革被迫"叫停"。

(3) 重庆户籍改革：与统筹城乡综合配套改革相适应①

2010年8月，重庆作为中国统筹城乡综合配套改革试验区，以解决农民工城镇户口为突破口，开始全面启动户籍制度改革，其基本目标是：结合全市主体功能区规划、城乡规划、土地利用规划，综合考虑经济发展、自然环境、资源承载等因素，分阶段推动人口向小城镇、区县城、主城区1 000平方公里区域内聚集，实现市域内户籍合理转移，逐步建立城乡人口和资源要素自由流动的制度体系。力争到2020年，全市户籍人口城镇化率达到60%以上。未来10年将有1 000万农民转户进城。作为大城市，重庆首次以破除城乡二元体制为目标，有组织地向农民敞开城市户籍门槛。

重庆户籍改革所设定的阶段性目标为：2010~2011年，重点推进有条件的农民工及新生代转为城镇居民，解决户籍历史遗留问题，力争新增城镇居民300万人，非农籍人口比重由目前的29%上升到37%，实现转户人口在主城、区县城、小城镇三级城镇体系的合理布局；2012~2020年，通过系统的制度设计，建立完善土地、住房、社保、就业、教育、卫生支撑保障机制，进一步放宽城镇入户条件，力争每年转移80万~90万人，到2020年新增城镇居民700万人，非农户籍人口比重提升至60%。

重庆户籍制度改革的总体思路，概括起来就是"三分"，即：分阶段推进，分群体实施，分区域布局。按照"三分"的总体思路，重庆户籍制度改革设定了土地、社保、教育、医疗、住房等一系列政策，概括起来就是"335"，即3年过渡、3项保留、5项纳入。一是3年过渡。对农村土地处置设定3年过渡期，允许转户居民最长3年内继续保留宅基地和承包地的使用权及收益权。对转户居民自愿退出宅基地使用权及农房的，对农村住房及其构附着物给予一次性补偿，并参照地票价款政策一次性给予宅基地使用权补偿及购房补助。对自愿退出承包地的，按本轮土地承包期内剩余年限和同类土地的平均流转收益给予补偿，从而避免了农村居民转户急转身。二是3项保留。为了切实保障农民权益，重庆在户籍制度改革中设计了农村权益3项保留，允许农村居民转户后继续保留农村林地使用权、原户籍地计划生育政策、农村种粮直补、农机具直补等与土地相结合的各项补贴共3项权益，最大限度地保障转户居民的利益。三是5项纳入。农村居民转户后，在就业、社保、住房、教育、

---

① 与重庆户籍改革同时进行的还有成都。成都模式与重庆模式最大的不同在于，重庆要求农民在取得户籍后退出原有宅基地及集体用地，最多只可保留3年。但成都无此先决条件，农民可带地进城。重庆只允许农民变市民，并未涉及城市居民转入村镇问题；成都则打通双向通道，城市居民也可在农村定居。引自谢良兵. 成都户改：全国率先实现全市域自由迁徙 [J]. 经济观察报, 2010.

医疗五大保障上实现一步到位,与城镇居民享有同等待遇,真正体现"老有所养、学有所教、劳有所得、住有所居、病有所医"。

为了顺利推进户籍改革,鼓励转户农民退出农村土地承包经营权、宅基地使用权及农房,重庆设计了一些创新性的政策:一是农民在转户后有三年的过渡期,在过渡期内仍享受各项土地收益;二是过渡期结束后的退出也不是剥夺性的,而是有偿退出①;三是社会保障的全面落实。这种做法兼顾农民在城乡两地的利益,给转户进城的农民有一定的选择余地,无疑对实现户籍改革成功推进奠定了坚实基础。随着户籍制度的改革和农村居民身份的转换,大量人口纳入城镇社会保障体系当中,公共福利的要求增加,无疑对我国本来就不健全的社会保障体系提出了更高的要求。只有扩大社会保障的覆盖面,使农村转户居民真正享受与城镇居民同样的社会福利政策,在社会保障等各方面真正一视同仁,户籍制度改革才具有实际意义。重庆市是全国统筹城乡综合配套改革试验区,统筹城乡户籍制度改革,给予进城农民社会保障制度设计创新理念和大胆举措,为我国户籍制度改革提供了借鉴和示范作用。

无论是将"合法固定的住所"与"稳定的职业或生活来源"作为户籍改革过程中的基本落户条件,还是统一城乡户口,不再区分"农业户口"和"非农业户口",统称"居民户口"。王太元认为,这些改革其实都没有突破公安部1998年的四条意见②。即1998年7月,国务院发出批转公安部《关于解决当前户口管理工作中几个突出问题的意见》,主要规定:实行婴儿落户随父随母自愿的政策;放宽解决夫妻分居问题的户口政策;投靠子女的老人可以在城市落户;尤其是第四条:"在城市投资、兴办实业、购买商品房的公民,及随其共同居住的直系亲属,凡在城市有合法固定的住所、合法稳定的职业或者生活来源,已居住一定年限并符合当地政府有关规定的,可准予在该城市落户。"可见,各地户籍改革实际上在很大程度上是对中央政策的一种回应。

(二) 蓝印户口制

1992年8月,公安部发出《关于实行当地有效城镇居民户口的通知》(蓝印户口),广东、上海、浙江、山东、山西、河北、天津等十几个省市先后试行

---

① 重庆市政府办公厅此间下发的《关于推进重庆市户籍制度改革有关问题的通知》中提到,农民转户后退出土地,在《中华人民共和国农村土地承包法》中有明确规定。当地转户进入城镇的农民,在可以保留宅基地、承包地的三年过渡期结束后,可继续按照依法自愿的原则处置农村土地,不强制农民退出土地。

② 王太元. 户籍改革:剥离附着利益 [J]. 瞭望新闻周刊, 2005 (20): 34-35.

"当地有效城镇居民户口"。

以上海为例,1994 年,上海在全国率先推出"蓝印户口",该项制度表现为对原有户籍制度的一种边际性改革。上海于 1994 年 2 月 1 日起正式施行《上海市蓝印户口管理暂行规定》(以下简称《规定》)。按照该《规定》,可在上海市登记蓝印户口的有三类人员:(1) 在上海市有固定合法住所,并有规定数额的投资(20 万美元或 100 万元人民币),其项目竣工投产或营业 2 年以上者,其本人(境外投资者除外)或其亲属或其聘用的外省市来沪人员可申请 1 个蓝印户口,每增加 1 倍投资额的,可再申请 1 个蓝印户口;(2) 境外人士在上海市购买的外销商品住宅,建筑面积为 100 平方米以上的,购买者或其配偶的直系亲属或三代以内旁系亲属,可申请 1 个蓝印户口;(3) 外省市来沪人员,在上海市有合法住所,并具有管理能力或工艺技能,被上海市一个单位连续聘用 3 年以上,且有工作实绩的,可申请蓝印户口。取得蓝印户口满 5 年以上的,可向公安机关申请上海市常住户口①。之后,蓝印户口的实行范围进一步扩大,在浦东新区开发开放全面展开以后,又规定:凡是外省市人员在浦东新区购买新建内销商品住宅一套,面积在 80 平方米以上,金额达 40 万元者,即可由其本人或直系亲属申请 1 个蓝印户口,购买面积及金额达到相应的倍数,可按此重复申请②。1996 年,以购买内销商品住宅申请蓝印户口的办法,又扩大到市内及郊县其他地方。

应该说,"蓝印户口"的实施是对传统户籍管理体制的一个重要突破,对于打破城市户口制度的限制,带动地方经济发展具有重要的作用。但是,值得注意的是,能够取得蓝印户口的外来人口数量毕竟有限。从 1994 年年初上海实施蓝印户口制度以来,一直到 2002 年 4 月 1 日停办前,蓝印户口实施 8 年多,全市获得蓝印户口者 4.2 万余人,其中购房类占 88%,投资类占 10%,聘用的中、高级技术人才只有 2%。

从某种意义上讲,蓝印户口的形成是户籍权利商品化具备合法性的关键步骤。蓝印户口的一个重要特点是不仅不会给中央政府增加财政负担,通过城市增容费的形式,反而增加了地方政府的收入。按照中央的规定,蓝印户口拥有者应该享受常住人口的市民待遇,但实际上,多数地方将其作为一种过渡形式,在拥有蓝印户口一定年限后,转为正式城市户口。自 2002 年起,一些地方开始逐步取消蓝印户口制度。

---

① 上海公安年鉴编辑部. 上海公安年鉴 (1994) [M]. 中国人民公安大学出版社, 1994: 392.
② 上海公安年鉴编辑部. 上海公安年鉴 (1994) [M]. 中国人民公安大学出版社, 1994: 531.

(三) 居住证转办制

2009年2月23日，上海市政府发布《持有〈上海市居住证〉人员申办本市常住户口试行办法》，具体的实施细则于2009年6月17日推出，目前该办法已进入实际操作阶段。这一举措一经推出，曾被解释为上海"户籍新政"，一时间引起社会各界的广泛关注，引发了讨论户籍改革问题的又一轮高潮。

2002年4月30日，上海市政府颁布实施《引进人才实行〈上海市居住证〉制度暂行规定》，其指导思想就是要鼓励和吸引国内外优秀人才以各种形式来本市工作或者创业，构建人才高地，繁荣上海经济，成为又一项对外地进沪工作的人才影响较大的政策。该制度规定凡有本科以上学历或者特殊才能的国内外人员，以不改变其户籍或者国籍的形式来本市工作或者创业的，都可申领人才居住证。

为体现社会公正原则、保障"外来人员"的各项社会权益、进一步规范人口管理，上海市2004年10月开始实施了发放居住证的新政策——《上海市居住证暂行规定》。居住证的适用对象从原来的"引进人才"扩大到"在本市居住的非本市户籍的境内人员"，所有在上海具有稳定职业和稳定住所的外省市来沪人员都可以申请办理，具体包括人才、就业和投靠就学三类。将居住证制度扩展到所有外来流动人口后，已完全实现了居住证的平民化。持证人员可以在居住证有效期限内，享受子女就读、计划生育、卫生防疫、社会保险、证照办理、科技申报、资格评定、考试或鉴定、劳模和三八红旗手评选等相关待遇。其中，第二十七条规定：《居住证》的持有人符合一定条件的，可以申请转办本市常住户口。转办本市常住户口的具体条件，由市人民政府另行规定①。2009年上海市政府发布的《持有〈上海市居住证〉人员申办本市常住户口试行办法》及其实施细则实际上是对这一规定和承诺的呼应。

《持有〈上海市居住证〉人员申办本市常住户口试行办法》的指导原则是"权利与义务相对等"，实行年度总量控制、按照条件受理、依次轮候办理。试行办法和具体的实施细则设定了申办条件和激励性替代条件，并规定持证人员的配偶符合规定条件的，可同时申请办理本市常住户口，不符合条件的可以按现有投靠落户政策办理，未成年子女可随迁。申办条件和激励性替代条件体现了与居住证转办常住户口的"权利"相对应的"义务"、"时间门槛"或优惠条件（见表2-2）。

---

① 上海市人口综合调控办公室．《上海市居住证制度政策文件汇编》，2005年，内部资料。

表2-2　　　　　　　申办条件和激励条件所涉及的要素

行为或内容	申办条件		激励条件	
	义务	时间门槛	义务	时间门槛或优惠条件
1. 居留并办证	登记，办理居住证	持证累计满7年	有条件地适当缩短时间或取消某项限制	
2. 社会保险	按规定参加本市城镇职工社会保险	正常缴费累计满7年（参加小城镇社会保险的，补缴差额后认定）	2.1 在本市远郊地区的教育、卫生等岗位连续工作满5年	持证和参保年限可缩短至5年
			2.2 持证期间在本市作出重大贡献并获得省部级及以上政府奖励，具有个人证书	不受参保年限限制
			2.3 取得本市高级专业技术职务任职资格或高级技师（国家一级职业资格）证书并被聘任在相应岗位工作	不受参保年限限制
3. 纳税或聘用人员	持证期间依法在本市缴纳所得税	7年	纳税或聘用人员激励条件见4.4	
4. 职业技能	取得本市中级及以上专业技术职务任职资格或技师（国家二级职业资格）及以上职业资格证书，且被聘任在相应岗位工作	无时间规定	4.1 持证期间在本市作出重大贡献并获得省部级及以上政府奖励，具有个人证书	不受持证年限限制
			4.2 取得本市高级专业技术职务任职资格或高级技师（国家一级职业资格）证书并被聘任在相应岗位工作	不受持证年限限制
			4.3 最近连续3年在本市缴纳城镇社会保险基数高于本市上年度职工平均工资2倍以上的，技术管理和关键岗位人员	不受专业技术职务或职业资格等级的限制

续表

行为或内容	申办条件		激励条件	
	义务	时间门槛	义务	时间门槛或优惠条件
4. 职业技能	取得本市中级及以上专业技术职务任职资格或技师（国家二级职业资格）及以上职业资格证书，且被聘任在相应岗位工作	无时间规定	4.4 最近连续3年计税薪酬收入高于上年同行业中级技术、技能或管理岗位年均薪酬收入水平的，技术管理和关键岗位人员	不受专业技术职务或职业资格等级的限制
			4.5 创业人才在本市投资创办的企业，按个人的直接投资或者按个人的投资份额计算，最近连续三个纳税年度平均每年纳税额在100万元及以上或连续3年平均每年聘用本市员工100人及以上，相关投资和创业人才	不受专业技术职务或职业资格等级的限制
5. 诚信记录	无违反国家及本市计划生育政策规定行为、治安管理处罚以上违法犯罪记录及其他方面的不良行为记录			

资料来源：根据《持有〈上海市居住证〉人员申办本市常住户口试行办法》及其实施细则整理而得。

（四）积分制入户

2010年6月，广东省政府出台《农民工积分制入户城镇工作的指导意见》，积极引导和鼓励农民工及其随迁人员通过积分制入户城镇和融入城镇。实际上"积分制"并不是首次提出。就广东全省而言，中山市是走在最前面的。2009年10月中山市政府颁发了《中山市流动人员积分制管理暂行规定》，同年12月出台《中山市流动人员积分制管理实施细则》，在全国率先全面推行流动人员积分制管理。

1. 中山市流动人员积分制管理的先行先试

中山市的流动人员积分管理制度主要依据是2009年10月颁布的《中山市流动人员积分制管理暂行规定》以及同年12月出台的《中山市流动人员积分制管理实施细则（试行）》。暂行规定明确指出，其管理对象为"本人户籍不在中山市，但在中山市连续居住或工作一年以上（含一年），由本人申请并经市流动人口管理办公室核准的流动人员"，这种管理体制采取个人自愿、分区申请、统一管理和动态调整的模式。根据实施细则中的积分计算方法按照个人素质、工作经验、居住情况、社会贡献等指标计算流动人员的积分,流动人口管理办公室根据积分管理流动人员的公共服务和社会福利等。根据积分,流动人员有可能会享受到子女入学甚至入户的待遇。与以吸引人才为目的的"积分制"入户不同,中山市的积分制来源于农民工入户的政策,其计分标准中基础分的比重较大,注重学历和工作实践能力,并将居住时间和社会保险缴纳时间也计入积分,不仅对于"白领"阶层,对于"蓝领"阶层的农民工的入户评分同样适用。

中山市的流动人口"积分制"管理更好地体现了"分类管理"和"权利与义务相对等"的原则,是流动人口管理制度的一次创新。在这项新的制度施行阶段,相关法律政策的出台、计分标准的公开化和计分程序的透明化、政府有效监管,以及大众传媒的监督为新制度有效运行提供了较好的环境支持。

2. 积分制管理全面推行

正是在总结中山等地做法的基础上,广东省政府出台了《关于开展农民工积分制入户城镇工作的指导意见》,并发布《广东省农民工积分指导指标及分值表》。目前,广州、深圳、佛山、东莞等市已起草具体实施办法,并进入实质性操作阶段①。各地出台的具体实施办法,总体上贯彻了省政府出台的《关于开展农民工积分制入户城镇工作的指导意见》的重要思想,在此基础上,各地因地制宜,在具体的指标体系设计和计分标准方面存在一定差异(见表2-3)。

表2-3　　　　广州等地农民工积分制入户办法比较

地区	广州	深圳	中山	东莞	佛山
相关法规	《广州市农民工及非本市十城区居民户口的城镇户籍人员积分制办法(试行)》	《深圳市外来务工人员积分入户试行办法》	《中山市流动人员积分制管理暂行规定》	《东莞市积分制入户暂行办法》	《佛山市推进农民工积分制入户城镇的实施意见(试行)》

---

① 《广东多市制定积分入户政策　逾6万农民工入户》一文中提到,自2010年6月广东省政府出台《农民工积分制入户城镇工作的指导意见》后,短短5个月,广东已有广州、中山、东莞、佛山、深圳、肇庆、惠州、江门、清远等市制定了农民工积分制入户政策,截至2010年10月15日,广东省已经有超过6万的农民工成功入户城镇。载《广州日报》2010年11月17日。

续表

地区	广州	深圳	中山	东莞	佛山
适用对象	已在广州市就业的非本市城镇户籍外来人员及农民工（违反计划生育政策、有犯罪记录、未办理广东省居住证（增城、从化市户籍人员除外）、未缴纳社会保险、未签订一年期及以上劳动合同人员除外）	已办理深圳市居住证、纳入深圳市就业登记且缴纳社会保险的外来务工人员	本人户籍不在中山市，但在中山市连续居住或工作一年以上（含一年）的人员	在本市行政区域内就业、经商的非本市户籍人员，且已办理《广东省居住证》、缴纳社会保险	在佛山务工的农业户籍劳动力，已办理《广东省居住证》、纳入就业登记、缴纳社会保险
计分标准	设基本分、导向分、附加分三大类，包括年龄、文化程度及技能、社会保险、住房、专业或工种、行业、地区、毕业院校、和谐劳动关系、社会服务、表彰奖励、投资纳税等12项指标	设基本要求、个人素质、居住情况、参保情况、奖励加分及减分六大类，包括年龄、身体状况、居住证情况、文化程度、技能、社会保险等18项指标	设基础分、附加分、扣减分三大类，包括个人素质、参保情况、基本情况、急需人才、专利创新、表彰奖励、社会贡献、投资纳税等13项指标	设省统一指标和市自定指标，包括个人素质、参保情况、社会贡献、减分、就业、居住、投资纳税、激励条件等具体17项指标	设省统一指标和市统一指标，包括个人素质、参保情况、社会贡献、减分、就业、技能提升、竞赛获奖、投资纳税、居住等具体15项指标
申请门槛	原则上积满85分可提出入户申请	原则上积满60分即可提出申请	未作详细规定	原则上申请人积满60分可申请入户	农民工积满60分且积分排名达到迁入地所在区当年入户名额之内

广东的积分制入户政策,为外来务工人员全面融入城市社会提供了一个相对公正、公平、透明、可操作的制度平台。在工业化与城市化迅速推进的社会转轨时期,这一制度形式的存在有一定的合理性。这将有利于增强农民工的归属感和主人翁意识,使农民工看得见希望,也更容易规范其行为。农民工在为城市经济社会发展做出贡献的同时,能够充分享受城市发展的成果,这既有助于实现公共服务均等化,缩小城乡收入差别,促进社会公平,也可以有效推动我国的城市化进程。

进入21世纪以来,尽管各地的成效不一,但改革领域所具有的政策推动和相机决策的特征较为明显。总体上可以概括为:以实现公共服务均等化为改革目标,以条件准入为推进途径①。2010年以重庆、成都和广东为代表的这一轮户籍改革,在推进原则和方式上,同时满足了均等化公共服务和降低门槛的标准。居留时间、购房或投资、纳税额度等入户条件量化,以及就业、社会保障、住房、教育、医疗等福利待遇的明确,说明户籍制度改革已经从随机性向可预期、程序化的方向推进。

五、户籍制度改革持续推进涉及的核心问题

综观各地在户籍制度方面进行的改革探索,有成功的经验,也有改革受阻甚至失败的教训。改革的障碍是以户籍为载体的诸多利益附加,户籍改革的难点实质上是利益重新分配、福利剥离和协调机制建立的问题,对于不同层级的城市而言,所面临的困难有所不同,主要涉及以下核心问题。只有解决了这些问题,才能找到潜在的解决办法和应对措施。

(一) 是否保留户籍的工具性

当前,城市政府对户籍制度改革的目标主要表现在两个相互冲突的方面:一是工具性目标,以户籍管理对象或流动人口的权利作为发展的工具,以追求经济的快速健康发展和实现资源的优化配置,保护城市居民充分就业,乃至保持经济社会的长期稳定;二是价值性目标,即以促进和保障流动人口的权利及其福利为导向,通过缩小城乡差距,从而最大限度促进不同群体之间的公平。尽管以户籍为载体的福利附加不合理,但毕竟在过去相当长的时间内户籍较多地承担了利益分配的职能,民众的心理适应也有一定的惯性,不可能在一朝一夕彻底剥离一切福利,为避免管理失衡,剥离附着在户籍之上的行政功能和福利分配功能需要一

---

① 蔡昉. 户籍制度改革与城乡社会福利制度统筹 [J]. 经济学动态,2010 (12): 4-10.

个过程,作为城市政府,希望"户籍"的工具化手段在一段时期内继续维持,以用来交换立足于吸引人才、资金和技术的"自利性"的政策目标。

(二) 筛选机制与户籍门槛的设置

现阶段城市社会矛盾的一个主要表现是居民对公共服务的需求与政府供应能力之间的矛盾。推进城市人口管理制度的区域性改革,一方面要使流动人口在履行义务的同时公平地享有权利;另一方面,又要避免福利拉动可能导致大规模人口流入,进一步增加城市发展和城市管理的压力。对于一个城市而言,城市资源环境和基础设施的承载能力、公共服务能力及公共财政的承受能力是有限的。那么,在供求不均衡的情况下,要确定哪一部分人群能够在城市享受到政府提供的公共服务和城市福利,就必须建立起一种相对公平的筛选机制。

户籍改革需要在城市可承受范围之内进行政策考量,针对外来人口入籍的政策调整必须考虑迁入地的选择机会与外来人口的生存能力。大城市的进入门槛恐怕还是要的,关键是门槛的设立既要考虑公平,又要保持一定的效率[1]。首先,设置门槛由行政管制向经济限制转变,具有过渡性质;其次,设置门槛的目的是在人口自由流动、城市规划与自我管理的矛盾中起到平衡器的作用,着重考虑人口在城市取得生存基础,降低人口盲目流动的风险;最后,设置门槛,既要提高城市活力,又要保证居民生活质量,注重政策弹性调节的效果。

(三) 均衡区域资源配置,让中小城市为大城市消解户籍改革的压力

目前我国处于快速城市化阶段,城市人口每年以1%以上的速度增长。只要大城市与中小城市之间存在较大的资源配置差异和公共福利落差,大部分人口就会向大城市流动,如果新增的城市化人群集中到大城市,那就是数以千万计的人口压力。显然,大城市需要中小城市来为之分流人口、消解户籍改革的压力,关键在于:在大城市和中小城市之间,需要更加均衡的资源配置,在诸如教育、就业、医疗、社会保障、住房等主要的民生领域,逐步缩小户口背后的福利与权利差异。中央政府关于城市户籍改革的政策导向应该是引导城市政府逐步降低城市户籍门槛并最终取消户籍限制,正是基于此,户籍制度改革需要中央政府的强势介入。

在大城市进一步发展的空间有限的情况下,首先,中央政府应该对中小城市

---

[1] 党国英. 户籍制度:改革的路怎么走 [J]. 中国改革,2006 (4):65 – 67.

的发展给予足够的政策支持，使其在吸引人才、资金、技术等方面对大城市形成强有力的竞争，促使大城市政府在降低户籍门槛上做出让步；其次，中央政府应大力推进城乡劳动力市场一体化，加快实现社会保障的全国统筹，促进教育机会和教育资源在全国范围内的公平分配，从而使大城市在户籍福利和权利上的优势大幅下降，进一步诱发大城市户籍门槛的降低乃至消失；最后，户籍改革需要在全国不同层级城市同时推动，以避免单个或少数城市单独行动而导致的人口剧增和公共资源困境。无论是大城市还是中小城市，户籍制度改革均需要配套的财政资源，为新入籍人口提供相应的公共服务和相关福利，因此，需要协调地方政府与中央政府之间的财政关系，在地方政府自有的或新增的财力不足的情况下，中央财政应对一些外来人口入籍多的城市加大转移支付力度。

第三章

户籍改革的政策理念及其政治经济逻辑

户籍改革的政治经济学命题表现为决策者的政策目标的优先序从工具性目标向权利和平等的价值性目标的转变。户籍改革的本质是决策者放弃以限制人口自由迁徙的权利及其相关的社会福利来实现经济发展与社会稳定的工具性目标,将流动人口的权利保障及其正义性纳入自身的社会总福利函数之中,并赋予其权利价值在政策目标序中的优先地位。改革的路径是以渐进式为基调的,以一种循序渐进的适应内外压力的形式出现的,并对原制度存在强烈的依赖性。户籍制度改革的基本取向应当是逐步剥离附加在户籍之上的种种福利附加,使户籍管理功能回归本位。

一、户籍改革的政治经济学命题

我国在很长时期内形成了二元的发展模式,而户籍制度成为这种模式和体制的基础。我国户籍制度从建立之初就被赋予了本不应该由它承担的许多政治、社会和经济功能,而这些功能又在过去几十年的发展过程中不断地被强化和放大。户籍制度上所负载的利益和权利已经远远超过户籍制度本身,并成为户籍制度改革难以推进的根本所在。如果说户籍制度作为一种"社会屏蔽"制度,是我国计划体制下特殊的工业化发展战略选择的结果,在当时是一种不得已而为之的策略,那么伴随着社会环境的变迁和各种要素的积累,户籍制度改革已是大势所趋。自20世纪80年代中期以来,从中央到地方,从农村到城市,户籍制度改革受到社会不同层面的广泛关注。人们更多地是把户籍制度改革与中国城市化进程和城乡二元社会结构的破解联系起来（陆益龙，2002；蔡昉等，2001；邹农俭，2003）。

中国户籍制度改革的进程表现为由中央政府、地方政府、外来流动人口和城市市民多个利益集团组成的多方博弈过程。当前，政府对户籍制度改革的目标主要表现在两个相互冲突的方面：一是工具性目标，通过户籍制度所表现的城乡分割和流动人口权利的缺失为发展的工具，以追求经济的快速健康发展和实现资源的优化配置，保护城市居民充分就业，乃至保持国家政治、经济社会的长期稳定；二是价值性目标，即以促进和保障流动人口的权利及其福利为导向的，通过缩小城乡差距，从而最大限度促进不同群体的公平为首要的正义目标。在社会经济发展难以提供充裕的就业机会和公共服务能力的情况下，地方政府特别是城市政府必然要在流动人口权益保护与地方户籍利益之间进行权衡和取舍，但一般都会倾向于工具性目标，即优先考虑城市人口的既得利益并以经济社会的稳定为执政的主要出发点。

关于户籍改革的政治经济学命题是改革决策者的主流意识形态的转变，即政策目标的优先序应当从工具性目标向权利和平等的价值性目标的转变（赵德余，2007）。而转变的方式是以渐进式改革为基调的，对原制度有强烈的路径依赖性。首先，户籍改革的本质是决策者必须放弃以限制人口自由迁徙的权利及其相关的社会福利来实现经济发展与社会稳定的工具性目标。为此，决策者需要将流动人口的权利保障以及社会公平纳入自身的社会总福利函数之中，并赋予其权利价值在政策目标序中的优先地位。其次，近年来户籍制度改革的实践表明，改革的路径以一种循序渐进的适应内外压力的形式出现，表现出对原制度的强烈依赖性。通常，渐进主义作为一种社会行动方法，具有成本低、代价小的特点。如果说原有户籍壁垒刚性的下降，得益于市场化和工业化的推进，而现有城镇户籍利益的存在，却是由转轨时期的相关制度重新赋予的（李健英，2005）。目前我国教育、卫生、劳动就业、社会保障与社会福利制度等社会经济政策的主体依然以城乡分割和行政区分割为基本特征，因此改革成败在很大程度上取决于教育、就业、社会保障制度等相关的社会经济政策配套改革是否成功。户籍制度改革的基本取向应当是逐步剥离附加在户籍之上的种种福利附加，使户籍管理和户籍登记功能回归本位。当然，这是一个需要周密设计和谨慎对待的长期过程。将福利从户口上剥离不等于取消福利，福利体制是可以脱离户籍管理体制独立运行的。

二、户籍制度的历史价值及其权利限制的政策后果

户籍制度的历史价值典型地反映了一种发展工具主义的特征。无论是在改革

开放之前的计划经济时期，还是20世纪80年代之后向市场经济的过渡时期，户籍始终充当了国家社会控制与经济发展战略的一项重要工具。其工具性作用主要体现在维持社会秩序、控制城市发展、保障国家粮食和其他生活消费品的供应，以及提高经济竞争力等方面。新中国成立之初，户籍制度建立的最直接的目标一般被认为是为了维持社会的秩序，即新政权试图通过一种有效的制度安排，以便营造一种"人工维持的秩序"，确立新兴民族国家的安全与稳定（陆益龙，2002；科尔曼，1990）。户籍制度建立的初衷只是为维护社会治安与保障公共安全，其开始实施阶段也并没有形成强制性①。

随着1953年12月全国粮食统购统销制度的实施，粮食生产和分配问题开始与户籍制度联系起来。为了增加粮食生产和供应，政府决策者期望能够把农民留在土地上，以确保农村有足够多的劳动力。1958年出台的《户口登记条例》改变了户口迁移登记手续，规定户口的迁移不仅需要迁出地政府机关的审批意见，更重要的是需要迁入地的政府机关或主管部门的审批意见。由此，户籍真正开始作为一种管理工具限制了城乡人口的迁移，成为在很长时期内中国城市化进程缓慢的主要制度原因之一。在短缺经济条件下，户籍进而成为有计划地配置包括劳动力在内的各类生产和消费要素资源的有效载体。粮食作为最稀缺的农产品和最直接生活必需品，其数量规模在很大程度上成为了地方政府选择严格或宽松的户籍控制政策的最主要制约因素②。

20世纪80年代农村改革之后，户籍制度的历史价值则主要体现在为中国的工业化与低成本出口战略的经济增长模式所作出的贡献。发轫于20世纪70年代末的农村改革，极大地提高了农村的劳动生产率，也使得农村剩余劳动力被释放出来，并最终成为史无前例的人口流动大潮。传统户籍制度的存在和以户籍为基础的城市社会保障和福利体制使得大量流动人口成为没有长期劳动合同，又未被城市社会保障体系所覆盖的生存于正规体制之外的就业群体，其主体是大量的非正规就业者。让如此众多的农村劳动力工作生活在传统的城市体制之外是对农村人口的一种剥夺，是一种制度上的不平等。但是，在中国工业化进程中如果将所有非正规就业都纳入正规体制必然会极大地提高社会发展和劳动力市场的管理成

---

① 陆益龙（2004，24）描述了这一历史背景："1950年8月，公安部制定的《关于特征人口管理的暂行办法（草案）》主要是为了对反革命分子或可疑分子进行监视和控制，以便搞好社会治安和保障安全，为国家施政管理和建设提供人口资料。同年11月，政府又出台了《城市户口管理暂行条例》，统一规范了城市的户口登记和管理。这部法规的目的在于建立城市公共秩序，恢复城市经济建设。"

② 蔡昉等（2001）的研究以城市决定计划迁入的人口数量作为衡量户籍控制强度的因变量指标，而以滞后一期的人均粮食产量作为解释变量，研究发现在1978年改革之前，粮食每增加100公斤，城市人口迁入率会增加3%。该研究的结果表明粮食生产与供应安全因素对政府选择户籍控制的强度具有决定性的重要意义。

本。在中国二元经济的发展格局下，非正规就业在解决中国劳动就业和促进经济发展上发挥了重要的作用。在一定意义上讲，以户籍为基础的城乡二元体制以及由此所产生的 1 亿多体制外的廉价的流动人口劳动力的存在，是中国产品得以以低成本占领世界市场、使中国成为"世界工厂"的重要的原因，也是中国过去 30 年改革开放得以顺利发展、经济得以长期高速增长的最重要的制度因素之一。①

但是，户籍制度的上述历史贡献却是以对公民迁徙自由权的限制和社会公平价值的缺失作为代价的。迁徙自由不仅仅是人口自由流动的问题，还意味着公民的自由选择。迁徙自由是一种政治权利，和别的权利相关联，因而又是一个包容性的综合性的权利（王建芹，2007）。虽然，迁徙自由作为一项权利从未被我国宪法和法律所禁止，但是政府在保证迁徙自由和促进社会融合方面缺乏足够的努力。户籍对公民权利的限制是多纬度的和多层面的，从户籍制度的权利实质来看，户籍承载着相关的利益分配功能，或者说户籍制度仍然是形成于计划经济体制下的某些特权的基础，并成为阻碍公民行使迁徙自由和居住自由的一个重要因素（张树义，2001；黄仁宗，2002）。户籍对流动人口迁徙自由与居住自由权利也存在直接限制。户籍制度隐含了深刻的、先天性的身份歧视及其不平等。现在造成很多人反感户籍制度的原因，好像并不是因为户籍登记管理制度本身，而是因为户籍制度造成的城市与乡村的差别、大城市与小城市的差别。就个人而言，户籍制度的最大弊端就是歧视，这种歧视并不是根据人的能力，而是根据先天的因素（张树义，2001）。

当然，户籍制度的工具性目标追求所造成的流动人口权利及其公正价值的缺失还因相关的社会福利政策的推行而不断地被强化了。由于我国的户籍制度不仅仅是一种人口管理制度，它是与一系列成文与不成文的法律制度、政治环境及社

---

① 这里隐含了一个重要的命题，即流动人口的非正规就业由于低工资和缺乏足够的社会保障权益而恰恰为企业的发展提供了特殊的"制度性收益"。我们可以做一个简单地推算：2004 年国务院发展研究中心的一份调查报告显示，珠江三角洲地区的农民工工资在 12 年间，仅提高了 68 元，而当时全国农民工的工资水平基本上都处于 400～600 元之间。为了计算的便利，取中位数 500 元作为一般工资水平，并近似地将 68 元看成是 12 年来全国民工工资的平均增幅，由此假设 1992 年我国民工的平均工资为 482 元。这一水平与当时国有企业职工的平均水平相差不大，可以认为是一个合理水平。1992～2004 年，我国消费物价指数上升了 91.36%。在保证民工实际收入不变的情况下，2004 年民工的平均工资也应当出现与物价指数相同的升幅，达到 922 元。以此水平（922 - 500 = 422 元）推算，以 2004 年全国农民工大约为 1 亿人计算，全年收入损失为 422 × 10 × 1 亿 = 4 220 亿元（仅以农民一年工作 10 个月计算）。考虑到城镇职工的工资水平在过去 10 多年间的增长远超过物价增长水平，2004 年的实际工资已是 1992 年的 2 倍以上，农民工的实际工资性收入的损失就更为可观。更何况，广大农民工基本上都没有社会保障和其他社会福利，其工资实际上就是其所有的收入。虽然我们还不能精确地推算涵盖所有福利与保障的城市职工和农民工之间的收入差异，但合理的估算应当在 1 万亿元左右。这样一个简单的匡算也正是中国企业发展因为户籍制度而产生的庞大的制度性收益。

会福利紧密结合的,也就是说,在现行户籍制度下,城市人口享有许多与生俱来的福利,这些福利是通过相关社会政策和城市户口结合在一起的。尽管在社会经济转型的大背景下,户籍制度立足的根基已经有所松动,并且近年来在某些领域进行了若干改革的尝试,但迄今为止,以户口为基础的人口管理制度仍然是将劳动用工、住房、医疗、教育等公民权益同户口性质相挂钩的,使城市户口成为"身份"和"福利保障"的象征。与城市户籍人口相比,外来流动人口在社会保障、社会福利和公共服务方面存在较大差距。户籍制度造成的社会福利壁垒,人为地在城市内部划分出本地人和外地人两大群体,由此形成城乡二元体制之外的城市内的二元社会结构,阻碍了流动人口对城市社会经济资源和发展成果的分享①。

总之,基于户籍的社会福利政策长期以来在客观上不仅强化了对流动人口迁徙自由等权利的限制,而且也强化了对流动人口社会福利相关利益的排斥。这表明以工具性目标为导向的社会政策的维持客观上是以保护城市人口的既得利益、牺牲流动人口权益的平等价值为代价的。

三、限制流动人口权利的社会成本与收益变动:工具性目标的代价

维持户籍制度的工具性目标本质上意味着以对人口迁移和对流动人口权利的限制为手段,来实现政治领导层所期望的社会稳定、工业化和城市化发展战略、粮食供给安全等社会目标。而推动改革的关键在于政府需要对维持原定工具性目标的成本收益进行结构性评估对比,即政治家必然要判断维持其工具性政策目标的代价是否值得或可接受的。在一个理性的政策决策模型中,只有当维持一项政策的成本超出其可能获得的收益时,政策改变才是可能的。相反,决策者如果从该项政策中获得的收益大于维持其存在的成本时,就必然缺乏修正和变革政策的激励。对户籍制度的决策而言,假设户籍对流动人口权利控制的边际收益和边际成本对决策者而言都是社会性的,即不存在政策决策者个性化的成本收益问题,

---

① 城市内部的二元结构集中体现在"本地人"和"外地人"两大群体的福利差异方面,这不仅表现在附加于户籍上的社会保障(医疗和养老)、教育和就业等方面,而且即使对作为交通事故中受害人的"本地人"和"外地人"的赔偿也出现了"同命不同价"的现象。关于"本地人"和"外地人"两大群体的福利差异,党国英举过一个例子:拥有北京市户口的市民,如果年收入低于2 500元,就将被纳入低保范围。而在中国农村,年收入低于2 500元的农民估计差不多有两亿。如果允许的话,他们肯定愿意要北京户口——低保可以领,医疗补贴可以领,养老金可以领,没有房住,政府建廉租房(唐勇林,2007)。

则这里只需要考查影响政策均衡的社会边际成本与社会边际收益的变动即可。为了解释的便利，本章将边际社会成本曲线移动引起的对流动人口权利控制放松称为成本挤压型户籍松动模式；而由边际社会收益曲线移动引起的控制均衡点下降或左移的情形则称之为收益缩水型的户籍松动模式。

如图3-1所示，假设初始状态下户籍政策是完全城乡分隔式的人口控制模式。作为参照系，假设该模式对流动人口权利的限制强度为1，即流动人口几乎丧失任何转变成为或享有城市居民身份的可能性。于是，从初始状态出发，户籍控制松动的政策变迁将存在两种途径：一是所谓的控制成本挤压型户籍松动，如图3-1所示，在不同边际社会收益曲线上，边际成本曲线向左上方移动，相应地，在边际收益曲线SMR1上，均衡从E0移动为E1，此时，户籍对流动人口的权利控制水平则从1下降到假设为0.8的状态，即控制强度下降了。二是收益缩水型的户籍松动模式，即在边际成本曲线不变动的情况下，户籍控制对决策者的边际社会收益出现了下降，从初始水平E0大幅度下降至E02，此时，户籍对流动人口权利的控制强度从初始的1降到0.6。如果变动的起点不是E0，而是在更高的社会边际成本水平SMC2上，则社会边际收益曲线下降或缩水会引发均衡从E1迁移到E12的水平位置上，此时，户籍对流动人口权利的控制水平又进一步从0.8下降到0.4。

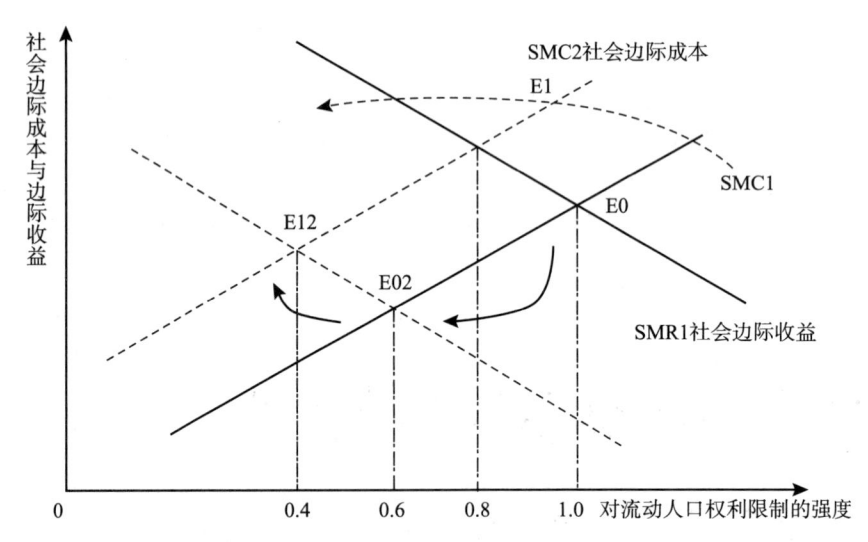

收益缩水型户籍松动：E1—>E12或E0—>E02
成本挤压型户籍松动：E0—>E1或E02—>E12

图3-1 改革开放以来户籍制度改革的成本收益结构变动分析

（一）成本挤压型户籍松动：E0→E1 或 E02→E12

对户籍制度的社会成本还缺乏充分可信的测量和研究，已有的文献显然注意到户籍对中国社会所产生影响的深度和广度。从其社会成本来看，户籍不仅深刻地影响了城乡劳动力要素的流动和配置效率，城市化进程以及农民工的心理紧张与压力，而且还对社会政策的正义性、管理控制的成本与社会政治成本等都形成了冲击[①]。

1. 道义和社会公正的成本上升

迁徙自由是中国宪法所赋予公民的一项基本权利，也被世界绝大多数国家以及国际组织广泛地接受（温铁军，2002）。户籍政策不仅仅事实上限制了公民迁徙自由的权利，而且通过城市户籍以及附加于户籍之上的种种社会福利与权益，在客观上造成了一个地方城市对外来流动人口的排斥，是对其他地区特别是某些弱势群体合法利益的侵犯和剥夺；也造成了城市与其他城市或乡村两种不同户籍身份的社会经济不平等。这种政策对流动人口的权利剥夺及其不断扩大的不平等后果，随着越来越多的和越来越深入的有关研究成果不断地出现，并引起媒体的广泛讨论和批判，社会公众和舆论对户籍的非正义性就越是不满，而政府为之付出的道义上的代价和公信力的下降也就越沉重。同时，社会福利与收入等的城乡和地区差距的扩大与建设和谐社会目标也存在明显的冲突。如果政府在政治上仍然坚持一项被广泛视之为缺乏足够正义或道义的政策，这将不仅引起社会公众的谴责，更为严重的结果是丧失公众对政府合法性的认同与信任。

由于户籍被赋予了福利和权利的功能，户籍在一定程度上就变成了具有价格的商品。20世纪80年代以来，一些地方的农转非工作大多伴随着一些交易活动。有的地方是由政府公开标价，以政府公告的方式公之于众，向那些要求进入城市的人，征收城市建设费和增容费；更多的地方是实行暗箱操作，那些希望获得城市户籍的人为了改变自己的由户籍制度所赋予的命运，为获取城市户籍而拉关系、向官员行贿等不断发生，成为腐败的重要温床。

2. 社会稳定协调发展的政治成本上升

城乡人口的差距扩大与社会冲突的增加将会直接提高户籍管理的社会政治成本。我们不能把城乡人口之间的差距都归罪于户籍制度，但户籍制度至少是加剧了这种差距。如经济收入差别，城镇居民的年平均收入一般为农村居民年均收入的3~8倍；消费水平差别，城镇居民平均每人的消费性支出约为农村居民平均

[①] 限于篇幅，本章不讨论户籍对城乡劳动力要素的流动和配置效率损失、城市化进程以及农民工的心理紧张与压力影响等问题，我们在后续研究中会给予这些问题足够的关注。

消费性支出的 4~6 倍；教育水平差别，由于办学条件、教师素质、教育投资等方面的不同，一般来说，大城市优于中小城市，中小城市优于城镇，城镇优于集镇，集镇又优于农村。目前的教育体制中，以户口地为基础招收学生这无形中更加增强了城镇居民的特权。除了上述几个方面的特权外，城市居民在其他方面也享有农村居民难以与之比较的优越性，如生活能源、交通邮电、商品供应、社会服务、文化娱乐以及医疗保险（顾朝林等，2001）。

另一方面，社会冲突尤其是流动人口中的青年一代的不满开始增加。越来越多的农村人口流出乡村却又难以被城市接受，往往成为社会管理体系中最薄弱的群体，特别是在宏观经济不景气时期，如果寻找工作失败或失业，他们很容易演变为"游民"，成为社会的"不安定"因素（曾建明，2002）。民工二代（即进城流动人口的子女）中的很大比例从小生活在流入地城市，已经对上一代所在的乡村缺乏认同感，却又不被现在生活于其中的城市所接纳，其融入社会难度比较大。各地城市虽然为义务教育阶段的民工子女提供教育机会，但普遍都对民工子女关闭高中及以上层次的教育通道，一些缺乏受教育机会又无正规职业的青年流动人口正在成为城市青少年犯罪的主要人群，其群体行为以及对社会不满情结更容易成为城市生活安全稳定的隐患。

（二）收益缩水型户籍松动：E1→E12 或 E0→E02

收益缩水存在两种形式：一种是假设性或预期性的社会收益；另一种是制度扭曲性的社会收益。其中，前者是客观上并不存在或只是一种可能发生的现象，而后者对政策决策者而言则是客观存在的，却并非完全合理与正义的。

1. 假设性或预期性收益的减弱

决策者维持户籍制度的假设性收益主要来自对城市发展的拉美化、社会稳定以及粮食安全等的担忧。并将控制流动人口大规模的进入城市，作为实现避免拉美式的过度城市化、确保社会稳定和良好的治安、确保大量农民留在乡村从事农业生产以实现粮食供给安全的重要手段。这些担忧都有一定的道理，但以此作为反对户籍改革的依据则失之偏颇。

首先，对城市拉美化的担忧常常和维护社会稳定目标联系在一起，似乎城市的失业、贫富差距、贫民窟以及环境污染与治安混乱等各种社会问题都是由于对流动人口的控制不力造成的，而只要继续维持现行的户籍制度，就可以远离所谓拉美化的不幸。笔者认为，一方面，拉美过度城市化是有其深刻的政治经济与社会历史根源的，包括拉美土地的私有制、新的国际分工地位以及殖民时期形成的产业资本积累依附关系乃至社会文化传统和政府角色等各种复杂因素交互作用才产生了所谓的拉美化问题（托马斯·安戈蒂，2004）。那种简单地认为控制人口流动就可以避免拉美化问题显然是不切实际的；另一方面，放松人口控制或户籍政策也并不意味着必然会产生拉美化问题。放松或取消户籍管制，势必会有一定数量的流动人口进入城市，但只要就业、教育与居住问题还存在一定的市场门槛，就没有理由相信会有大量农民盲流或流浪街头（杨风禄，2002）。

户籍控制和治安与社会稳定之间也不存在单向的、确定的因果关系。外来人口占多数的城市可以是治安良好社会稳定的城市，而户籍控制严格的地方也可能社会治安状况不断恶化。应该说不是因为放松户籍控制造成了治安难题，相反，正是城乡隔离的户籍控制造成了流动人口在城市遭受的不平等待遇以及缺乏就业机会、收入和居住条件，而这些的确也在一定程度上成为刺激流动人口犯罪的诱因。但社会治安显然也是一个类似于拉美化的复杂问题，不能简单地通过对流动人口的控制和排斥就可以解决的。

其次，粮食供给安全有时也被认为是户籍控制的社会收益的重要组成部分。在改革开放之前，户籍制度将农民严格地控制在乡村土地上，以确保有足够多的农业劳动力从事粮食生产，从而维持粮食产量增长与供给安全。但是，随着计划经济时期粮食统购统销体制的解体以及农村改革所引发的农业劳动生产率的提高，粮食安全已经不再仅仅与劳动力的投入数量及其粮食产量等问题直接相关，而更多地依赖于粮食贸易以及相关的组织制度因素。这意味着不仅户籍制度对流动人口的控制无助于确保粮食安全，而且粮食安全本身客观上已经也应当能够不构成维持户籍控制的政策理由。蔡昉等人的研究也证明在改革开放之后，粮食紧缺程度对人口迁入率的影响无论是从显著性，还是从系数的绝对值看，都已经是无足轻重了。显然，粮食安全已经不再是支持户籍制度的依据，而充其量也只能是为户籍制度辩护的假设性收益。

2. 扭曲型收益的维持

扭曲型收益典型地反映了户籍政策改革的路径依赖及其面对既得利益集团的压力与阻力的状态特征[①]。一方面，对户籍人口的福利待遇而言，如果要放松对流动人口的控制，或有更多的流动人口享受与户籍人口同等水平的福利待遇，则

---

① 宫希魁（2005）深刻地描述了中国户口分类的宝塔式等级结构逐步确立的过程。在这种宝塔式结构中，处于最底层的户口类别是农民户，循此逐级上升，分别是非农户、城镇户、城市户、大城市户、直辖市户。户口自下而上迁移，真可谓"蜀道之难，难于上青天"。宫希魁认为，"从政治上来说，各级政权机构分别设在地位相称的城市、镇、中心村（乡政府所在地）。政权机构为了维护自身的利益和对政治因素的考虑，对所在地的利益不能不有所照顾。从社会因素来讲，城市越大，人口越集中和组织化程度越高，居民群体与政府的谈判能力越强，创始者们的利益越有保证。从思想文化因素来说，越是中心城市，知识分子的比重越大，居民平均文化程度越高，智力优势就越是明显。以上各种因素所导致的利益级差，促使不同等级的市镇形成自我防范和保护机制"。由于层层都在搞阻击和维护自身的利益，严格区分户口等级、强化户口管制，所以，阻碍户口自下而上的垂直迁移就是以上逻辑的必然结果。

意味着要么城市户籍居民的福利待遇水平会下降,如相关的就业培训补贴、最低生活保障和社会救济、甚至养老金与医疗保障都可能会减少,要么政府为了维持上述保障福利水平不变,就必须承担更多的财政支出压力和提供更多的公共服务。客观地说,无论哪一种情形都会造成地方政府的实际货币收益的损失,尤其是这样的损失是否会形成城市居民的强烈不满或政府无法承受的财政压力,则是政府决定户籍政策改革取向的最为担忧的因素之一;另一方面,户籍制度对政绩考核具有特殊的意义。在日益重视人均指标的大趋势下,外来常住人口虽然在理论上被纳入考核基数,但户籍人口的权重更加提升。各级政府部门的业绩每年都要依据一系列考核标准进行评价,而某些关键性的指标被认定为具有一票否决的重要性。其中有两个中央和地方政府都高度重视的"一票否决制"指标:计划生育超生率和突发事件发生率。这些考核制度,会使地方政府更加重视当地居民的投票和舆论,也会导致希望进一步减少外来人口以提高各种人均水平的倾向。

在改革开放的30多年间,我们所经历的正是以上分析所揭示的维持户籍制度的社会收益和社会成本此消彼长的变动过程。正是在这样的过程中,决策者日益意识到维持现行户籍制度的好处或收益是不可靠的或根本不存在的,而为之付出的代价和成本在政治上是如此之高,以至于难以承受时,变革户籍制度的时机就水到渠成了。当然,不同层级、地区和部门的决策者对维持户籍制度的成本与收益的理解和趋势判断可能会出现巨大的差异,从而表现出对户籍改革的不同态度,并直接影响到相应的政策措施。

随着政府放松对流动人口权利的限制,原来户籍政策下政府承担的一些社会成本则可能转变为政府的政治收益,尤其是剥夺流动人口权益的道义成本会迅速转化为支持和拥护政府推动户籍改革的社会道义收益,即政府在政治上将获得更多的支持与合法性。而至于其他的社会部门减少与治安及社会稳定的改善则需要依赖于各地方政府公共管理水平的提高。

四、户籍价值重构与流动人口权利回归

户籍制度的存在无疑是造成城乡分割的主要制度因素,也是使得进城务工的农民被排斥在城市主流社会之外的重要原因。流动人口的合法权益难以保障直接关系到城市经济的可持续发展和社会稳定。流动人口在城市生活、工作、消费、纳税、创造财富,为城市经济增长做出贡献,却不能享受至少不能与城市户籍居民合理地分享各种福利待遇、社会公共资源和城市发展的各项成果。尽管与户籍相联系的多种社会福利待遇的不合理附加是一个历史遗留问题,目前的城市人口管理思路也是基于当前人口形势和经济社会发展状况做出的政策选择,但地方政

府对户籍人口的地方保护主义倾向和针对流动人口的带有歧视性的政策及管理手段，使正常的管理逻辑遭到破坏，有悖于社会公平目标，也不完全符合"以人为本的科学发展观"和"构建和谐社会"的基本要求①。

逐渐消除户籍管理对城乡和地区发展的负面影响无疑是一项从根本上解决城乡分割的二元体制的重要举措。中央政府已经采取了许多措施希望从制度上加快户籍制度的改革。户籍制度改革对于解决当前流动人口所面临的现实问题具有重要意义。对于流动人口中已经长期在流入地生活并成为事实上的常住人口的那部分人群，解决其户口问题，不仅能使他们在就业、社会保障、子女教育等方面获得公平合理的市民待遇，更能促进他们积极融入城市生活②。而对于仍具备一定流动性的那部分人群，户籍改革会给予他们更多的选择机会，如果他们有意愿和能力在城市生活，能够让他们看得见希望，也更容易规范其行为。

无论户籍改革沿着怎样的路径、以怎样的步调向前推进，户籍制度改革必然是一个户籍价值重构的过程，其核心问题是权利重新界定和利益调整。改革的方向、形式以及广度和深度取决于行为主体之间的利益一致程度和利益对比关系。从理论上讲，均衡的制度安排和权利界定总是有利于力量支配方，随着各种要素不断积累，当力量对比关系的变化超过一定临界值，必定导致制度安排和权利界定的变化。同时，改革取得成功的可能性取决于改革所蕴涵的价值理念与作为现行体制基础的价值理念之间的契合度、改革所导致的利益关系的重新协调与相关公共资源的配置，以及管理当局控制改革进程的能力③。当流动人口的权利保障及其正义性本身成为决策者的效用函数的重要组成部分时，政治领导层的边际社会收益函数曲线将会变得更加陡峭起来，这意味着只要对流动人口的福利和权利给以很小程度的改善，就可能取得社会收益的显著增加。这时如果政治价值观念本身就足以促使决策者推进改革进程，即直接将社会边际福利函数 SMR1 向左移动到 SMR2 的水平上，决策者的物质收益水平由于需要支付对流动人口的福利保

---

① 谌新民（2005）也注意到户籍改革的价值目标问题，他认为户籍制度改革不是形式上的创新，最终的目的是要促进社会和人的全面发展，保护全体公民（当然包括民工）的平等权益，其基本走向将体现自由迁徙、非物质化和配套性的特征。"目前户籍制度改革的关键不在于户籍和允许人口流动本身，而在于外围条件和制度如何适应和保护人口流动的合理有序，改革的关键不完全是有否自由迁徙权，而在于迁徙后能否平等地享受当地相关福利且能够落实在农民工身上"。

② 中国青年报社会调查中心与某网站联合开展的一项有 11 168 人参加的调查显示，91.7% 的人认为有必要进行户籍改革。40.7% 的人认为现在户口仍很重要，甚至有 23.0% 的人认为，如果在"好工作"和"解决户口"之间非要选一个的话，自己宁愿选择"解决户口"。对普通人而言，户口的最大作用是"方便孩子上学"（57.5%），列第一位，其次是"能提供医疗、社保等方面的切实保障"（35.9%）（唐勇林，2007）。

③ 而改革的具体内容与相应的制度规范、价值取向具有一定的兼容性，均与施政模式和决策行为有关。政府必须根据中国城乡社会的特点确定施政目标和进行政策设计。

障和其他社会救助性支出而下降，但由于流动人口权利限制得以放松或解除所产生足够多的公众支持性的社会心理收益或正义性价值（MJV；marginal justice value），其实际总的社会边际收益水平并不会下降（R0），而其上升的程度取决于社会公众对社会公平正义的价值判断。因此，户籍改革的政治决策及其进程明显的取决于政治领导人的主观价值观念及其对流动人口权利价值的认识与判断。也只有当这样的价值认识达到足够高的程度，户籍改革才是可能与可行的。"以人为本"和科学发展观的提出和实施，充分体现了我国党和政府对构建和谐社会的理念和发展战略，也是户籍制度改革能够取得成效的最根本的政治保证（见图3-2）。

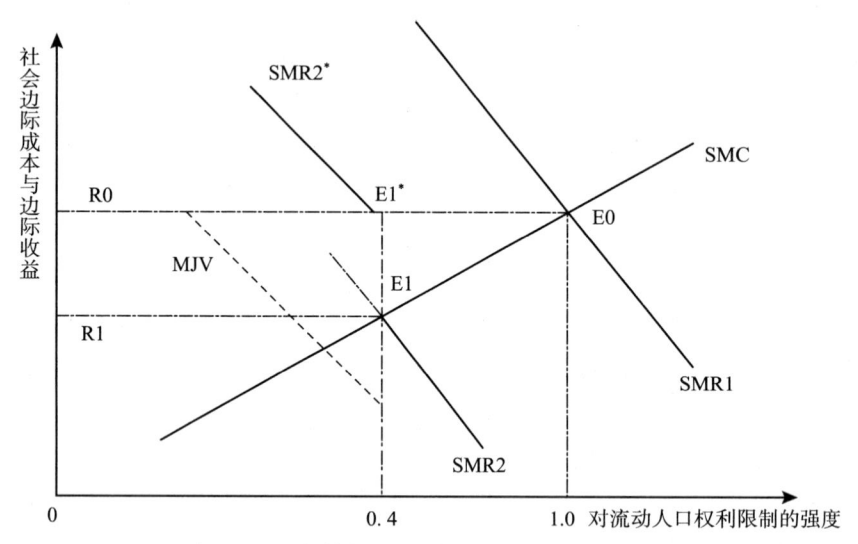

图3-2 户籍松动改革的政策决策示意图

户籍制度改革的终极目标应当是户籍管理从审核体制过渡到登记体制，使户籍管理功能回归本位，使福利制度与普遍的公民身份而不是与歧视性的户籍制度相联系。社会转型期城市户籍管理具有明显的过渡性特征。中国人口发展态势和区域经济社会发展差距的客观存在决定了户籍制度改革必须以"渐进式改革"为基调，城市存量人口与增量人口利益调整与协调也是一个逐步推进的过程。城市户籍改革的一个基本要求是逐步缩小流动人口与户籍人口之间的福利差距，实现流动人口与户籍人口管理体制和方法上的平稳对接，在这个过程中必须为流动人口获得市民待遇提供一个合理途径，构筑起有利于推动人口合理流动和流动人口社会融合的制度框架，实现户籍价值重构和流动人口的权利回归（见图3-3）。

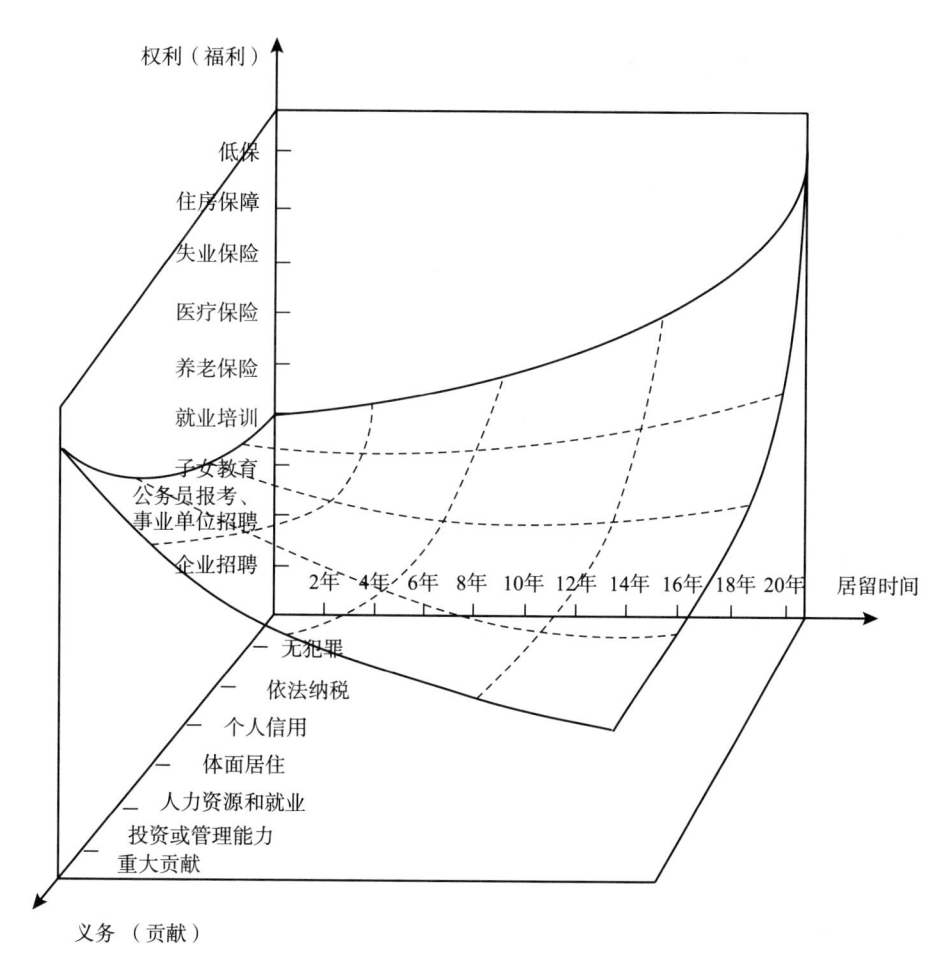

图 3-3 流动人口市民化途径的三维曲面结构示意图

除了通过市场机制的配置途径，我国人口目前所享有的社会福利和相关权利主要来自两个渠道：因身份而获得的福利和权利，因贡献和承担义务而取得的福利和权利。户籍所体现的城市人口与生俱来的福利特权属于前者，而通过缴费参加各种社会保险者属于后者。在城市社会的总体承受能力相对不足的情况下，应当按照"权利与义务对等"的原则，逐步减少与身份相关的福利，扩大通过贡献和承担义务所获得福利的通道。可操作性的制度框架尚需进行精细设计，其总体思路可以是，一个人在城市生活时间越长，履行义务越多，对城市经济社会发展的贡献越大，就越应当享受更多的城市福利和公共服务。在存在资源短缺约束的条件下，不可避免地由政府承担起宏观调控人口规模和结构的责任，建立起具备一定筛选功能的体制和机制。美国次贷危机已经证明完全依靠市场机制配置资源会导致巨大的市场失灵的危机。在制度框架内，调控机制主要发挥引导和驱动作用，由外来人口自主决定去留。

权利（福利）—义务（贡献）—时间门槛是三个基本的要素，各要素涵盖的具体的内容可以深入地探讨，其基本的逻辑关系可以通过图3-3表述①。首先是将城市户籍人口与外来人口在福利和权利上的差距分解出来，按照来源（身份和贡献）排序，离图3-3原点越近表示与户籍可以越早的分离；履行义务（或贡献）从最基本的无犯罪记录到对当地的社会经济有重大的贡献，贡献越大、承担的义务越多，就越应当更多地分享城市发展的成果；如果外来人口的长期居留已成定局，对城市管理和公共服务就变成了长期的硬性需求，依居留时间梯度整合的制度安排（时间门槛的设置）不仅体现了城市社会对外来人口的接纳和包容，也符合公平性和城市发展的可持续性原则。我们试想，如果一个人在城市工作、生活超过20年（一代人的时间），遵纪守法，依法纳税，为城市创造财富，把一生中最宝贵的时间贡献给了这座城市，城市政府没有理由不给予他平等的市民待遇。

上述思路暗含的一个前提是，在过渡期内，地方政府拥有一定的设立门槛的自主权。一方面，毕竟就目前我国不同区域的社会经济发展状况而言，地区均质化发展是一个在近期内无法实现的目标，只要区域社会经济发展存在差距，人口流动是必然的；另一方面，在区域社会经济发展参差不齐的情况下，中央政府难以制定全国范围内统一的具有可操作性的制度体系，地方政府拥有更多的自主权就是必须和必然的。

五、现行户籍管理制度改革的两种渐进模式：利益调整下的阻力

直到20世纪90年代末期，中国在户籍管理制度方面的改革进展一直十分缓慢。对流动人口的暂住证管理与针对特殊人群的"农转非"指标控制是中国政府可以运用的最主要的两类政策工具。前者是中央政府授权地方政府对户口不在该城市的流动外来工人进行登记管理，而后者放松"农转非"指标的初衷在一定意义上是为了解决过去遭遇不公正待遇的国家职工及其家庭的户口问题（陈金永，2006）。当然，这两类管理工具的推行在很大程度上是为了应对户籍管理制度下种种"新问题"与"新情况"而做出的一种修补性努力。但是，90年代中期以后两个方面的情形发生了变化，一是流动人口规模及其对城市经济社会生活的影响越来越深刻，简单的暂住证管理已经不能适应社会公正与和谐的需求，

---

① 本图主要为了讨论的方便，是一个示意的图，各个要素的具体的内容还需要深入细致的研究。

尤其是一些地方公安部门对缺乏暂住证人员的任意罚款（创收），甚至对其发生殴打致死的事例引起社会的强烈不满。二是随着 90 年代中期的废除粮票（包括其他类似的补贴）和中央地方的财政分权化改革之后，地方政府获得了更加强有力和相对独立的权力来管理流动人口问题。

于是，20 世纪 90 年代末以来，现行的户籍制度终于开始了一些具有实质性的重要改革，包括 1997 年国务院批准的 456 个试点镇和小城市给符合条件的农民办理城镇户口。至 2002 年，一些省市还进一步废除了获得城市户口的农转非指标限制，同时取消农业户口与非农业户口的区别，即实行统一的居民证。此外，一些大城市也试图对外来流动人口在户籍管理方面做出一定的松动式的改革尝试。以下，仅以大中城市关于外来流动人口落户政策改革为例，说明近期户籍管理制度改革过程中的利益冲突及其渐进式特征。

（一）现行户籍管理制度改革的渐进模式：准入制与居住证制

1. 对户籍准入的条件有选择地和渐进地放松

这种改革模式的特征是一旦达到准入条件，即可转入户籍人口，从而享有与城市户籍居民完全相同的权利与福利待遇。各城市根据其经济社会的压力大小决定其户籍准入条件放松的程度，其准入条件常见的包括与户籍居民的亲戚关系、学历或专业技术标准、投资与纳税贡献以及其他突出贡献的情形等（见表 3-1）。

表 3-1　　　　　　不同城市户籍改革的准入条件比较

落户条件	郑州（2000）	深圳（2005）	重庆（2003）	昆明（2002）
亲戚投靠	1. 夫妻分居三年以上，一方准予迁入。2. 男性超过 60 周岁，女性超过 55 周岁，身边无子女，准予迁入。3. 本市居民的子女，户口在外地，年龄在 16 周岁以下的准予迁入。4. 新生儿入户	实现审批落户办法	1. 不受年龄和结婚时间限制，但必须具有固定住所和稳定的工作；2. 年老投靠要求以年龄和身边无子女为条件	1. 结婚 5 年的配偶；2. 18 周岁以下子女

续表

落户条件	郑州（2000）	深圳（2005）	重庆（2003）	昆明（2002）
购房入户	购买房屋建筑面积达56平方米以上的，其本人和直系亲属准予迁入2人	/	人均购房建筑面积为30平方米并以具有大专以上学历和稳定工作收入为条件	1. 购房价值30万元的可申请1人入户；2. 有房屋产权人居住满5年可申请入户
投资纳税落户	投资、经商、办企业的外地公民，连续经营3年以上，每年纳税金额达到3万元以上的，或一年纳税达到10万元以上的，本人和与其共同居住生活的直系亲属户口可迁入本市	1. 法人企业连续3年纳税累计300万元以上；2. 合伙制个人纳税负担60万元；3. 个人所得税累计24万元；4. 个体工商户纳税累计30万元以上	/	公民投资额达到50万元的可落户1人。个体工商户纳税5万元（10万元），个体私营企业纳税20万元（40万元），可落户1人（2人）
工作和技术落户	1. 具有中级以上专业技术职称的人员；2. 具有大专以上学历的人员；3. 具有高级职业技能资格；4. 急缺的技术工种和特殊工种的人员；5. 企业聘用的高级管理人员；6. 大中专院校毕业生入户	1. 教育部应届毕业生且学士学位以上；2. 本科以上在职人员或具中级专业技术职称并在国外工作2年；3. 归国留学人员；4. 高级专业技术人员等	/	1. 人才落户：大专毕业生可落户、经劳动部门批准的紧缺专业人才、持发明专利人员；2. 有突出贡献人员

一般而言，无论何种规模或压力的城市都对各自户籍居民的亲戚关系给予特别的考虑，并且按照血缘关系的远近程度作出有差异的规定。如首先考虑的是夫妻关系和子女关系。夫妻分居一定年限以上（3年或5年不等），其中一方具有本市户籍的，另一方原则上准予迁入；至于城市居民的新生儿自然也可随父随母

自愿入户。其次，户籍居民的父母关系，如对于男性超过60周岁或女性超过55周岁，身边无子女的，需到城市投靠子女生活的老人，通常也是准予迁入的。此外，城市居民的子女，由于历史原因户口在外地的，并且年龄在16周岁以下的（在校学生年龄可放宽到18周岁），同样准予迁入。

对于专业技术人员、投资纳税以及购房等重要贡献者，一直是许多城市管理者试图接纳的重点对象。其中，自从20世纪90年代初以来，许多城市设计和采纳了一种被称之为蓝印户口的户口准入策略，从而以一种十分独特的方式有条件地放宽了城市户口准入的门槛。蓝印户口的申请资格是按照个人对地方的贡献，如根据投资额或教育程度或技术来计算，以及那些有资格获得非农业户口的人（如被政府征地的农民、长期夫妻分居的人、在以前的政治运动中平反的人），因受农转非指标限制而没有获得城市正式户口的人。在中国，蓝印户口的形成是中国户口权利商品化具有合法性的重要步骤，政府对城市户口制定了一个公开的价格，城市户口开始变得容易得到。

2. 体制外的权益增量改进：居住证制度的试验

在现行的户籍管理制度之外对外来流动人口实行不同层次的统一居住证管理，一般居住证还会进一步区分为临时居住证和技术员工居住证。其中，对临时居住证人员，各城市一般是十分有限度地规定其领取的资格条件，但其有效期限通常只有一年或两年，并且赋予其持有人享有的公共福利权益也十分有限，如计划生育服务费用减免和劳务就业市场机会的。但是对技术员工居住证而言，持有者则享有更多的权益。实施居住证管理的城市需要进一步提升对外来流动人口的公共服务与权益及其管理水平，从而降低或逐步缩小城市户籍居民与外来流动人口在公共福利水平上的差距。如上海的第二代民工子弟可以享受职业教育机会，但不能参加本地高考。同时享受权益保护与计划生育服务，公共卫生免疫服务等。

与之前北京、上海、深圳等城市试行的居住证制度相类似的是，浙江居住证制度设计之初目的就是引进人才，所以设定了门槛，在年龄、职业资格、纳税金额、是否企业中层、是否有投资、是否有创新、受过奖励等设置不同分值。根据嘉兴市新居民事务局的统计结果，嘉兴市180万外来人员中，有66万人可申领《临时居住证》，65万人可申领《普通人员居住证》，15万人可申领《专业人员居住证》。能够得到《专业人员居住证》优惠的人仍然是少数，超不过1/12。原因是申领条件严格，不仅要持居住证两年，还要高中（中专）以上学历，不能违反计划生育政策，必须连续缴纳养老保险两年，必须有稳定工作，而且要提供纳税凭证，体检必须合格，必须有固定住所。这些还仅仅只是具有一票否决的部分，满足上述条件后，还要几十个项目进行打分，总分超过150分，才能领证。

可见，居住证的设计所强调的是外来流动人口对本地城市的个人贡献，并以此为基础给予不同程度的优惠政策。与户籍准入制相比，居住证制度的特点是具有更强的选择性和可操作性特征。其直接的目的是选择本地城市特需的高素质人才，并且居住证方案的设计对个人的贡献特征因素考虑更全面和具体，其不仅包括了户籍准入的各项关键条件，而且还考虑到了流动人口在企业工作的职位高低（如是否企业中层干部等十分具体的特征因素）；其次，居住证制度是所谓的绕过了户口的户籍改革模式，具有较强的可控性。这种改革方式的思路不是针对现有城市的公共资源与福利水平下放松户籍准入条件，从而减缓和避免了允许或增加更多的城市户籍居民的规模而引起质的，对公共资源福利消耗的竞争性程度。相反，居住证试图引入一种类似双轨制的机制，在维持现有户籍居民的规模及福利水平不变的前提下增加和改善对居住证持有者的公共资源与福利的供给水平，这具有典型的增量主义色彩，其优点在于避免了"户口突然无条件放开会引发的财政供给和城市承载力问题"（蒋明倬，2007）。

（二）两种改革模式的共同特征：选择性机制的设计

1. 对本地城市经济社会发展需求迫切的资本、技术以及见义勇为等道德风尚有特别贡献的人才准入门槛比较低

可见，两种户籍改革的政策设计模式都具有强烈的选择性特征，即只有那些具有特殊生产要素或能够做出突出贡献的外来流动人口才有可能被甄别和吸纳进城市户籍居民之列。例如，在户籍的准入条件方面不同城市都设计了有关特殊技术人才落户的条件。一般的城市，如郑州和昆明对特殊技术人才的准入条件比较宽松，大专以上学历毕业生、劳动部门批准的紧缺专业技术工种或特殊工种都能优先落户。相对而言，深圳和上海等发达地区的大城市则对落户人才技术标准更高一些，如甚至要求至少是教育部院校应届毕业本科生、归国留学人员或高等专业技术人才方能落户。此外，一些城市对特殊贡献和特殊行业工作的外来流动人口也做出了特殊的落户准入安排。

同样，在投资与纳税贡献的准入条件方面许多城市都制定了投资和纳税达到一定规模的企业家也可以直接落户。如在郑州市投资、经商、办企业的外地公民，连续经营3年以上，每年纳税金额达到3万元以上的，本人和与其共同居住生活的直系亲属户口可迁入，或者外商投资企业按其实际投入外资额，每10万美元可迁入1人。而昆明的标准稍高一些，即外地公民投资达50万元就可以落户1人，或者公民每年纳税5万元（私人企业纳税达到20万元）则可以落户。相对而言，标准最高的是发达地区的深圳，个人所得税累计在24万元以上，个体工商税纳税累计30万元以上则可以落户。

2. 对社会保障、人口计生以及住房和就业压力或冲击低的人群准入门槛低

关于社会保障，如广东省惠州市对外来常住人口落户的年龄所做的选择性规定"要求35周岁以下，工作满3年，并且已缴纳社会保险金"。这项规定由于新入户外来常住人口必须已经缴纳了社会保险费用，从而会体高本地市民的整体参保率水平，一方面可以减轻本市未来对新增居民的社会保障压力；另一方面考虑到新增居民的平均年龄均在35周岁以下，其选择性机制还可以改善本地人口年龄结构比，从而减缓了人口老龄化的冲击。显然年轻的新居民劳动力的加入可以为地方社会保障基金的增长作出长期的贡献，即使一些新居民在未来流失到其他地方工作，只会带走或转移其社会保障基金中的个人缴费部分，而其工作单位为其缴纳的社会保障金费用并不能转移。这明显地对本地劳动保障及居民而言是有益的贡献。

无论何种户籍改革的模式，对大多数落户者的一个基本要求是其拥有合法的住所。甚至在除了少数发达的大城市如上海、北京和深圳等地之外，绝大多数城市都选择了购房落户的规则。并且不同城市对落户要求购房的建筑面积也有具体的规定，如在惠州只要购房即可入户，在郑州和重庆则要求人均建筑面积至少要达到一定的标准，对郑州而言，购房面积达到56平方米可申请两个入户指标，达到90平方米的可申请3个入户指标，而重庆市中心城市则规定购房面积必须在30平方米以上，并且需要拥有大专以上学历和稳定的工作才可入户。至于昆明市却以购房的总价款不低于30万元为落户条件，允许在当地购房的外来常住人口落户不仅可以免除地方政府对新居民的公共住房的保障责任，而且通过购房落户的政策还可以刺激本地住房市场以及相关行业的发展。对于刺激内需和活跃经济以及吸引国内民间资本或企业家的投资积极性都是有意义的。当然，当地方住房价格上涨过快引起市场调控压力上升以及购房落户的新居民规模迅速增加时，一些地方政府开始取消了这一政策，如广东省的东莞市。

3. 外来流动人口的户籍改革意向：选择性户籍改革的政治含义

由于外来流动人口缺乏组织化，其抗争意识十分不足，因而作为潜在利益集团的一方，外来流动人口没有对政策决策者产生实质性的政治压力。两类户籍模式虽然在一定程度上是对外来流动人口权益保护的一致响应，但是，一方面，现行户籍改革新模式都没有充分吸收外来流动人口对其权益的呼声及其对户籍改革意向的表达，作为城市户籍改革的一个利益相关方，其对改革进程中的角色是十分被动的；另一方面，无论现行的何种户籍改革取向都是倾向于对外来流动人口中的精英分子进行选择性的覆盖和补偿性的保障。这意味着渐进式的户籍改革的一个基本特征是"赎买"了外来流动人口中最优秀的一部分群体，以户籍准入或特殊的技术居住证等形式保证了这部分流动人口中的精英群体的利益，从而消

解和削弱外来流动人口群体整体表达呼声或"不满"的能力。

六、郑州户籍改革受挫的一个解释：个案的经验价值

郑州户籍改革可以分为两个阶段，第一阶段是 2001 年至 2003 年 8 月期间，其进程是相对可控的渐进式的，而第二阶段是 2003 年 8 月之后，实施"投亲靠友"的落后政策则明显具有激进的机会主义色彩①。这为那些并没有在郑州市工作或居住（即未尽纳税义务），却试图分享其义务教育等公共福利品的外部公众提供了轻易的准入机会。其后果是引起地方政府公共服务部门和城市居民的强烈不满。根据郑州公安局的一个数据显示，2004 年，在郑州靠投靠亲属住所的落户者大概有 10 万人左右，而小孩和老人占了很大部分，尤其是 18 岁以下的学龄儿童，占了投靠亲属入户者的一多半。有关部门并没有预计到从外地迁入的学龄儿童会如此之多，而儿童的父母是否在郑州工作和纳税却无从统计②。

（一）教育、公共交通和计划生育、社会保障以及公安等职能部门受到显著的冲击

首先，到 2003 年秋季新生入学时，郑州发现市内各学校凭户口入学的儿童暴增。在管城区，各学校在以往学生数量外，又新增出大约 1/3 到 2/3 的新学生。郑州市政府当即决定，在 2005 年前在市区兴建 13 所新的小学、9 所中学，以解决学校资源的紧张问题，所需要的投资估计大致 6 亿元左右。然而，建新学校的速度赶不上新增学生的速度。很多学校的班级增加到 90 多人，正常的学校管理难以维系。根据郑州市政府的统计数据，实行"户口新政"后的 2005 年，全市教育经费为 18.3 亿元，2006 年为 24.3 亿元。而在 2003 年和 2004 年，这个数字分别为 11.2 亿和 13.4 亿元。2000~2006 年，郑州市教育基本建设已完工项目和在建项目已欠债 7 亿元，"透支"到了 2008 年。

其次，郑州市公安局管城分局的人士回忆说，当时由于老人可以免费在郑州

---

① 2004 年 1~8 月间，在全国多个地方放开户口迁移管理的背景下，郑州市政府决定，在户籍制度上进一步放开，实行按固定住所落户、放开亲属投靠的直系限制。据郑州市公安局管城分局的一位人士介绍，当时政府并没有下达专门的文件，但是记得市局领导同志曾经表示，来投亲靠友的，只要看不出是假材料，就可以放行。

② 据郑州市公安局统计数字显示，2001 年 11 月至 2005 年 4 月外来人员转入户口 38 万多人，其中 18 岁以下的青少年及学龄前儿童就达 10 万多人。有人为了让孩子进入郑州市比较理想的学校，把户口"空挂"在亲友的户籍簿上，还有部分居民设法将户口迁往目标学校所在地（程红根，郑州户籍改革引发教育"冲击波"，上海市金山区教育局）。

办公交卡,免费公交卡的发放数量曾严重超出计划。2006年4月中旬,郑州市公交公司突然宣布:暂时停办公交IC卡中的两种凭市民身份证办理的优惠卡。虽然该公司当时的解释是"电脑刷卡系统升级",但到了8月底,优惠卡的办理仍未"解冻"。与此同时,来自公交公司的数据显示:短短两年,郑州公交IC卡的办理数量已达80万张,远远超出了预期的20万张。公交车越来越挤,经营成本大幅上涨(资料来源:韩俊杰,2006,不能承受人口激增压力,郑州"户籍新政"部分叫停,《中国青年报》)。

再次,户籍改革对计划生育工作也产生了冲击。

"与户籍制度挂钩的计划生育受影响是必然的。当然,影响有积极的,也有消极的。积极方面是有利于建立统一的计划生育管理体制,克服过去流动人口计划生育管理存在的一些问题。如果大部分外来人口以固定居所的形式定居下来,就比较容易纳入稳定的计划生育管理模式当中,可以避免流出地管不到,流入地管不了,甚至是相互推诿的弊端。消极方面的问题比较复杂,主要体现在:户籍作为控制生育的辅助手段的功能基本消失。户籍制度改革可能会带来的暂住人口管理弱化,也将加大计划生育部门的管理难度"(李若建,2004)。

最后,人口增加带来的问题还涉及到社会保障、医疗卫生和公安等部门。如外来人员户口迁入郑州后,符合有关条件即可按规定享受最低生活保障,使社会保障部门压力大增。治安和刑事案件发案数量增加,城市治安压力加大。还有人口增加后患病人员增加,给医疗行业带来的压力,等等,都是问题(韩俊杰,2006)。

(二) 原有郑州户籍居民感受到公共福利质量受到明显的冲击而下降

如子女教育质量的下降和公共交通拥挤引起的心理成本和交易成本的上升,社会治安以及社会保障水平的下降。当然,户籍居民对改革前后的不同公共福利与服务质量的下降的感知水平是不同的。相对而言,多数户籍居民对低保享受人群的上述及其社会保障服务的潜在稀释效应未必能察觉到,但是,关于子女教育质量、公共交通拥挤以及医疗机构就诊的排队时间增加却可能感受更强烈。其中,尤其是改革在子女中小学教育方面对郑州市居民形成了强烈的冲击波,并引起公开的不满和抱怨。

郑州公安局管城分局人士说:

"至今郑州的学校里不但教室拥挤,老师也有批改不完的学生作业,只好让学生互相批阅。有的学校甚至发明了让学生戴着生日蛋糕店里出售的生日头冠上课的办法,因为上面有学生的名字,能帮助老师记忆。而现在这种紧张又延伸到了幼儿园"（资料来源：郭凯，2007，中国新闻网）。

有人认为，教育是郑州市户籍改革后遭受冲击最大的领域——迅猛增加的城市生源让郑州市中小学班级爆满：

"有的班额高达90多人；一些学校操场站不下全体学生，只好实行每周一、三、五和二、四各班轮流做操制度；学生下课上厕所，还要排长队！"（程红根，2007）

一位记者是这样记录其在金水区一所小学所看到的情形：

"每班人数都超过70人，第一排学生的课桌紧挨着讲台，最后一排学生则背贴着墙坐。由于教室里通道狭窄、穿行不便，坐在后排的孩子要走到黑板前答题，只能从后门出来，从走廊绕到教室前门进入。中原区一小学由于学生太多，学校被迫实行'分时'上课。早上七点多到十点多，一半学生先上；十点多到中午一点多，另一半再上。"

在2006年秋季招生中，郑州市除惠济区平均班额为31人、低于国家标准外，其他各区小学的平均班额都远远高于国家标准，其中金水区为每班72人，中原区城区为每班62人，个别学校甚至达到每班90人。不少学生家长和学校老师都对"大班"给教育教学和校园安全带来的影响，表示担忧和苦恼。学生家长担心建校赶不上人口增长和转移迁入的步伐，会产生连锁反应：大批农村孩子进城入学给城市带来的冲击，虽然目前只是在小学，但等这批孩子上初中后，中学拥挤又将是个大问题。

（三）政府职能部门的调整策略和应对

郑州的激进式户籍开放引发了一系列未曾预期到的后果，不仅对郑州市的各项关职能部门形成了巨大的服务供给或资金压力，而且还引起原有城市户籍居民的不满。这在一方面迫使郑州市政府政策决策者不得不暂且放弃激进式的改革方式以做出一定的退让。迫于城市管理的压力，郑州市在2004年8月停止了"按固定住所迁移登记、放宽亲友投靠"的户口新政，此后的有关户口迁移登记恢复了2001年以来一直执行的"需就业与购房"等条件落户的管理制度。

另一方面，地方政府还需要进一步增加职能部门之间的协同以及公共资源服务的供给能力，以缓解和消化户籍改革产生的前期积累的服务保障压力。面对城市化进程中人口增长过快所引发的学生入学难困局，郑州市协调九部门联合行动，采取了多项措施破解难题。据郑州市教育局有关人士介绍，各部门采取的措施主要包括："教育部门决定进一步挖掘潜力，扩大招生能力，千方百计将城市新增学龄人口包括外来务工人员子女，应收尽收全部落实到公办学校。公安部门提供适龄儿童的具体数字；教育行政部门将之纳入'普九'计划；发改委纳入城市社会发展的计划，城建计划将教育优先安排；规划部门将小区建设与学校建设同步规划。财政积极筹集资金，向教育部门倾斜；编办合理制定教师编制，劳动保障部门禁止童工；物价部门严格收费标准，义务教育收费一视同仁，只要到指定安排的学校，免收借读费"（程红根，2007）。

显然，增建新学校就成了最重要的应对策略。2005年年初，郑州市政府将在市区内新建22所中小学校列入市政府向市民承诺要办的十件实事之一。政府还力争要持续3~5年，加大力度投入教育设施建设，从根本上解决郑州市教育资源不足问题①。虽然政府加快建校步伐，但教育资源短缺问题在短期并不能得到根本缓解。一些新学校一旦建成，其一招生就会出现"超员"现象。但为了确保孩子上学，教育部门加强了过渡性措施：

"对于新增学生，设立专门的报名点，汇总后再统筹安排到各个学校。就近指定安排的学校必须接收学生，生源已饱和的学校，能接收多少就接收多少，剩下的再调剂"（程红根，2007）。直到2007年，仍有不少等待安排子女入学的家长在相关部门负责人办公室门前排队等消息。

七、结论与讨论

本研究表明，户籍制度的改革目标正在经历一个从工具性目标向权利价值目标优先考虑的转移阶段。户籍制度作为国家行政管理的重要组成部分，通过户籍登记证明公民身份、为政府制定经济社会发展规划和各项行政管理提供人口基础性资料的基本功能不会改变。

户籍制度目前仍然是我国政府进行行政管理的最主要的载体，是城市政府能够用以调控城市人口规模、保证城市的健康运行和持续发展为数不多的工作手段，在引导人口合理有序流动和城市化过程中还可以发挥重要的作用。中国城乡二元社会的解构，其含义要比户籍改革宽泛得多。我们认为，较为理性的判断是：中国城乡二元社会的解构将是一个长期的历史过程，是包括户籍制度、城乡社会保障制度、劳动就业制度、教育制度、医疗卫生制度等一系列制度改革的过程。其中，户籍制度改革进程在很大程度上取决于农村社会保障制度与城市社会保障制度的对接程度。

近年来，各地的户籍改革方兴未艾，在很大程度上，是对中央出台的户籍改革政策的呼应。经过20余年的探索和实践，户籍制度改革取得了一定的成果，

---

① 郑州市教育局副局长郭金汉前不久做客郑州市政府网站"在线访谈"时介绍，2005年，郑州市新建了22所中小学，目前已经投入使用。"十一五"期间还要再建75所中小学，力度之大前所未有。

但实际进展仍然非常有限。在技术层面上，改革的成功原则上取决于两个时机：一是劳动力市场需求格局发生根本性变化，即城市经济发展使得城市本地劳动力的就业保障比较确定，而对外来劳动力需求的大幅度提高，可能成为体制转变的契机；二是城市政府公共财政和提供公共服务的能力不断提高，从而能够为所有常住人口提供良好的社会福利和保障。一般来说，如果城市劳动力的就业保障比较确定时，外来劳动力的权利也会相应提高，户籍改革的阻力也会减小。虽然户籍制度改革不能解决与流动人口有关的所有问题，但户籍改革可以使部分流动人口在社会保障等方面受益，有助于社会和谐的实现和城乡差距的缩小。给流动人口完全的市民待遇，是一个非常复杂的问题。例如，对于农民工而言，获得完全市民待遇，需要他们放弃在原居住地的一些权利，如土地经营权、农村社会保障权、计划生育权等。如果既拥有在城市的各项权利，也不放弃在原居住地的权利，对城市居民来讲，也是一种不公平。因此，渐进改革必须把握好尺度，尽量避免在追求一种公平的同时，滋生和引发新的不公平。

笔者认为，既然不能在短期内从根本上消除二元结构，无法大面积解决流动人口的社会保障等问题，比较现实的做法是，可以按照"权利与义务相对等"的原则，通过政策体系的透明化以及管理与服务手段的不断完善，使流动人口在履行义务的同时公平地享用权利，使得户籍改革成为构建和谐社会的重要途径。

现实的问题是，我国城乡和地区间发展差异巨大，城市政府对公共产品的供给能力总体上是相对不足的，在城市社会难以提供充足的就业机会和公共产品及服务的情况下，急剧的政策变动往往达不到预期的效果，并极有可能造成难以克服的新的矛盾，使户籍改革面临更大的压力和挑战。目前，城市户籍完全放开既不现实，也不必要。特别是像上海这样的特大城市，对人口总量的适度控制是落实科学发展观的必然要求。

户籍管理制度的改革涉及政策决策者、城市政府职能部门以及城市居民与外来流动人口之间的复杂的利益关系互动与妥协的过程。中国现行户籍管理制度改革主要有条件准入模式和居住证模式，但无论哪种改革方式，改革的政策方案应当能够有限度地化解政府职能部门与城市居民的阻力。本章的研究可以识别影响和决定户籍管理制度改革的基本因素和经验，包括以下几个方面：

第一，地方政府的公共服务，即福利供给水平与能力十分重要。其供应能力越强则其越有能力应对和化解户籍管理放松之后城市居民以及社会公共需求增加的压力与冲击。但是，问题常常不在于地方政府社会公共服务的实际供给能力，而是在于地方政府提供公共社会服务和保障能力的意愿。尤其是在经济增长或人均GDP为导向的政绩观刺激下，地方政府的财政资源更倾向于投向经济发展激励方面，而不是投入到社会公共服务能力的改进方面。而以人均GDP为指标的经济实力排名更加刺激了地方政府对外来流动人口本地化的努力的排斥。

第二，户籍改革的底线是不能降低对城市居民的既得公共服务及福利水平，或者即使在短期内对城市居民造成一定的福利冲击或损失，但必须是在城市居民可以接受和认同的限度内。这是一个很难把握的底线，显然，这条底线是可以浮动的，即在城市居民能够接受的限度之内。一旦决策层意识到改革可能会引起城市现有居民的不满而触及该底线时，改革失败或退却的风险就会上升。

第三，户籍管理的松动规则之正义性对改革的合法性支持至关重要。无论是户籍准入的资本还是居住证领取的条件，不仅需要考虑其对城市经济社会发展的贡献，还要考虑到外来流动人口观念中是如何评判资格条件的问题。流动人口的无组织化特征降低了其对中央以及地方政府在户籍改革进程中的压力，这在很大程度上也降低了政府改革户籍制度的政治积极性和紧迫性，为政府在统筹经济社会发展过程中如何协调城乡以及地区之间的关系提供了相对宽松的条件，但也为地方政府在调整户籍政策时对外来常住人口权益的重视不够提供了便利。一些地方政府在户籍制度改革方面存在明显的地方保护主义倾向，甚至是学历等技术性歧视问题。

第四，户籍制度改革的策略应当是继续坚持渐进式的模式。户籍制度改革的目标应该是逐步取消或降低城市居民与外来常住人口在基于户籍身份上社会福利待遇的差距。按照现在流行的两种户籍改革模式，即准入制和居住证制，需要进一步讨论的关键问题是应该允许"谁"以及以"何种方式"进入城市户籍居民之列或持有类似的技术居住证，以享有城市户籍居民的权益。渐进式改革模式中的选择性标准应该如何确定？当然，这是一个值得深入探讨的命题。

发展的历史已经证明，好的施政目标和管理理念必须有与其适应的政策环境和实施条件才能得到落实和实现。如果操之过急，在条件不成熟之时希望毕其功于一役，反而会产生与政策初衷相反的结果。在城市化的发展过程中，我们正在逐步取消对于农村流动人口的各种歧视并将他们纳入城市发展的主流。同时，我们也必须注意农村人口的城市化是一个长期的过程，需要几十年时间的不懈努力，需要实行非常慎重的社会政策，需要根据各地区不同的社会经济发展水平和各种类型的城市的具体情况作出恰当的制度安排。

第四章

大城市户籍改革的困境、政策取向与路径

——以上海为例

改革开放30多年来,我国的户籍制度改革虽然在一些地区取得了明显进展,但总体而言可谓波澜不惊。从近年来户籍改革的实践看,不同规模和等级的城市,户籍制度改革的力度各不相同。小城镇改革力度最大,中小城市次之,大城市户籍改革的力度最小[1]。户口所含有的福利因素与户籍改革的关系决定了改革的逻辑顺序:从小城镇、中等规模城市,到大城市乃至北京、上海这些传统体制的最后堡垒,户口的放宽按照不同类型的情况和具体人群,逐次开放户口进入;改革与计划经济相连的传统福利体制,将城市发展从补贴性转到自我融资性机制上面,取消户口含金量[2]。同时,若干年来户籍改革的实践表明,户口含金量越低、各项配套改革越是彻底,户籍改革就越顺利;户口含金量越高,配套改革的难度越大,户籍制度改革就越艰难。总体而言,户籍制度改革进程尚未完成。研究大城市的户籍改革,需要置于全国人口和城市化发展的背景之下。本章主要以上海为例,对大城市户籍改革面临的困境以及未来的政策走向进行探讨。

一、大城市户籍改革面临的难题——基于上海的分析

上海一直是户籍控制最为严格的大城市之一,对户籍政策的调整比较谨慎。

---

[1] 王美艳,蔡昉. 户籍制度改革的历程与展望 [J]. 广东社会科学, 2008 (6): 19-26.
[2] 蔡昉. 户籍改革的逻辑顺序 [J]. 发展, 2002 (3): 69.

尽管有很多说法支持户籍的放开，例如，人们对未来生存机会的理性判断不会导致人口的盲目流动，管理制度和管理经验已经为变革作了足够的积累，人们对改革在观念上的适应保证了户籍改革不会给各方面造成太大的冲击，等等（李静，2002）。但对于像上海这样的人口已高度膨胀的大城市而言，如果完全放开户籍限制，城市系统所遭遇的冲击以及是否有能力予以应对都不能够做出乐观估计，大城市户籍改革面临着一系列难题。

（一）"人口承载能力的有限性"与"人口对福利与公共服务需求的无限性"

1993年以来，上海户籍人口连续保持自然变动的负增长，户籍人口增量主要来自人口迁入引起的机械增长，近几年户籍迁入量基本控制在每年11万~15万人之间，户籍人口增速并不快。与此同时，上海的流动人口规模逐年增加，且常住化趋势日趋明显，常住人口与户籍人口的差距越来越大。2010年全国第六次人口普查数据显示，上海外来常住人口规模已达897万人。年轻型外来人口的流入在一定程度上缓解了上海的人口老龄化问题，但随着外来常住人口规模的不断扩大，对城市资源、环境、基础设施的压力有所加大，同时也对城市管理和公共服务提出了更高要求（见图4-1）。

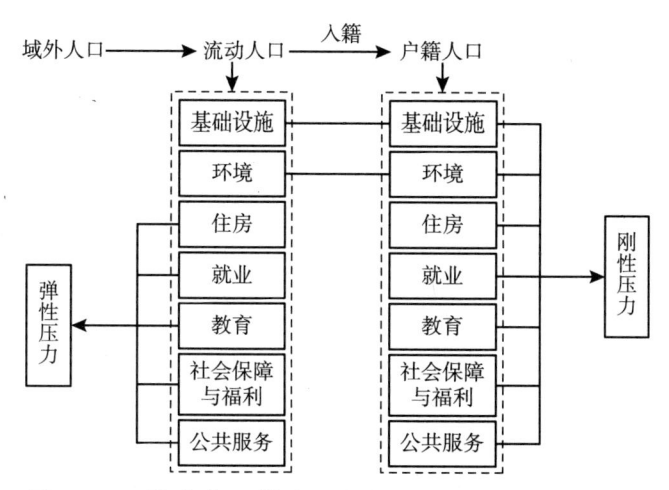

图4-1 城市人口扩张面临的刚性压力与弹性压力

户籍管理的放开需要有物质基础，在是否降低户籍门槛和能否给外来常住人口市民待遇的问题上，地方政府着重考虑的一个问题是，地方有没有能力承担增量人口进城和存量人口福利水平提高后对城市就业、教育、卫生、治安、交通、住房、环境等方面所带来的压力。鉴于目前的城市福利和公共服务体制是建立在户籍制度基础之上的，户籍人口对城市基础设施、环境、就业、教育、社会保障与福利以及其他公共服务的需求是刚性的。而外来人口对城市所构成的压力更多的是弹性的，也就是说，一部分压力不以有无户籍为标准，如对基础设施、环境以及非正规就业岗位的需求，大部分压力则是与户籍相联系的。一旦这部分人群获得城市户籍，弹性压力便转化为刚性压力。不管是落户门槛降低导致大量人口涌入，还是现有外来人口入籍后的福利供应增加，都将意味着巨大的公共财政支出，形成刚性压力与弹性压力并存且不断增大的局面，人口承载能力的有限性与外来人口对福利与公共服务需求的无限性之间的矛盾异常突出。

（二）差别化待遇和户籍门槛居高不下容易招致法理上的争议和道义上的责难

城市现行人口管理制度是在传统户籍管理制度基础上，与改革开放以来人口大规模流动的态势相适应，逐步将流动人口纳入管理和服务范围建立起来的。为了更好地推动城市经济的发展和社会稳定，促进人口与社会、经济、资源、环境发展相协调，合理调控外来人口特别是外来常住人口的总量与结构，上海在全国范围内较早建立了流动人口管理和服务的各种机制。从暂住证、蓝印户口制度到工作寄住证、引进人才工作证、引进人才居住证制度，再到取消暂住证、全面实行居住证制度，上海市政府和管理部门一直在寻求符合城市自身利益和发展目标的管理模式。

现有户籍制度改革之所以由地方政府主导，主要源于财政分权模式下地方政府在福利和公共服务供给方面承担的财政责任。1994 年财政"分税制改革"之后，财权、事权下移，城市政府作为独立利益主体的地位得到确立和加强，常住人口规模逐渐成为影响城市财政平衡的重要因素。在能否降低户籍门槛和是否控制人口流动规模的问题上，城市政府不得不考虑财政补贴项目的承受能力，加之国企改革大量人员下岗、失业的出现，上海在 20 世纪 90 年代也曾经出台清退农民工和限制外来人口就业范围的相关文件。随着中央解决"三农"问题及改善农民工进城就业环境等政策的出台，一些歧视性规定有所淡化，但针对外来人口的紧缩式控制管理模式没有根本性变化。

越是大城市，城市福利水平和公共服务越好，户口的含金量就越高。正是因为城市户口的高福利，城市特别是大城市的户籍人口几乎是完全作为存量人口沉淀下来的，在人口的机械变动方面表现为"只进不出"或"多进少出"。而伴随着社会转型与经济转轨，越是大城市，人口总量控制和再就业安置工作的压力越大，因此，城市政府和管理部门出于自身承受能力，特别是财政压力的考虑，就越倾向于对外来流动人口就业进行紧缩和控制式管理。

上海继 2002 年实施"引进人才居住证"之后，2004 年将居住证制度扩展到所有外来人口，具体分为人才类居住证、一般居住证（就业、投靠、就学类）和临时居住证。针对不同人群，政府出台的各种福利和公共服务供给政策是分层、差别化的。从常住户口→人才类居住证→一般居住证→临时居住证，其持有者享受的福利待遇水平，类似于经济学的价格歧视，这种依"身份"甄别的福利和权益歧视具体表现为，从完全的市民待遇→准市民待遇→低市民待遇→近乎无市民待遇，从高到低呈梯度变化。除人才类居住证持有者能够享受准市民待遇外，针对一般性流动人口的社会福利非常有限。

而且从某种意义上讲，上海的户籍门槛也在提高。以"引进人才"为例，实施居住证制度前，按照相关规定，只要是 35 岁以下、本科以上学历都可以由用人单位直接引进；而实施居住证制度后，外地人才落户上海除满足学历、年龄等规定外，还必须是纳入年度"人才开发目录"中的紧缺人才。应届毕业生的落户标准也水涨船高，从原来只有个人成绩、技能的要求，增加了对毕业学校的要求（全国重点大学或纳入"211 工程"的学校），等等。2009 年推出的《持有〈上海市居住证〉人员申办本市常住户口试行办法》中，参加本市城镇职工社会保险、职业技能等要求基本针对人才类居住证持有者设计。

在中小城市户籍改革取得明显进展的情况下，作为特大型城市，上海落户门槛的居高不下容易招致法理上的争议和道义上的责难。不仅仅是人才落户问题，对于为上海经济社会发展做出巨大贡献的外来人口，因非户籍身份造成的福利待遇缺失，也容易引致公众和社会舆论对政府社会责任担当的质疑，特别是当外来人口已经从城市部门中的一小部分转变成很重要的组成部分，城市内部结构的分化日益严重对于社会稳定发展是非常不利的。

（三）"控制人才的能力有余"与"控制人口的能力不足"

长期以来，我国多数大中城市执行的是"控制人口，不控制人才"的思路。上海的户籍政策调整和松动除了解决知青返沪等历史遗留问题、执行中央政府的强制性规定（如 1998 年的婴儿落户可随父随母、夫妻投靠等四项户籍政策）外，基本上是围绕着城市发展对人才的需求而展开的[①]。1984 年，首先在科技人才家属迁入方面突破了户籍制度的僵硬限制；1985 年制定了 8 类职工家属的户口迁移政策；1987 年上海市政府制定《控制本市人口机械增长若干问题的试行

---

① 据上海市政府 2008 年的一项调查显示，上海科技创新人才和高级经营管理人才仅占总人口 0.51%，比例仅为日本的 1/10 和新加坡的 1/3，上海每 10 万人口中科学家和工程师的人数为 800 多人，仅为日本 1/6 和韩国 1/3 左右，自主创新研发人才和金融等现代服务业领域人才仍然较为缺乏。引自复旦大学公共管理与公共政策基地项目研究报告：《上海人口管理模式改革与创新——基于浦东新区的研究》。

规定》,确立了"宽严有别、有进有出、突出重点、分层控制"的人口迁入原则,中、高级人才迁入从宽,一般人员的迁入从严;1994 年推出的蓝印户口主要以投资、购房为主;2009 年推出并实施的《持有〈上海市居住证〉人员申办本市常住户口试行办法》,基本上把范围框定在人才类居住证持有者,1992 年推出的《工作寄住证》制度和 2000 年的《引进人才工作证》制度虽然不作为户籍调整性政策,持证人员的相关待遇已逐步接近城市居民,其主要目的是吸引更多的高级、专门和急需人才进入上海(见表 4-1)。

表 4-1   改革开放以来上海市户籍管理政策调整一览表

年份	内容
1984	科技人才家属迁入政策
1985	制定了 8 类职工家属的户口迁移政策
1987	《控制本市人口机械增长若干问题的试行规定》
1992	《工作寄住证》制度
1994	《上海市蓝印户口管理暂行规定》
1998	《上海市蓝印户口管理暂行规定(修改)》
2000	《引进人才工作证》制度
2002	《引进人才实行〈上海市居住证〉制度暂行规定》
2004	《上海市居住证暂行规定》,第二十七条规定:《居住证》的持有人符合一定条件的,可以申请转办本市常住户口
2009	《持有〈上海市居住证〉人员申办本市常住户口试行办法》

纵观上述政策均体现了选择性排斥的思路。而结果显现的是,城市政府和管理部门"控制人才的能力有余,而控制人口的能力不足",原因就在于对于人才,可以以落户作为调控手段,通过设定不同的门槛条件,给予相应的优惠政策和福利待遇,毕竟大城市户口还是有一定的"含金量"和相当大的吸引力的;而对于一般性流动人口,进城的主要目的是赚取收入,大部分在次属劳动力市场上就业,虽然也希望得到户籍以及相关的福利,但多数人认为这是一种奢望,所以这部分人群的进出是不以有无户籍为标准的。随着外来人口规模的不断扩大和在城市的代际延续,由此导致的风险积累成为影响城市融合和社会稳定的关键因素。

(四) 户籍供需的均衡点难以把握

如果户籍政策调整由地方政府主导,而地方政府决策所考虑的主要因素是经济增长、社会稳定和民众的福利改进。与中小城市相比，大城市的人均公共福利初始水平较高，从而外来人口入籍后对福利的摊薄效应也就较为明显。户籍政策调整是否到位需要从供给和需求两个方面进行均衡分析。一方面，需要从需求边探讨人口入籍后的社会福利需求、不同户籍门槛对应的人口增量、社会稳定程度；另一方面，也要从供给边衡量城市人口承载能力、政府的公共服务供给能力、中央和地方的财政配套改革、以户籍为载体的社会福利的剥离可能导致的城市居民责难成本，等等。由于影响供给和需求的因素众多、彼此之间的关系复杂，户籍供需均衡点的确定很难准确把握。城市政府面临着两难困境：一方面担心户籍限制过严会屏蔽掉企业所需人才，影响城市经济发展大局；另一方面又担心户籍限制过松导致城市规模失控。

二、城市户籍改革必然要进行利益关系的调整

作为公共产品的提供者，政府有责任为社会的和谐发展、为所有的公民提供公平的制度安排，创造让所有人公平发挥其潜能的制度环境。从道理上讲，改革不合理的户籍制度是政府义不容辞的职责。但城市政府在户籍改革方面的确面临两难选择。

首先，城市发展所面对的是人口与社会、经济、资源、环境形成的交互式系统，其目标是实现人口系统与社会、经济、资源、环境系统的相互协调。在一定的资源环境条件和社会经济发展状态下，客观上存在与特定的生产和生活方式相对应的人口承载力的合理范围，并由此决定了人口发展的调整空间。实际上，在户籍限制未放开的情况下，不仅是北京、上海、广州，我国许多城市的人口规划都经历了控制目标一再被突破，一次又一次重复着"规划不如变化快"的结局。倘若放开户籍限制，人口的不断扩容必然导致风险加剧和城市系统脆弱性增加。

其次，从近年来城市人口总体规模变动趋势看，外来人口已经成为影响大城市人口和社会经济发展的重要变量。外来人口流入是一把"双刃剑"，一方面，由于外来人口以处于劳动年龄的年轻人口为主，在相当程度上缓解了城市的老龄化进程，为社会经济发展和城市建设做出了巨大贡献；另一方面，外来人口的大量涌入使人口管理的压力和形势更为严峻，加重了原本紧张的基础设施和资源环境压力。经历了20世纪80年代以来的社会和经济转型，特别是大规模产业结构调整产生了大量下岗、失业人员，外来劳动力和本地劳动力不再是简单的"拾遗补缺"关系，相互的"替代"或"竞争"逐渐激烈，大量外来劳动力流入导致就业特别是非正规就业领域竞争加剧，对本地人口的既得利益产生一定冲击。地方政府为了发展经济，在户籍改革方面采取的是向高质量的劳动力和投资者开

放城市户口,而对低素质劳动力仍然实行较为严格的流迁限制。

迄今为止,不管是大城市还是中等城市,在城市发展方面始终将户籍作为一种控制性的工具手段,只是程度有所不同。对于城市政府来讲,大幅度降低户籍门槛导致的人口流入,或者给流动人口以完全的市民待遇,不仅意味着必须有巨大的公共财政支出,也意味着在财政收支政策、社会管理制度、地区间政策协调等方面的巨大改变,这将是一个宏大、系统性的社会工程,如果中央和地方政府在财力上不能合理分担的话,这种尝试带来的社会压力以及示范性政策对城市的反作用可能不是少数城市所能承受的。因此,地方政府出台的各种政策措施,更多的是差别化的,公共产品和服务的供给也更多的与户籍相联系。以社会保障政策为例,现在发达地区的政府制定的社保政策,在国家不承担"全国统筹"义务的条件下,必然是有利于本地利益集团的[①]。

户籍制度改革的最大风险,来自多年社会二元结构所形成的城乡之间巨大的经济利益落差,这必然牵涉既得利益的再分配,也是对城市管理者的管理水平和能力的严峻考验。也就是说,城市户籍改革必然要进行利益关系的调整,在城市居民利益和流动人口权益之间很难实现帕累托最优。城市户籍改革的基本要求是逐步缩小流动人口与户籍人口的福利差距,实现流动人口与户籍人口管理的平稳对接,在这个过程中必须为流动人口获得市民待遇提供一个合理途径。流动人口能否获得市民待遇融入城市生活,在多大程度上融入城市生活,不仅关系到流动人口的合法权益是否受到保护的问题,还直接影响到中国城市化的水平和质量。就目前的城市户籍制度改革进展情况来看,还未能形成比较明朗的将流动人口融入城市社会的制度性框架。

三、促进流动人口市民化是城市户籍改革的重要环节

中国科学院可持续发展战略研究组曾经指出,我国未来50年内必须年均有1 000万以上的农村人口转化为城市人口,才有望实现现代化。在2050年之前,将城市人口和农村人口的比例从现在的30%∶70%,转化为70%∶30%,这意味着只有年均增加1个百分点的城市化率,才能达到现代化的要求[②]。在今后一个相当长的时期内,不仅农村人口要继续从农村向城市转移,而且已经进入城市的流动人口也要达到与城市的实质性融合,不能停留在"准市民"阶段。根据马

---

① 温铁军. 我们是怎样重新得到迁徙自由的 [J]. 中国改革, 2002 (5): 12 - 14.
② "我国农村劳动力转移与农民市民化研究"课题组. 农民市民化的趋势与国内相关理论学派的主张 [J]. 经济研究参考, 2003 (5): 2 - 8.

克思的农民分化理论,农民变市民是一个必然的发展趋势。相对于农村居民而言,城市农民工具有更多地向城市居民转化的条件和能力①。

毋庸置疑,制度障碍越多,流动人口市民化的成本越高。长期以来,户籍制度是实施人口流动限制政策的基础。现有户籍制度包括三部分内容:户口登记制度、户口迁移制度和身份证制度,其中,遭受批评和质疑最多的当属户口迁移制度对公民自由迁徙权的限制。王太元认为,各种不公平问题,其实是户口迁移制度造成的,而非整个户籍制度的罪过。我国以审核制为特征的户口迁移制度,是20世纪50年代末在我国特定的物资供应、住房分配、就业安置、文化教育、社会福利等各方面严重短缺条件下形成的②。户口迁移制度是利用行政手段阻止人口进城的工具,隐藏在它背后的是调控各种利益、形成诸多不公平的管理制度和社会政策。

在什么条件下户籍制度改革有望突破,即公民可以自由获得城市户口,劳动力市场不再有歧视,索林格(Solinger)认为,这取决于两个时机:一是劳动力市场需求格局发生变化,即城市经济发展对外来劳动力需求的大幅度提高,可能成为体制转变的契机;二是城市劳动力的保障制度,即如果城市劳动力的就业保障比较确定时,外来劳动力的权利也会相应提高③。或许索林格所说的这两个时机还不成熟,至今城市劳动力市场上对外来劳动力的排斥依然明显。李强将现有制度法规对城市农民工的就业限制归纳为四点:就业手续烦琐;不能进入正规劳动力市场;收入低于市民;没有城市居民享有的城市福利保障,限制的核心问题还是户口问题④。

户籍制度改革不是形式上的创新,最终的目的是要促进社会和人的全面发展,保护全体公民(当然包括农民工)的平等权益,其基本走向将体现自由迁徙、非物质化和配套性的特征。目前户籍制度改革的关键不在于户籍和允许人口流动本身,而在于外围条件和制度如何适应和保护人口流动的合理有序,改革的关键不完全是有否自由迁徙权,而在于迁徙后能否平等地享受当地相关福利且能够落实在农民工身上⑤。

促进流动人口市民化是城市户籍改革的重要环节。流动人口中特别是已经长期在流入地生活并成为事实上的常住人口的那部分人群,有着强烈的城市居留愿望和融入城市的利益诉求,解决其户口问题,不仅能使他们在就业、社会保障、

---

① 郭金丰. 城市农民工人社会保障制度研究 [M]. 中国社会科学出版社,2006:86.
② 王太元. 户籍改革:剥离附着利益 [J]. 瞭望新闻周刊,2005 (20):34-35.
③ 梅金平. 不确定性、风险与中国农村劳动力区际流动 [M]. 中国财政经济出版社,2003:138.
④ 李强. 影响中国城乡流动人口的推力和拉力因素分析 [J]. 中国社会科学,2003 (1):125-136.
⑤ 谌新民. 改革户籍制度的三大前提条件 [J]. 南方日报,2005.

子女教育等方面获得公平合理的市民待遇,更能促进他们积极融入城市生活。

  2007年2月,中国青年报社会调查中心与新浪网新闻中心联合开展的一项有11 168人参加的调查显示,91.7%的人认为有必要进行户籍改革。调查显示,对普通人而言,户口的最大作用是"方便孩子上学",占57.5%,列第一位,其次是"能提供医疗、社保等方面的切实保障"占35.9%,40.7%的人认为现在户口仍很重要,甚至有23.0%的人认为,如果在"好工作"和"解决户口"之间非要选一个的话,自己宁愿选择"解决户口"①。另据复旦大学公共管理与公共政策研究创新基地2007年12月在上海浦东新区所做的一项关于流动人口对公共服务及户籍改革意向的调查显示,对流动人口观念中是如何看待户籍改革的迫切性问题,956位被调查者中,52.4%的受访者认为现行的户籍制度需要彻底改革,而只有7.7%的受访者明确表示不需要彻底改革现行的户籍制度;受访者认为最应该或期望有权利享有的三类公共资源和福利分别是劳动权益保障、工伤医疗养老等社会保障以及最低生活保障,这三类公共福利得到受访者认同的比例分别为68.8%、60.5%和57.6%②。

  当然,通过城市户籍改革促进流动人口市民化也要依赖于各项社会政策配套改革的推动实施。我国的户籍改革与相关政策调整必须遵循"承认差异,梯度推进"的原则。根据"渐进"改革思路,设计户籍改革的理论框架,包括户籍管理从审核制向登记制的过渡、流动人口获得市民待遇的合理途径、公共财政体制的相应改革,以及教育、就业、社会保障等相关制度的有效衔接等。

四、城市户籍制度边际性改革的核心要素:权利、义务与时间门槛

  外来流动人口能否获得市民待遇的一个核心问题利益分配以及城市社会的承受能力问题。筛选机制的建立可以在"权利"与"义务"之间建立起对应关系③。笔者认为,在城市社会的总体承受能力相对不足的情况下,应当按照"权利与义务对等"的原则,为流动人口获得市民待遇提供合理途径,构筑起有利于推动人口合理流动和流动人口社会融合的制度框架。在制度框架内,调控机制主要发挥引导和驱动作用,由外来人口自主决定去留。

---

 ① 唐勇林. 调查称91.7%的公众认为户籍改革很有必要[J]. 中国青年报,2007.
 ② 复旦大学公共管理与公共政策研究创新基地. 上海市浦东新区流动人口公共服务及户籍改革意向调查报告[R]. 2007:20.
 ③ 郭秀云. 流动人口市民化的政策路径探析——基于城市人口管理创新视角[J]. 中州学刊,2008(4):102-106.

上海市政府发布的《持有〈上海市居住证〉人员申办本市常住户口试行办法》在全国引起了不小的反响，具体的实施细则已经出台，目前该办法已进入实质性操作阶段。与单纯的投资入户或购房入户相比，该办法所体现的公平性更好，它为流动人口获得市民待遇和城市融合提供了一个通道，对于其他城市或地区而言，其示范和先导意义不言而喻。试行办法和具体的实施细则设定了申办条件（包括持证时间、参加城镇社会保险、依法纳税、专业技术资格和无不良行为记录）和激励性替代条件（包括重大贡献、远郊教育卫生岗位工作、高社保、高投资、高纳税），这些规定基本把转办户口的范围框定在人才类居住证持有者，其选择性的排斥功能非常突出，同时"贡献"在权利界定中的职能作用得以显现。时间限制强化了持证人员在上海具备谋生能力和在城市立足能力，更加注重持证人的实际作用和贡献程度。这种做法实际上是将户籍制度作为统筹协调政府公共财政和公共服务能力、城市经济发展的动力、环境资源承载力和社会公平公正等各种关系的制度工具。权利—义务—时间门槛是政策设计中需要考虑的三类核心要素，这三类要素在《持有〈上海市居住证〉人员申办本市常住户口试行办法》及其实施细则中均有所体现。

要素1：权利（或福利）

一个人在城市生存，所享有的权利（或福利）依次包括居留权、就业权（参与企事业单位招聘权）、子女教育权、职业能力培训权、纳入城镇社会保险权、住房保障权和社会救济权等，各种权利对户籍的依赖性有所不同。改革开放以来，最早放开的是城市居留权和就业权（尽管还存在一定的就业限制和歧视），也就是说，在上述各项权利中，位次越靠前越能较早的与户籍分离（有些已经与户籍分离），位次越靠后的权利（或福利）对户籍载体的依赖性越强。从目前我国居民所享有的社会福利和相关权利看，主要来自两个渠道：一是因身份而获得的福利和权利，如户籍所附加的城市人口与生俱来的各种福利特权；二是因承担义务或做出贡献才能享有的福利和权利，如通过履行缴费义务才能享受的各种社会保险。户籍改革的大方向应该是逐步减少与身份相关的福利，扩大通过承担义务和做出贡献所获得福利的渠道。

要素2：义务（或贡献）

义务或贡献主要涉及的范畴应包括个人的能力和对上海城市发展已经做出的或将要做出的贡献来判定，包括无犯罪、依法纳税、个人信用良好、体面的居住条件、较高的文化素养、投资能力或自我负担能力等要素。这些要素既是对外来人口的谋生能力和社会经济参与能力的衡量，也是对其在城市生存立足条件进行的界定。首先，流动人口进入城市即履行办证义务，从进入登记系统开始，即进行权益累计，只有办理居住证，才能参与城市的各项活动，自身权益才能得到政府的保护。这样，每个人均有自己的目标定位，对那些有意愿和能力在城市工作和生活的流动人口，让他们看得见希望，也更容易规范其行为。同时，根据各种居住证的有效期，一方面规定流动人口定期注册登记（临时居住证、就学类居住证）；另一方面对于人才类、就业类、投靠类居住证，可由用工单位定期登记，或根据本人（或被投靠人）纳税信息，及时更新数据信息，实施动态管理。

要素3：居留时间节点（时间门槛）

其基本假设是只要外来人口能够在城市居留和工作足够长的时间，就说明他（或她）的劳动和提供的服务是上海所需要的，市场和时间是最好的检验者。时间节点的确定可采用连贯制，也可以采用间断节点，具体的时间节点需要通过科学的测算和分析来确定，其基本思路是将权利和福利的获得与居留的时间联系起来。实际上，户籍制度改革是要建立一种操作比较简单、不含有身份歧视、便于对人口进行规模控制的人口登记制度，新制度的核心应该是居住地人口登记制度。设置时间节点的一个重要作用是可以有效地完善外来人口居留登记制度。目前，外来人口居留登记积极性不高的一个重要原因在于登记没有与现实的利益相联系，外来人口是被动的被要求去登记。而设置时间节点将使得及时登记成为外来人口未来身份变化和福利权利的重要途径。

五、未来的政策走向：渐进式改革与福利供给的"普惠制"

目前，对户籍改革的目标存在着两种认识：一是自由迁徙权的实现，二是城乡居民身份平等化的实现。前一种观点认为"现行户籍制度是对人口迁徙进行直接限制，导致人才流动障碍。因此，改革现行户籍制度已成为促进人才流动的重要突破口。同时，也将更有利于保护公民的迁徙权和基本人权"，即认为户籍改革的最终目的在于实现公民的自由迁徙权利；另一种观点则认为人口迁徙自由并不是户籍制度改革的决定性目的，户籍身份平等化才是我国户籍改革的终极目标。实际上，上述两种观点并不是对立的，在实现自由迁徙权的同时，同样可以实现城乡居民身份平等化，而没有自由迁徙权和实质内容的城乡居民身份形式上的平等化也是没有意义的。如果从现阶段改革实践看，可能存在优先序和逐渐过渡的问题。

本章认为，户籍改革的最终目标是从"完全的控制体制"回归"登记体制"，中间要经历较长的过渡控制期。毕竟，作为一项施行几十年、渗透到人们生活方方面面的影响至深的社会制度，试图在短期内从根本上破解户籍制度之困是非常困难的。李若建将大量外来人口涌入城市的根本原因归结为社会结构缺陷，社会结构缺陷又是影响建立合理有效的城市人口管理体制的关键①。地区发展的不均衡性、政府的政策执行力度等因素在更深的层次上影响着甚至推动着原已存在的城乡二元、区域二元现象的继续深化。跨区域的人口流动由于户籍制度和区域财政分灶吃饭等因素，继续成为影响消除二元结构的障碍。各地应因地制宜，在户籍改革方案设计上追求务实性和策略性。城市户籍制度改革的整体路径如图4-2所示，过渡期内需要从"选择型制度"过渡到"普惠型制度"。

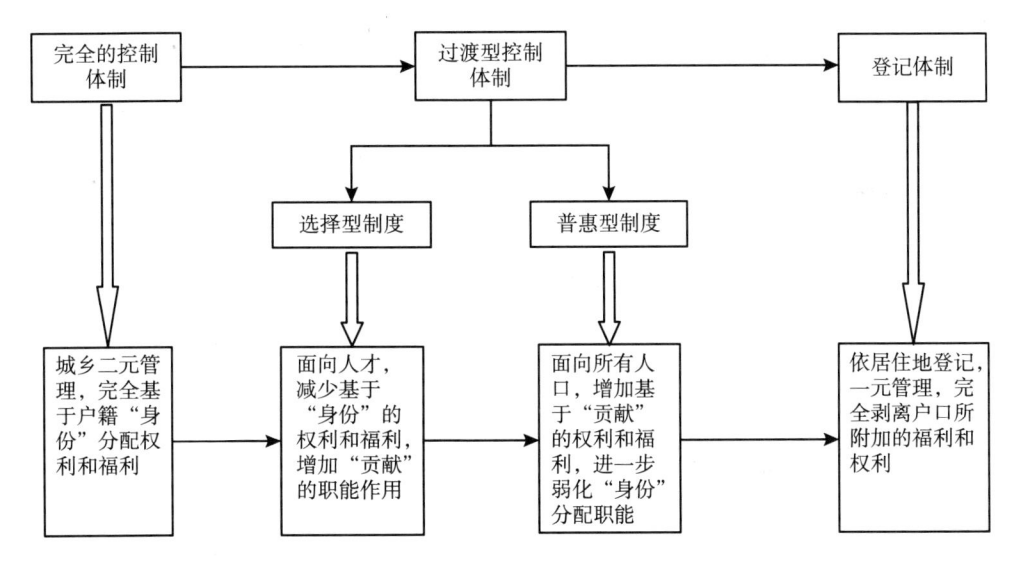

图4-2 城市户籍制度改革的整体路径

目前，城乡迁移和人口流动已经发展到一个新的阶段，无论从和谐社会的构建还是中国经济的持续发展，都迫切需要推进户籍制度改革。城市户籍改革的受益群体首先是流动人口。经过长时期、自发性的流动人口集聚，流动人口中有相当一部分在城市长期生活、居住，依法纳税，为城市经济社会发展做贡献，已经成为事实上的城市常住居民，只不过受目前户籍制度的限制，而无法获得合法的城市居民身份。

社会转型期，城市政府和管理部门总是希望选择一种转型成本最低、社会震荡最小、公民权利保护相对较好、可操作性较强的渐进式的户籍政策调整思路，当然，如果能够保证平稳过渡的话，这将有利于实现人口的宏观调控和规范管

---

① 李若建. 利益群体、组织、制度和产权对城市人口管理的影响［J］. 南方人口，2001（1）：16-21.

理，以及引导人口合理流动、优化城市化质量、促进社会公平和推动流动人口的社会融合。大城市户籍政策调整的关键仍然是寻求政策供需的均衡点。

方向一：渐进改革中的户籍福利与权利剥离

户籍制度改革的难点在于其内容而不是形式，户籍之上过多的福利和权利附加及其对自由迁移权形成的限制性是该项制度遭受批评的根本所在。户籍改革不仅仅是户籍制度本身的突破，还需要包括教育制度、医疗制度、劳动与就业制度、住房制度、社会保障和社会福利制度等配套性改革，同时，财政收支政策、社会管理制度、地区间政策协调等方面也需要进行相应的调整。在这一过程中，一方面，只是基于户籍身份的公共福利在减少，而总的福利水平并不下降，城市居民在心理上逐步接受和适应，并不会招致超乎预期的责难成本；另一方面，由于基于户籍身份的公共福利减少，与中小城市的差距缩小，大城市的户籍含金量降低、吸引力也在减少，改革的压力也趋于弱化。当越来越多的福利和权利脱离户籍载体独立运行，户籍管理逐步从审核体制过渡到登记体制，户籍便回归其本位职能。

方向二：对外来人口的福利供给制度从"选择型"走向"普惠型"

本章认为，近期内上海应按照"权利与义务对等"的原则实现居住证与常住户口的对接，试行期内可以按照人才类居住证的口径操作，维持"条件管理+指标管理"的混合模式。但从长远看，应将范围扩大到持有上海市居住证的所有流动人口。也就是说，以渐变为基调的边际性改革仍然是目前大城市户籍改革路径的现实选择，该制度的一个基本趋势是从"选择型制度"发展为"普惠型制度"[①]，城市政府应设定近期、中期和远期目标。从近期看，针对城市发展所需人才，减少基于"身份"的权利和福利，增加"贡献"的职能作用；而中期应面向所有人口，增加基于"贡献"的权利和福利，进一步弱化"身份"分配职能。城市政府应对公民承诺，只要有稳定职业或收入来源、合法固定住所、依法纳税，就能享受到相关待遇。市场和时间是检验外来人口在城市生存和立足能力的标准。当然，对于转办户口、获得完全市民待遇的人群，需要他们放弃在原居住地的一些权利（如土地经营权、社会保障权等）。如果既拥有在流入地的各项权利，也不放弃在原居住地的权利，对流入地居民来讲，也是一种不公平。因此，需要把握好渐进改革的尺度，尽量避免在追求一种公平的同时，滋生和引发新的不公平[②]。

---

① 郭秀云. 大城市外来流动人口管理模式探析——以上海为例［J］. 人口学刊，2009（5）：44-49.

② 彭希哲，赵德余，郭秀云. 户籍制度改革的政治经济学思考［J］. 复旦学报（社会科学版），2009（3）：1-11.

最后，随着户籍附着福利和权利的减少、绝大部分福利的非户籍性获取，上述两个方向的改革汇集为一点，大城市户籍改革将取得突破性进展，实现全体社会成员机会和待遇的平等，促进整个社会资源配置效率的提高，从而为社会转型、经济转轨和经济社会的持续健康发展提供制度保证。

第五章

外来流动人口社会分化、福利需求及其对户籍改革的含义

　　制度导入的一个重要功能是将原来自发的社会分化正式化和固定化了，并赋予不同阶层的人群以更清晰的身份标签，呈现一个可视的清晰的阶层梯度。本研究以大城市居住证制度引入之后外来流动人口的分化为例说明另一种社会分层的机制特征。虽然外来人口内部的不同阶层之间收入差距并不是非常大，但是其亚阶层的社会保障、就业和教育机会以及通往上一阶层流动或成为城市居民的机会却存在显著的差异。阶层的再分化是由外在制度因素与人群的人力资本、单位以及社会关系状况等内在因素交互作用的产物。作为外在制度的公共政策是非中性的，政策本身具有选择和歧视的不平等特性，而居住证模式正在成为福利权益剥离难度最高的特大城市户籍改革的基本方向。研究以"以上海户籍为载体的福利状况专项调查"为依托，分析流动人口对于以户籍为载体附加的各种利益和福利的利用及其认知性评价情况，并就城乡户籍福利差异内含的权益资格及其公平性问题进行分析，从而为正在进行中的户籍制度改革提供需求边的经验支持。

一、引言

　　从社会分层的视角讨论转型经济中的社会不平等问题已经产生大量的文献。早期的社会学理论家认为向市场经济的转变会根本改变计划经济中以权力作为分

层机制的状况,即权力会从再分配者手中转移到直接生产者手中,于是,市场转型将降低对政治权力的经济回报,而提高对人力资本的经济回报〔尼(Nee,1989;1991)〕。这就需要检验一个重要的命题是"直接生产者的经济回报将高于对再分配的回报"。此后,各种社会分层理论假说被提出来质疑或支持针对转型经济中的再分配权力及其收入回报问题。如阿科斯和罗纳塔斯(AKos & Rona-Tas, 1994)的权力变形说否定了尼的命题,认为拥有再分配权力的人会将权力转化为社会网络关系资源,并进而转变为私有财产,从而其机会比其他阶层多得多。类似地,还有白威廉和迈克逊(William & Michelson, 1996)重新定义了再分配权力(参与决策的权力)之后利用尼的数据资料重新分析之后发现,官员阶层收入仍然处于领先地位。这一点在林南(1992)关于天津大邱庄的地方市场社会主义个案研究中也获得了支持,林认为家族网络已经成为乡村政治权力的基础,从而可以超越市场经济体制。不过,边燕杰和洛根(Logan)[1]的权力维续论则相反,从天津的经验研究中支持了尼的市场权力命题,即以再分配为体制背景的年收入效应在减弱。

显然,有关转型经济中社会分层的动力基础以及其后果还存在许多争论,并且也没有形成一致的结论。但是,很清楚的是社会分层机制的基础的确是多元的[2][3],其中,公共权力(再分配权力)、公共资产以及人力资本等一直是研究关注的焦点。

总体来看,有关社会分层的研究文献存在以下不足:

首先,目前关于社会分层的制度和机制研究过于宏观,侧重于一个社会层面;且过于依赖于公共权力(再分配)和寻租的概念。社会宏观层面的分层涉及的阶层数量与规模十分庞大,无论其阶层内部结构以及阶层之间的关系非常复杂,对不同阶层如何依赖于公共权力以及如何寻租的解释缺乏具体案例环境背景与制度特征。于是,如何度量和界定一个阶层?不同阶层的测量标准是什么?阶层分化的机制和动力是什么?外部因素和内部因素如何交互作用?因而,对于这些问题,已有的研究在社会分层的机制解释方面还缺乏更多样化的微观证据。其次,对于一个特定的阶层内部是如何进一步分化的以及其分化的机制问题,尤其是在缺乏公共权力及寻租机制的纯粹市场环境下的社会阶层分化问题则缺乏深入的研究。一些学者也已经意识到根据观察到的不平等的模式对其背后的因果机制

---

[1] Bian Yanjie and John Logan *Market Transition and Persistence of Power*: *The Changing Stratification System in Urban China. American Sociological Review*, 1996, 61.
[2] 刘欣. 中国城市的住房不平等[M]. 复旦社会学论坛, 上海三联书店, 2005.
[3] 刘欣. 当前中国社会阶层分化的多元动力基础:一种权力衍生论的解释[J]. 中国社会科学, 2005(4).

做出推论是一个逻辑上的跳跃，这样做必须依赖于许多过度简单的和未经检验的假设①。这表明如果不能清楚地解释一个社会尤其是一个阶层内部的分层机制及其过程特征的话，则有关市场转型结果的理论争辩将没有结果②。

最后，现有的社会分层研究虽然注意到制度的作用，但多数是要么将制度理解为社会交易关系的内在制度，要么正如瓦尔德（Walder）所批评那样的，制度被定型化为互惠、市场和再分配三种"主观臆想"的形式。事实上，制度安排尤其是作为外在制度的公共政策对社会分层的影响不仅是深刻的，而且是独立的。这意味着对社会分层的研究需要超越公共权力（再分配权力）和市场以及寻租等传统的概念内核，而直接对形成社会分层的机制基础进行制度分析是值得尝试的。事实上，近期的一些研究文献已经开始将制度背景具体化，以在宏观制度安排和个人间的分层结果之间建立联系，从而在一定程度上可以消解上述不同理论命题的分歧③④⑤。

本章将以上海市浦东新区的外来流动人群为例，研究在缺乏公共权力及寻租机制的纯粹市场环境下，作为外在制度的公共政策介入对社会分层具有什么样的作用？首先，制度导入的一个重要功能是将原来自发的社会分化正式化和固定化了，并赋予不同阶层的人群以更清晰的身份标签，呈现一个可视的清晰的阶层梯度。如城市内的外来人口作为一个阶层是如何再分化的？显然是居住证制度的导入强化和确立了不同外来人口的身份差异，从而促使同为外来人口的阶层发生了分化，并形成若干次阶层。在无居住证的外来人口和城市户籍居民之间存在若干等级的细分层级群体，自下而上分别为临时居住证者、正式或长期居住证持有者以及技术居住证者，且这些次阶层群体的收入、社会保障和就业机会等都存在明显的差异和分化。相反，如果无居住证制度的导入，则外来流动人口或许并不会形成一个如此清晰的细分阶层。由此产生一个重要的推论：社会阶层的分化在很大程度上是由一系列的外在制度或政策的导入引起的并被不断强化的。当然，社会阶层的分化是依赖于清晰的阶层界限以及社会意识作为支撑的。其次，社会不同阶层在影响和利用外在制度或政策维护自身利益以实现在不同阶层之间和阶层

---

① 吴晓刚．"下海"：中国城乡劳动力转型中的自雇活动与社会分层（1978～1996）[J]．社会学研究，2006（6）．

② Zhou Xueguang *Economic Transformation and Income Inequality in Urban China*. American Journal of Sociology，2000，102.

③ WalderAndrew G. *Career Mobility and the Communist Political Order*. American Sociological Review 1995，60：pp. 309 – 328.

④ Walder Andrew G. *Elite Opportunity in Transitional Economies*. American Sociological Review，2003，68.

⑤ Logan，John R. and Yanjie Bian and Fuqin Bain *Housing Inequality in Urban China in the 1990s*. International Journal of Urban and Regional Research，1999，23：7 – 9.

内部自下而上流动方面具有什么样的差异？这在一定程度上体现在社会阶层内部的精英或人力资本强的群体更有机会接近于政策制定共同体，并发出其利益诉求或向上一阶层流动融入的期望。

根据上述讨论，本研究以大城市居住证制度引入之后外来流动人口的分化为例说明另一种社会分层的机制特征，即外在制度的介入是如何导致社会特定阶层人群内部的分化的。具体而言，本研究试图提出以下直观的问题：首先，居住证制度实施以后对外来流动人口产生了怎样的福利后果？居住证到底从哪些方面以及在何种程度上改变了外来流动人群的福利水平或待遇？其次，居住证制度对外来流动人群具有何种激励效应？到底是哪些类型的外来流动人群更倾向于申请居住证？再次，外来流动人群是如何认知和评价居住证制度的？分析流动人口对于以户籍为载体附加的各种利益和福利的利用及其认知性评价情况，并就城乡户籍福利差异内含的权益资格及其公平性问题进行分析，从而为正在进行中的户籍制度改革提供需求边的经验支持。

二、流动人口群体的阶层内再分化及其社会福利比较

（一）户籍居民、居住证居民以及制度外流动人口权益比较：制度的导入

一直以来，户籍制度将在城市工作和生活的公众人为地分割为两种类型，即户籍居民与外来流动人口。其中，外来流动人口转变为户籍居民则必须符合十分严格的准入条件。居住证制度的试验在传统的户籍准入制度之外引入了一条新的改革模式，即所谓的体制外权益增量改进式。从理论和政策制定者的目标来看，导入居住证制度显然是在城市户籍居民与流动性非常强的流动人口之间试图界定一些中间状态的准户籍居民的群体。于是，与城市居民相对应，外来人群或阶层自身也开始发生了制度身份意义上的变化。如自2004年10月开始，作为体现社会公正原则、保障"外来人员"权益、进一步规范人口管理的重大举措，上海市开始实施了发放居住证的新政策《上海市居住证暂行规定》①。居住证的适

---

① 上海市自 2002 年 6 月起正式推出《上海市居住证》制度，规定"凡有本科以上学历或者特殊才能的国内外人员，以不改变其户籍或者国籍的形式来本市工作或者创业的，都可申领《上海市居住证》"。居住证制度为不能或不便在沪取得户籍，但来沪工作和创业的人才提供灵活、有效的生活和工作保障，突破了投资创业人才、弹性流动人才和具有特殊技能人才来沪工作、创业的政策瓶颈。可见，上海市推出居住证制度的最初动机是为了加快人才柔性流动，促进上海成为优秀人才的集聚地。

用对象从原来的"引进人才"扩大到"在本市居住的非本市户籍的境内人员",所有在上海具有稳定职业和稳定住所的外省市来沪人员都可以提出申请,而持有居住证的外来人群相对于无居住证的其他流动人口而言将享有更多的"市民待遇"。

为了清晰地展示居住证制度对外来流动人口阶层所产生的分化作用,需要对不同层级或类别人群的权益做比较,尤其是常住居民中,持有人从居住证和普通居住证的权益比较及其与户籍居民权益的差异。如表 5-1 所示,为了更全面地做出比较分析,我们列出了没有居住证的流动人口包括部分常住人口。处于权益从强到弱的光谱谱系两端的群体分别是城市户籍居民和短期居住或常住但无居住证的人群。这两类群体互为参照系,即前者作为城市居民可以享有城市全部社会保障及其福利权益,而后者作为最底层的流动人口不享有或很少享有城市居民的社会福利权益。在上述两者之间,人才居住证与普通居住证持有者则分别由于其"贡献"或"学历"的差异享有不同水平的权益。

相对而言,人才居住证的持有者已经基本享有城市户籍居民所可能相应的多数重要的社会权益,如城镇社会保险、教育权利与培训资源、住房保障和其他福利权益。当然,技术居住证持有者一般不能享有低保,并且子女高考权益也存在一些限制,但这些权益的缺失或不足对技术居住证持有者一般并不重要,因其工作能力强而不可能沦落到申请最低生活保障的境地。当然,户籍居民还享有居住证持有者所有享有的其他待遇,诸如意外伤残赔偿和住房动拆迁补偿安置等多方面的特殊权益等。在其他权益方面,常住户口持有者包括结婚登记、选举权、被选举权在内的所有市民待遇;引进人才类居住证持有者除可享受一般居住证的各项权益外,随同配偶或未成年子女可申领《居住证》,还可以创办企业、接受行政机关聘用、实施专利的奖励、因私出国、外汇兑换、居留签注、签证等;一般居住证持有者计划生育、卫生防疫、证照办理、科技申报、资格评定、考试和鉴定、参加评选等(见表 5-1)。

表 5-1　　　　　　　　不同层级或类别人群的权益比较

人口类别 政策措施	户籍居民	正式(人才) 居住证	普通居住证	短期居住或无居住证的流动人口
养老、医疗和失业等社会保险	1. 城镇职工基本医疗和养老保险以及失业保险;或者小城镇社会保险; 2. 最低生活保障	城镇职工社会保险或综合保险	综合保险	无任何社会保险待遇

续表

人口类别 政策措施	户籍居民	正式（人才）居住证	普通居住证	短期居住或无居住证的流动人口
教育资源和权利	享有义务教育资源以及参加上海卷高考的权利	子女可以申请接受义务教育，获得高中毕业文凭可参加本市卷统一高考	子女可以申请接受义务教育，但不可参加高考	是否可以申请接受义务教育不确定；且不可参加本地高考
培训和就业	1. 包括下岗再就业培训在内各种公益性技能培训；2. 公务员及事业单位和企业招工都具有优先性；3. 对就业特殊困难群体具有协保等照顾性安置政策	1. 以短期项目聘用方式接受行政机关聘用；2. 以技术入股或投资等方式创办企业；3. 职业资格评定和考试	1. 职业资格评定和考试；2. 按规定参加各类非学历教育和职业技能培训；3. 参加劳动模范和其他先进评选	不确定
住房保障	1. 享有参加住房公积金和住房补贴的权利；2. 享有经济适用房和廉租房政策待遇	按规定缴存和使用住房公积金	无住房保障安排	无住房保障安排
其他福利制度	享有居住证持有者所有享有的待遇之外的诸如意外伤残赔偿和住房动拆迁补偿安置等多方面的特殊权益	国家规定的基本项目的计划生育技术服务；可以办理因私出国商务手续；申请机动车驾驶证	国家规定的基本项目的计划生育技术服务；申请机动车驾驶证	国家规定的基本项目的计划生育技术服务

不过，相对技术居住证持有者而言，普通居住证持有者享有的社会权益要弱许多，如多数普通居住证持有者要么从事非正规就业，要么就业于一些企业职位比较低，而只能参加所谓的综合保险。在教育方面，普通居住证持有者子女虽可以接受义务教育，但却不能在居住城市参加高考，甚至在上海市接受高中教育或职业教育也存在障碍。此外，由于被排斥在住房公积金参与对象之外，普通居住证持有者还不能参加或享受住房保障待遇。

（二）居住证持有者和非持有者的社会福利差异测量：阶层内的分化

已有研究多数关注于流动人口与户籍人口之间的社会福利差异，如李春玲（2006）通过比较流动人口与非流动劳动力或户籍劳动力的职业地位获得和经济地位获得的异同，考察了户籍制度作为一个制度分割机制如何对社会流动产生影响。但是，已有文献在很大程度上忽视了流动人口内部不同群体或阶层的社会福利差异。本研究采用的数据资料是复旦大学"中国户籍制度改革"教育部重大项目课题组于2007年9~11月在浦东收集的分层随机抽样调查数据。如表5-2列出了受访者或外来流动人口对居住证的办理状况，其中618位受访者办理了临时居住证，而没有办理临时居住证的受访者为220人，分别占全部838位有效受访者的73.7%和26.3%。而对于正式居住证，则分别有282位和500人办理过1年或3年或长期居住证，分别占782位全部有效受访者的36.1%和63.9%。这表明办理过临时居住证的比例刚好是办理过正式居住证的1倍左右。以下分别从收入差距、住房条件、社会保障以及就业歧视四个方面比较临时居住证持有者、正式居住证持有者以及无居住证者三个群体或阶层的经济社会福利差异。

表5-2　　　　　　　　流动人口对居住证的办理状况

		频数	有效百分比
C1 你有没有办理过临时居住证？	1 有	618	73.7
	2 没有	220	26.3
	小计	838	100.0
C2 你有没有办理过正式居住证（3年或长期居住证）？	1 有	282	36.1
	2 没有	500	63.9
	小计	782	100.0

1. 收入差距。虽然对收入在衡量社会不平等方面还存在许多问题，甚至其可靠性也引起了诸多的怀疑和批评，但是，毫无疑问收入仍然是衡量社会分化及不平等状况的最重要依据之一。

对流动人群而言，如果分别以月收入1 500元作为中等收入和低收入区间的划分线的话，而将3 500元作为中等收入和高收入的划分线的话，则无居住证的外来流动人口中有58.6%的人属于低收入阶层，而临时居住证和正式居住证持有者属于低收入区间的比例分别为51.9%和46.9%，明显低于无居住证者。相对而言，在中高收入区间中，正式居住证与临时居住证持有者所占的比重则明显高于无居住证者。如在 3 500～10 000 元之间的中高收入区间，临时居住证和正式居住证持有者属于中高收入区间的比例分别为 14.7% 和 15.8%，而无居住证者属于该区域的只有 13%。当然，对于收入特别高的如月收入超过 1 万元以上的外来人群而言，无居住证者的比重则略高于居住证持有者。这在一定程度上表明居住证制度的社会福利价值对外来人群是有限度的，尤其是对收入特别高的一部分流动人口而言，其申领居住证的激励并不高。不过，这部分人群的规模有限（见表 5–3）。

表 5–3　　　　　　　　　　收入差距

收入		C1 临时居住证	C2 正式居住证	无居住证
1. 小于 840 元	频数	70	33	40
	百分比	11.6%	12.1%	19.2%
2. 840～1 499 元	频数	242	95	82
	百分比	40.3%	34.8%	39.4%
3. 1 500～2 499 元	频数	114	52	23
	百分比	19.0%	19.0%	11.1%
4. 2 500～3 499 元	频数	77	44	28
	百分比	12.8%	16.1%	13.5%
5. 3 500～4 999 元	频数	54	31	11
	百分比	9.0%	11.4%	5.3%
6. 5 000～9 999 元	频数	34	12	16
	百分比	5.7%	4.4%	7.7%
7. 1 万元及以上	频数	10	6	8
	百分比	1.7%	2.2%	3.8%
小计	频数	601	273	208
	百分比	100.0%	100.0%	100.0%

2. 住房条件的弱不平等性。住房不平等是度量社会结构分化的一个重要尺度（洛根；Bain，1999；刘欣，2005）。许多研究成果都表明享有再分配权力的行政精英在住房大小和住房质量上居于较优越的地位（瓦尔德，1995；刘欣，2005）。但是，对于缺乏再分配权力的流动人群而言，其住房条件的不平等状况似乎并不是很突出。从表 5–4 所列的上海市浦东流动人口住房的情况来看，无论是否持有居住证以及持何种类型的居住证，流动人口的住房情况基本相似，缺

乏明显的差异。几乎多数流动人口都是以租房居住为主，达到60%以上。其次为购房居住，分别约有28.9%的居住证持有者和29.4%的无居住证者住在自购房内。这表明约有超过1/4的受访外来流动人口已经在上海购买了房产，而临时居住证持有者购买房子的比例略低，为20.7%。相对而言，外来流动人口居住集体宿舍、工棚和寄居的比例都是比较低的。

表 5-4　　　　　　　　　　　　流动人口住房的情况

住房属性		C1 临时居住证	C2 正式居住证	无居住证
1. 自购房	频数	127	81	64
	百分比	20.7%	28.9%	29.4%
2. 租房	频数	410	168	133
	百分比	66.8%	60.0%	61.0%
3. 寄居	频数	18	9	9
	百分比	2.9%	3.2%	4.1%
4. 集体宿舍	频数	41	14	6
	百分比	6.7%	5.0%	2.8%
5. 工棚	频数	5	2	0
	百分比	0.8%	0.7%	0.0%
6. 其他	频数	13	6	6
	百分比	2.1%	2.1%	2.8%
小计	频数	614	280	218
	百分比	100.0%	100.0%	100.0%

3. 社会保障层面的差异。广义的社会保障包括具有福利补贴性质的职业培训、医疗保险以及养老保障、失业救济等多方面的内容，与住房、就业与收入水平一样，社会保障也是衡量一个阶层社会地位的重要标准。已有的讨论对流动人群的养老与医疗保障问题关注比较多，而相对忽视对流动人群的职业培训问题的考量。事实上，职业培训对流动人口在社会获得经济地位具有重要的影响，一些研究认为职业培训不仅使得外来流动人群获得了新的人力资本，而且还为其原来的人力资本提供了一种有效的补充和转化方式使其更好地发挥作用[1]。如表5-5所示，与住房相比，不同类型的外来流动人口参加政府补贴的职业培训和医疗保障水平之间存在一定的差异。就补贴性的职业培训而言，分别有14.9%的正式居住证持有者和13%的临时居住证持有者参加过上海市政府给以补贴性质的农民职工培训，但仅有5.9%的无居住证者参加过上述培训，这表明居住者的身份特征对外

---

[1] 赵延东，王奋宇. 城乡流动人口的经济地位获得及决定因素，见蔡昉，白南生. 中国转轨时期劳动力流动 [M]. 社会科学文献出版社，2006.

来流动人口是否能参加政府补贴性质的培训有一定的影响。

表 5-5　　　"你参加过上海市给予补贴性质的农民工职业培训吗?"

		C1 临时居住证	C2 正式居住证	无居住证
1. 参加	频数	80	42	13
	百分比	13.0%	14.9%	5.9%
2. 没有参加	频数	536	239	206
	百分比	87.0%	85.1%	94.1%
小计	频数	616	281	219
	百分比	100.0%	100.0%	100.0%

同样，对于医疗保障问题，约有 36.7% 的正式居住证持有者在看病时享有某种医疗保险，只有 25.3% 的临时居住证持有者享有某种形式的医疗保障，而无居住证者享有医疗保障的比例则更低，只有 19.4%。具体而言，当问到"你是否已经参加了上海市外来从业人员综合保险?"这个问题时，似乎可以发现有更多的临时居住证持有者参加了综合保险，其比例高达 38.4%，而参加综合保险的正式居住证持有者的这一比例为 34.5%，略低于前者。至于无居住证者，其参加综合保险的比例更低，仅为 27.3%。这表明正式居住证持有者之中除了参加综合保险之外，还有一部分人显然参加了城镇职工医疗保险（见表 5-6，表 5-7）。

表 5-6　　　"你在看病时有何种医疗保险或保障否?"

		C1 临时居住证	C2 正式居住证	无居住证
1. 有	频数	154	102	42
	百分比	25.3%	36.7%	19.4%
2. 没有	频数	455	176	174
	百分比	74.7%	63.3%	80.6%
小计	频数	609	278	216
	百分比	100.0%	100.0%	100.0%

表 5-7　　　"你是否已经参加了上海市外来从业人员综合保险?"

		C1 临时居住证	C2 正式居住证	无居住证
1. 有	频数	108	213	136
	百分比	38.4%	34.5%	27.3%

续表

		C1 临时居住证	C2 正式居住证	无居住证
2. 没有	频数	173	404	362
	百分比	61.6%	65.5%	72.7%
小计	频数	281	617	498
	百分比	100.0%	100.0%	100.0%

可见,在就业培训和医疗保障方面,居住证持有者与无居住证者具有显著的差异,在一定程度上,居住证制度改善了持有者的社会福利状况,虽然改善程度或比例并不是非常高。同时,还可以发现正式或长期居住者与临时居住者在社会保障方面的差异相对而言比较小,十分不显著。这表明对流动人群而言,居住证的类型本身并不影响社会保障水平的差异。

4. 市场机会与就业歧视:市场权益的不平等性。相对于收入、住房和社会保障等上述标准而言,市场机会准入及就业权益方面的不平等显得更加隐晦,这类就业市场歧视性差异的测量更依赖于受调查者的主观感受性。如表5-8所示,无居住证者感受到的歧视或就业限制明显高于居住证持有者的感知水平。对于临时居住证和正式居住证持有者而言,分别有27.4%和24.5%的受访者认为"基本没有限制",而对于无居住证者而言,赞同这一观点的比例仅为14.2%,其比例还不到前者的一半。相反,认为对外来人口就业方面"有一些限制"和"限制很大"的,无居住证者认同的比例分别为62.1%和8.7%,其合计的比例为70.8%的无居住证者承认劳动力市场存在歧视性的限制。而对于临时居住证和正式居住证持有者而言,其认同就业限制存在的比例分别为69.8%和66.9%。可见,正式居住证的持有者感受到的就业歧视的比例明显低于无居住证者,但临时居住证持有者在承认限制方面与无居住证差异不明显。

表5-8   "你感觉上海对外来人口在就业方面的限制是否明显?"

		C1 临时居住证	C2 正式居住证	无居住证
1. 基本没有限制	频数	151	77	31
	百分比	24.5%	27.4%	14.2%
2. 有一些限制	频数	368	173	136
	百分比	59.6%	61.6%	62.1%
3. 限制很大	频数	63	15	19
	百分比	10.2%	5.3%	8.7%

续表

		C1 临时居住证	C2 正式居住证	无居住证
4. 不清楚	频数	35	16	33
	百分比	5.7%	5.7%	15.1%
小计	频数	617	281	219
	百分比	100.0%	100.0%	100.0%

三、居住证制度的激励效应及其社会分化机制：影响流动人口行为选择的因素

前文已经提到办理过临时居住证的比例刚好是办理过正式居住证的1倍左右，那么，选择临时居住证的激励程度高于选择正式居住证的激励水平是因为正式居住证缺乏吸引力还是其办理的资格或准入条件困难？还是其他什么因素影响了外来流动人口对选择居住证的动机和激励？以下运用 Logistic 回归模型分析分别对影响流动人口持有正式居住证和临时居住证的行为选择进行因素分析，其结果如表5-9、表5-10所示。

表5-9　　　　　影响流动人口持有居住证行为选择的因素分析
（"1"为参加，"0"为未参加）

被解释变量	以2为因变量：持有正式居住证			以C1为因变量：持有临时居住证		
	B	S.E.	Sig.	B	S.E.	Sig.
性别	-0.510**	0.248	0.040			
年龄	-0.063***	0.020	0.001	0.115***	0.027	0.000
来沪时间	0.219*	0.118	0.063			
教育程度	0.421***	0.154	0.006			
老乡人数	0.136***	0.030	0.000			
读书求1	-1.860***	0.364	0.000			
读书求2	-1.863***	0.370	0.000	-1.150***	0.377	0.002
收入	0.300**	0.117	0.010	0.326**	0.144	0.024
单位类型3	-1.569***	0.501	0.002	1.216*	0.715	0.089
单位类型4	-1.113***	0.357	0.002	1.051**	0.522	0.044
单位类型6	-0.866***	0.321	0.007			
行业1	-1.815*	1.023	0.076			

续表

被解释变量	以 2 为因变量：持有正式居住证			以 C1 为因变量：持有临时居住证		
	B	S. E.	Sig.	B	S. E.	Sig.
行业 7				-1.099**	0.492	0.025
办证费用高	0.706*	0.401	0.078	1.351*	0.808	0.095
办证效率	-0.584**	0.238	0.014	-0.879***	0.301	0.004
办证条件	0.287**	0.137	0.036	-0.572***	0.188	0.002
已办临时证	-0.732**	0.354	0.039			
Constant	-2.252**	0.947	0.017	2.835**	1.137	0.013

a Variable (s) entered on step 1：性别，年龄，来沪时间，教育程度，收入，C3，C4，C5，政治面貌，老乡人数，居民朋友，C0，类型 2，类型 3，类型 4，类型 5，类型 6，类型 7，自购房，行业 1，行业 2，行业 3，行业 4，行业 5，行业 6，行业 7，居住作用，B2，D2，读书求 1，读书求 2，读书求 3，读书求 4，B9，C1。

注：***：1% 的水平上显著；**：5% 的水平上显著；*：10% 的水平上显著；C3 表示办证费用比较高（高 = 1，低或其他为 0）。

表 5 – 10　　　　　　　　模型概述（Model Summary）

	对数似然值 (-2 Log likelihood)	考克斯·斯奈尔判定系数 (Cox & Snell R Square)	内戈尔科判定系数 (Nagelkerke R Square)
以 C2 为因变量	432.268	0.291	0.388
以 C1 为因变量	290.324	0.206	0.340

1. 外来流动人口办理临时居住证的激励

首先，个体特征方面，外来流动人口来沪时间、受教育程度以及性别等对其办理临时居住证影响都不显著。而在读书需求方面，没有子女读书的外来流动人口则明显缺乏办理临时居住证的意愿。值得一提的是，具有党员身份的外来流动人口，其政治（资本）与社会关系状况对办理临时居住证没有明显的影响，这或许可以归之于党员政治资本的作用发生在体制内单位，而绝大多数外来人口是不可能在国有或政府事业单位工作的，从而在外地入党的政治身份在上海是难以发挥作用的。

其次，在收入、单位类型与行业方面，收入因素具有正的激励效应，收入越高的外来流动人口，其越倾向于申请和办理临时居住证。从单位类型来看，土地承包者、私营企业以及无固定单位的外来流动人口在办理居住证的激励方面不存在显著差异，而在集体企业、三资企业以及个体工商户工作的外来人口对办理临时居住证具有明显的动力。这一结论是比较直观的，土地承包者一般是相对远离城镇中心的，而身处远郊区的外来农民群体其无论是受教育程度还是收入水平都是比较低的。同样，私营企业和无固定单位的外来人口工作环境或条件都比较差，工作与生活压力也降低了该类人群办理居住证的动力。相对而言，集体企业和三资企业的工作条件、职工受教育程度以及收入会高一些，于是这些单位的外来人群则具有较高的动力办理居住证。

最后，在居住证办证费用、条件与效率方面，认为费用相对较高的流动人口具有更高的激励办理临时居住证；而认为办证效率高以及办证条件越宽松的流动人口却缺乏办理居住证的意愿。这意味着流动人口对"便宜的"或宽松的临时居住证却无兴趣（临时居住证对于自身综合条件比较差的人更具吸引力，对于自身综合条件高的人反而缺乏吸引力）。

2. 外来流动人口办理正式居住证的激励

与临时居住证不同，外来人口个体特征对其办理正式居住证具有显著的影响，如外来人口的年龄对办理正式居住证具有负面的激励，而来沪时间越长，以及受教育程度越高的流动人口越具有激励办理正式居住证。如果老乡人数反映人口流动的社会关系状况的话，也可以发现老乡人数越多的外来人口具有更高的办理正式居住证的动机，这可能是社会关系对外来人口办理正式居住证具有积极的影响。

子女是否有教育需求对办理正式居住证的影响与临时居住证类似。没有子女读书需求也会降低外来流动人口办理正式居住证的动力。同样，收入也会提高外来人口办理正式居住证的概率。不过，党员的政治身份也没有对其办理正式居住证产生积极的作用。

关于居住证办证费用、效率与条件，认为办证费用和办证条件宽松的外来人口更有可能或激励办理正式居住证，而认为办证效率非常高的外来人口也缺乏动力办理正式居住证。

四、流动人口对公共资源与社会福利的利用和公平感评价

（一）流动人口对公共资源和社会保障的利用

流动人口对公共资源及其社会保障权益的缺失一直是批评户籍制度的主要出发点。为了客观地评价现行居住证的成效，我们有必要对浦东流动人口利用公共福利资源的状况作一个简要的描述。

1. 职业培训

在职业培训方面，外来流动人群对其认知水平事实上并不高，从此次抽样结

果可以看出，仅有 50.6% 的受访者知道上海市有"专门针对外来流动人口的职业培训"。其中，仅有 9.9% 的受访者实际参加过上海市给予补贴性质的农民工职业培训（见表 5-11）。

表 5-11 外来流动人群的职业培训状况

		频数	有效百分比
B1. 你知道上海市有专门针对外来流动人口的职业培训吗？	1 知道	486	50.9
	2 不知道	469	49.1
	小计	955	100.0
B2. 你参加过上海市给予补贴性质的农民工职业培训吗？	1 参加	95	10.0
	2 没有参加	856	90.0
	小计	951	100.0

2. 义务教育和高中阶段后的就读机会

根据抽样调查的数据结果，约 26% 的外来流动人口没有子女，20% 受访者有孩子，孩子不再读书；但有高达 40.8% 的受访者有子女在读小学或初中，同时，9.9% 的受访者子女就读高中、大学或研究生。

其中，对孩子在读小学或中学（包括初中和高中）的受访者而言，21.4% 的流动人口子女在家乡学校就读，而 39.4% 的受访者子女直接就读于上海市公办学校，但是，仍然有 8.9% 的流动人口子女在上海流动人口子弟学校就读。此外，还分别有 0.6% 的流动人口子女边读边辍学（或两边读）以及 3.3% 的子女在老家和上海之外的其他地方就读。

关于义务教育的服务质量问题，22.9% 的受访者认为自己的子女和本地学生差别很大，流动人口子女比本地学生缴费高；28% 的流动人口认为自己的子女和本地学生差别不太大，缴费水平差不多，只是外地孩子融入本地学生的生活圈比较困难。而 20.6% 的受访者觉得自己的子女和本地学生几乎没有什么差别，缴费完全一样，外地孩子和本地孩子在学校都一样。

不过，对于流动人口的孩子初中毕业之后高中教育机会，许多受访者表露出担忧。只有 10.9% 的流动人口认为自己的子女高中就读没有困难，在上海可以直接就读和参加高考的；但是，40.3% 的受访者还是觉得自己的子女高中就读有些困难，虽然可以在上海就读，但必须回到老家才能参加高考。还有 16.2% 的受访者认为自己子女高中就读有"很大困难，无法在本地就读，需要回老家就读"。此外，还有 1.5% 的受访者直接认为自己的子女初中毕业就不打算读高中了（见表 5-12）。

表5-12　　　　　　　　　　外来流动人群的子女教育状况

		频数	有效百分比
B3. 你现在还有孩子在读书吗？	1 没有孩子	250	26.9
	2 有孩子，但不在读书	192	20.7
	3 在读小学或初中	392	42.2
	4 在读高中、大学或研究生	95	10.2
	小计	929	100.0
B4. 如果你的孩子在读小学或中学（包括初中和高中）的话，请问孩子在哪里就学？	1 老家学校	205	28.9
	2 上海公办学校	378	53.2
	3 上海流动人口子弟学校	85	12.0
	4 其他地方	32	4.5
	5 两边读或边读边辍学	10	1.4
	小计	710	100.0
B5. 如果你的孩子在上海就读中小学，在接受义务教育服务方面，你觉得你的孩子和本地学生相比较如何？	1 差别很大，比本地学生缴费高	220	28.9
	2 差别不太大，缴费水平差不多，只是外地孩子融入本地学生的生活圈比较困难	213	28.0
	3 几乎没有什么差别，缴费完全一样，外地孩子和本地孩子在学校都一样	157	20.6
	4 不清楚	170	22.3
	小计	762	100.0
B6. 如果你的孩子初中毕业之后，高中就学有困难吗？	1 没有困难，在上海可以直接就读和参加高考的	82	10.9
	2 有些困难，虽然可以在上海就读，但必须回归老家参加高考	303	40.3
	3 很大困难，无法在本地就读，需要回老家就读	122	16.2
	4 初中毕业，不打算再读高中了	11	1.5
	5 目前还不清楚	233	31.0
	小计	752	100.0

3. 医疗卫生服务及其医疗保障

对流动人口就医机构意向调查表明，61.4%的受访者在上海生病时会选择到附近的社区医院就诊,这一比例相对城市户籍居民而言是比较高的。一项关于长宁区的调查研究报告显示有49.2%的居民在生病时首先选择到社区医院就诊,比浦东流动人口的这一比例要低12个百分点。而选择去市区二、三级医疗机构就诊的受访流动人口比重是34%,其他分别有3%和1.7%的受访者表示生病时会去附近的私人诊所和其他医疗机构就诊。

关于流动人口的医疗保障问题,只有22%的受访者表示看病时有医疗保险,而78%的流动人口实际上没有任何医疗保险或保障。这表明流动人口的社会保障水平还是非常低的。这个比率数据和流动人口参加综合保险的比重是比较接近的,根据本次调查数据,有28%的受访者参加了上海市的综合保险,比回答看病时具有医疗保险的比重高出6个百分点(见表5-13)。

表5-13　　　　外来流动人群的医疗服务及其保障参与水平

		频数	有效百分比
B7. 你在上海生病一般会到什么医院就诊?	附近的私人诊所	28	3.0
	附近的社区医院	581	61.4
	市区二、三级医院	322	34.0
	其他医疗机构	16	1.7
	小计	947	100.0
B8. 你在看病时有医疗保险或保障?	有	207	22.0
	没有	735	78.0
	小计	942	100.0

(二) 对公共资源和社会保障利用的满意度与公平感

1. 满意状况评价

从对公共服务资源利用的满意度评价来看,外来流动认可满意程度最高的是计划生育服务、公共卫生服务和社区事务服务三项。其中,对计划生育服务比较满意和非常满意的比例分别为55%和10.9%,合计65.9%。对公共卫生服务比较满意和非常满意的比例分别为39.6%和5%,合计44.6%。对社区事务服务比较满意和非常满意的比例分别为37.6%和8.1%,合计45.7%。事实上,相比较而言可以发现,计划生育服务、社区事务和公共卫生服务三项也正是流动人口最经常接触和容易利用的公共资源,而在另一方面,或许可以暗示这3个部门开始实现了从对流动人口管理到服务的转变,从而得到了更多的流动人口的认同。

相对而言,流动人口满意度评价最低的则是工伤、医疗和养老保障、劳动权益保障及最低生活保障和就业培训指导服务,其综合满意率都低于30%,对工伤、医疗与养老保险，流动人口认为比较满意和非常满意的比例只有22.4%和2.2%，合计为24.6%。相反，流动人口对之很不满意和不太满意的比例分别为27.3%和11.3%，合计为38.6%。对劳动权益保障，流动人口认为比较满意和非常满意的比例只有21.5%和5.4%，合计为26.9%，而流动人口对之很不满意和不太满意的比例分别为15%和16.5%，合计为31.5%。同样，流动人口对最低生活保障和就业培训指导综合不满意水平的比例也分别达到36.2%和31.9%（见表5-14）。

表5-14　　　　　外来流动人群的社会服务及保障利用评价

		非常不满意	不太满意	一般	比较满意	非常满意	合计
B10a. 就业培训与指导服务	频数	90	56	183	107	22	458
	占比（%）	19.7	12.2	40	23.4	4.8	100
B10b. 劳动权益保障	频数	72	79	199	103	26	479
	占比（%）	15	16.5	41.5	21.5	5.4	100
B10c. 公共卫生服务	频数	46	48	182	197	25	498
	占比（%）	9.2	9.6	36.5	39.6	5	100
B10d. 教育资源使用	频数	58	45	182	136	24	445
	占比（%）	13	10.1	40.9	30.6	5.4	100
B10e. 计划生育服务	频数	21	37	114	277	55	504
	占比（%）	4.2	7.3	22.6	55	10.9	100
B10f. 工伤医疗与养老	频数	123	51	166	101	10	451
	占比（%）	27.3	11.3	36.8	22.4	2.2	100
B10g. 最低生活保障	频数	106	56	160	109	16	447
	占比（%）	23.7	12.5	35.8	24.4	3.6	100
B10h. 社区事务服务	频数	34	54	148	163	35	434
	占比（%）	7.8	12.4	34.1	37.6	8.1	100

2. 公平感评价

与满意度评价十分一致，流动人口对公共服务资源的利用公平性评价最高的也是计划生育服务，公共卫生服务和社区事务服务，其认为公平的比例分别为49.4%、40.4%和35.2%。相反，流动人口对公平感评价最低的也是最低生活保障、工伤医疗与养老保障、劳动权益保障，其认为不公平的受访者比重分别为45.2%、42.1%和29.8%。

如果定义一个公平指数＝公平率－不公平率，当公平指数为正的话，则流动人口对该项服务的正项评价占主导,其数值越大表明流动人口的公平感越强。相反,若公平指数为负值的话,即表明流动人口对该服务的负向或不公平评价占据了主导地位,且其数值绝对值越大,则其不公平感就越强。从调查结果可以看出(数据表略),公平指数数值最高的是计生服务、社区服务和公共卫生服务,分别为 41.1%、28.9% 和 20.08%,表明流动人口对这三项公共服务的公平感还是相对比较强的。相反,公平指数数值最低的是最低生活保障和工伤医疗与养老,其数值分别为 -26.5% 和 -20.1%。这表明流动人口的不公平感最强烈的领域还是社会保障问题。

(三) 流动人口对综合保险的政策认知、参与及其评价

1. 对综合保险的认知和参与水平

表 5-15 的结果表明流动人口对综合保险的认知水平还是比较高的,69.3% 的受访者听说过或已经知道上海市开设了专门的外来从业人员综合保险,但还有近 30.7% 受访者没有听说过或并不知道外来从业人员综合保险,这表明流动人口对综合保险的认知水平还有待进一步提高。其中,对已经知道综合保险的受访者而言,参加综合保险的人员就更少了,只有 269 位,占所有受访者的比重为 28.4%。在 948 位受访者中,有 679 位流动人口没有参加上海市外来从业人员综合保险,达到 71.6%。总体而言,流动人口参加综合保险的比重还是十分低的。

表 5-15　　　　　对综合保险的认知和参与水平

		频数	有效百分比
D1. 你听说过或已经知道上海市开设了专门的外来从业人员综合保险吗?	1 知道	660	69.3
	2 不知道	293	30.7
	小计	953	100.0
D2. 你是否已经参加了上海市外来从业人员综合保险?	1 有	269	28.4
	2 没有	679	71.6
	小计	948	100.0
D3. 如果你还没有参加外来从业人员综合保险,你觉得自己今后是否打算参加上海市外来从业人员综合保险呢?	1 打算参加	340	40.6
	2 不会参加的	146	17.4
	3 还没有决定,不清楚	349	41.7
	小计	837	100.0

对还没有参加外来从业人员综合保险的受访者而言,40.6% 的人是认为今后

打算参加上海市外来从业人员综合保险的,而仍然有 17.4% 的受访者觉得自己今后是不会参加上海市外来从业人员综合保险的。此外,41.7% 受访者对此问题表示还没有决定或不清楚。

关于没有参加外来从业人员综合保险的原因,绝大多数受访者认为"自己没有固定的工作和稳定的工资,没法定期交费或自己交费麻烦",达到 53.4%。而 20.2% 的受访者认为"不知道有这样的保险",这一比例刚好比"没有听说过或并不知道外来从业人员综合保险"受访者的比例 30.7% 低了将近 10 个百分点。当然,有 14.1% 的受访者"已经参加了商业保险",认为没有必要参加综合保险,此外,还有 12.3% 的流动人口觉得还不够参加综合保险的资格条件(见表 5-16)。

表 5-16　　没有参加外来从业人员综合保险的原因

D4. 如果你还没有参加外来从业人员综合保险,你觉得自己不参加综合保险的原因是什么?(可以多选)	频数	有效百分比
(1) 不知道有这样的保险	149	20.2
(2) 自己没有固定的工作和稳定的工资,没法定期交费或自己交费麻烦	394	53.4
(3) 觉得还不够参加的资格条件	91	12.3
(4) 觉得随时可能回老家,参加综合保险没有用处		0.0
(5) 觉得为农民工开设的保险保障水平肯定很低,缺乏吸引力		0.0
(6) 已经参加了商业保险,没有必要参加综合保险	104	14.1
合计	738	100

2. 对综合保险的评价

对上海市外来从业人员综合保险的制度设计评价主要是从 3 个方面调查的,即办理综合保险的手续费用、办理综合保险的效率以及参加综合保险的条件。其中,多数流动人口认为参加综合保险所缴纳费用水平比较正常,占到 36.9%,只有 8.6% 的受访者认为参加综合保险所缴纳费用偏高,而还有 21.5% 和 32.7% 的受访者分别认为参加综合保险所缴纳费用偏低或不清楚。关于参加综合保险的效率,有 16.9% 的受访流动人群认为办理综合保险的机构服务"及时,效率很高",但 54.1% 的受访者觉得"一般",只有 1.7% 的人认为办理综合保险的机构"拖沓,效率低下"。而对于参加综合保险的条件,有 19.4% 和 4.3% 的受访者分别认为条件"比较宽松"和"非常宽松"。60.2% 的受访者觉得条件一般。不过,分别有 2.8% 和 13% 的流动人口觉得参加综合保险的条件"非常苛刻"和"比较苛刻"。总体而言,认为参加综合保险的条件宽松的受访人群合计为 23.7%,大体上比实际参加了综合保险的人群比例(28.4%)要略低一些,这表明多数参加综合保险的流动人口认为参加综合保险的条件是相对宽松的（见表 5 – 17）。

表 5 – 17　　　　　对上海市外来从业人员综合保险的评价

		频数	有效百分比
D5. 你如何评价目前上海市外来从业人员综合保险的个人缴费水平？	1 偏低	117	21.5
	2 偏高	47	8.6
	3 正常	201	36.9
	4 不清楚	178	32.7
	小计	545	100.0
D6. 你如何评价目前办理上海市外来从业人员综合保险的工作效率？	1 拖沓，效率低下	9	1.7
	2 一般	294	54.1
	3 及时，效率很高	92	16.9
	4 不太清楚	147	27.1
	小计	543	100.0
D7. 你觉得目前上海市外来从业人员综合保险申办资格条件如何？	1 非常苛刻	15	2.8
	2 比较苛刻	69	13.0
	3 一般	320	60.2
	4 比较宽松	103	19.4
	5 非常宽松	23	4.3
	小计	532	100.0

关于上海市外来从业人员综合保险对于流动人口社会保障的作用，绝大多数受访者认为"保障水平低，作用不大"，高达 50.6%；还有 16.4% 的受访者觉得综合保险客观上"难以享受到，没有作用"。只有 32.1% 和 0.7% 的受访者分别认为综合保险对流动人口的社会保障起的作用"比较大"和"非常大"。总之，在流动人口的观念中，综合保险的"保障水平低，作用不大"占据了主导地位。如何提高外来从业人员综合保险的保障水平显然是一个不容忽视的问题。

五、流动人口对居住证功能的期望：社会福利需求及户籍改革意向

居住证制度对流动人口的选择性分化功能反映了外在制度导入对社会外来流动人口的一种分化及冲击问题，不过，从另一个角度来看，流动人群又是如何对

居住证制度产生适应性反应的呢？考虑到无居住证者对居住证缺乏正式的经验感知，这里仅以居住证持有者为例，分析临时居住证者和正式（技术）居住证者对居住证的评价或期望的差异，以及正在进行之中的户籍制度改革是如何响应不同流动人口阶层的呼声的？由此，也可以观察出不同类型的流动人群在改变阶层地位或向市民身份转变或流动机会方面存在重要的差异。

1. 对居住证制度的评价

流动人口对居住证制度设计评价主要是从3个方面调查的，即办理居住证的手续费用、办证效率以及申办的条件。其中，多数流动人口认为办理居住证所缴纳费用水平比较正常，对于临时居住证和正式居住证持有者而言，分别有13.3%和12.8%的受访者认为"办理居住证所缴纳费用水平偏高"，两者差异不明显。关于办理居住证的效率，多数流动人口认为办理居住证效率一般，其中有不到5%的受访流动人群认为办证机构"拖沓，效率低下"。临时居住证和正式居住证持有者认为办证"及时且效率很高"的比例分别为26%和23%，或许因为办理临时居住证的门槛要低于办理正式技术居住证，所以，前者认同办证效率高的比例略高于后者（见表5-18）。

表5-18　　"如果你办理了上海市居住证，请回答以下问题："

		临时居住证		正式居住证	
		频数	有效百分比	频数	有效百分比
C3. 你如何评价目前办理居住证的缴纳费用？	1 偏低	24	5.0	11	3.9
	2 偏高	64	13.3	36	12.8
	3 正常	336	69.7	218	77.6
	4 不清楚	58	12.0	16	5.7
	小计	482	100.0	281	100.0
C4. 你如何评价目前办理居住证的效率？	1 拖沓，效率低下	20	4.2	14	5.0
	2 一般	308	64.0	193	69.4
	3 及时，效率很高	125	26.0	64	23.0
	4 不太清楚	28	5.8	7	2.5
	小计	481	100.0	278	100.0
C5. 你觉得目前的申办长期居住证条件如何？	1 非常苛刻	64	13.4	37	13.2
	2 比较苛刻	129	27.0	53	18.9
	3 一般	210	44.0	135	48.2
	4 比较宽松	69	14.5	50	17.9
	5 非常宽松	5	1.0	5	1.8
	小计	477	100.0	280	100.0

而对于办理居住证的条件,虽然多数流动人口认为办理居住证条件"一般",但是对临时居住证者而言,认为办证条件"非常苛刻"和"比较苛刻"的比例也比较高,分别为有13.4%和27%,两项合计达到40.4%,远远高于觉得办证条件宽松的受访者比例(认为比较宽松和非常宽松的两项合计仅为15.5%,如表5-18所示)。可是,对于正式居住证持有者而言,有13.2%和18.9%的受访者分别认为条件"非常苛刻"和"比较苛刻",合计为32.1%,也明显高于觉得办证条件宽松的受访者比例(认为比较宽松和非常宽松的两项合计仅为19.7%)。总体而言,临时居住证者相对于正式居住证持有者而言对办证条件的苛刻性感受更加强烈。

2. 对社会保障权益的资格认知与居住证功能的期望

对于一个外来流动人口要获得上海户籍居民可以享有的公共资源及社会保障权益资格,对于表5-19所列举的诸因素按照重要性排序,被受访者选择频率最高的第一重要因素是"无犯罪"问题,其中共有521位受访者认可了这一因素的重要性,占全部有效受访者的58.7%。其次,被选择认为第二重要的因素是居留时间,有335位受访的流动人口觉得在上海的居住时间是获得权益资格非常重要的标准,占所有受访者的39.5%。此外,还有32.9%、22%和20.4%的受访者分别选择了"依法纳税"、"个人信用"和"文化修养"作为获得权益资格十分重要的标准。

表5-19 对于一个外来流动人口要获得上海户籍居民,以下诸因素按照重要性排序,请列出最重要的前三个?

(请你列出你认为对获得上海户籍而言应该考虑的重要因素有哪些?)
(1) 无犯罪;(2) 依法纳税;(3) 个人信用;(4) 体面居住;(5) 文化素养;
(6) 投资能力或自我负担能力;(7) 居留时间;(8) 以上都不是重要的因素

	第一最重要因素		第二最重要因素		第三最重要因素	
	频数	有效百分比	频数	有效百分比	频数	有效百分比
(1) 无犯罪	521	58.7	1	0.1	6	0.7
(2) 依法纳税	141	15.9	5	0.6	290	32.9
(3) 个人信用	127	14.3	147	17.3	194	22.0
(4) 体面居住	36	4.1	18	2.1	57	6.5
(5) 文化素养	43	4.8	144	17.0	180	20.4
(6) 投资能力或自我负担能力	4	0.5	181	21.3	137	15.5
(7) 居留时间	10	1.1	335	39.5	18	2.0
(8) 以上都不是	5	0.6	16	1.9	0.0	0.0
小计	887	100.0	848	100.0	882	100.0

其中，对于居住时间而言，当问道："对于以下公共服务与福利待遇，如果需要规定外来流动人口应当在上海居住一定年限才能有资格享受获得的，那么，对不同的公共服务或福利，你觉得各自需要外来人口居住多长时限比较合适？"作为受访者，绝大多数流动人口认为多数公共资源服务与福利待遇对于流动人口而言应该在 1 年之内就可以享受，至多是 2～5 年基本上都是可以享有的。如分别有 62%、54.5%、48.4% 以及 51.6% 的受访者分别认为：公共卫生服务（计划生育服务）、劳动权益保障、教育资源（义务教育和参加高考）和社区事务服务是流动人口在 1 年之内就是可以有资格享有的。而 67.1%、43.9% 和 42.8% 的受访者认为在 2～5 年内可以有资格分别享有就业培训与指导服务、工伤、医疗、养老等社会保障以及最低生活保障等。可以看出，对于受访者而言，流动人口对活动具有户籍居民资格才能享用的公共资源或社会福利是十分渴望和迫切的，绝大多数受访者不愿意接受需要在上海居住时间满 5 年以上才能获得某种公共资源与福利资格的规定。其中，最多能够接受 5～10 年作为获得权利资格的主要反映在最低生活保障和基本住房保障两个方面，而且即使如此，也只有 17.3% 和 24.3% 的受访者认为需要 5～10 年才可以分别获得最低生活保障和基本住房保障资格。可见，最低生活保障和基本住房保障对流动人口而言主观上是相对"敬畏"的或资格要求严格的，或迫切性还不是很高的。相反，在超过半数以上的受访者观念中，劳动权益保障、社区事务以及公共卫生服务则是流动人口应当优先或最迫切或最应该比较早些，如 1 年之内就可以获得的福利（见表 5-20）。

表 5-20 对于以下公共服务与福利待遇，如果需要规定外来流动人口应当在上海居住一定年限才能有资格享受获得的，那么，对不同的公共服务或福利，你觉得各自需要外来人口居住多长时限比较合适？

		1 年之内	2～5 年	5～10 年	10～20 年	20 年以上
F4a	就业机会、培训与指导服务	0.1	67.1	28.0	4.0	0.8
F4b	劳动权益保障	54.5	36.4	7.2	1.5	0.3
F4c	教育资源（义务教育和参加高考）	48.4	37.7	9.5	4.1	0.2
F4d	公共卫生服务（计划生育服务）	62.0	29.1	5.0	3.7	0.2
F4e	工伤医疗养老等社会保障	40.7	43.9	9.8	4.8	0.8
F4f	最低生活保障	30.9	42.8	17.3	7.7	1.4
F4g	社区事务服务	51.6	36.0	7.8	4.1	0.4
F4h	基本住房保障（经济适用房或廉租房）	25.8	35.1	24.3	10.9	4.0

如果在居住证上增加服务功能，流动人口最想得到的前三项公共资源服务或福利分别是"子女入学免收借读管理费，并能够直接参加高考"、医疗保险和养老保险，对于临时居住证者而言，其被选择认同的百分比分别为 21.9%、20.8% 和 18.5%；而对于正式居住证持有者而言，上述三项福利或公共保障被选择认同的百分比分别为 24.9%、20.3% 和 17.4%。可见，临时居住证者和正式居住证持有者对于居住证的功能期望几乎非常相似，没有明显的差异。

总之，流动人口关于居住证的评价更多地体现在对其申请的条件、功能或权益等内容上的不满或期望，而主要关切的不是居住证申请程序和效率方面的问题（见表 5-21）。

表 5-21　"如果在居住证上增加服务功能，你最想得到的福利和服务是什么？"（限 3 项）

项目	临时居住证（%）		正式居住证	
	频数	有效百分比	频数	有效百分比
（1）购买经济适用房	128	9.6	67	9.5
（2）子女入学免收借读管理费，并能够直接参加高考	293	21.9	175	24.9
（3）医疗保险	278	20.8	143	20.3
（4）养老保险	247	18.5	122	17.4
（5）就业培训与介绍服务	106	7.9	44	6.3
（6）失业保险	109	8.1	63	9.0
（7）最低生活保障	164	12.3	86	12.2
（8）其他	14	1.1	3	0.4
合计	1 339	100	703	100.0

3. 从居住证到户籍：公众对户籍制度改革的态度与正在进行中的制度变革

（1）对现行户籍制度弊端的认知及改革的意愿

对流动人口观念中是如何看待户籍改革的迫切性问题，调查显示了 52.4% 的受访者认为现行的户籍制度需要彻底改革，而只有 7.7% 的受访者明确表示不需要彻底改革现行的户籍制度。不过，令人奇怪的是 39.9% 的受访者对这一问题并不清楚，这意味着户籍改革这样的重大政策问题还是具有相当程度的抽象性和复杂性，以至于许多受访者不能清晰地理解这一问题。关于户籍制度最大的弊端，绝大多数受访者（48.4%）首先注意到了户籍制度给流动人口的"生活带来了不方便"，这是十分朴素和实用性的观点，反映了流动人口关注的是户籍对流动人口的实际生活与工作便利的保障功能。其次，39.3%的受访者也关注到户籍制度造成的社会不公平也是极大的弊端，显然，这种不公平对绝大多数流动人口而言不仅是客观存在的，而且也被受访者清晰地感受到了。再次，35.9%受访者还注意到户籍制度限制了公民的基本权利。这种对权利意识的觉醒程度是令人印象深刻的，明显超出了户籍对经济发展的限制与增加城市犯罪和不安全感的担忧。

（2）对户籍改革的难度和方式的认知与信念

受访的流动人口对现行户籍制度改革难度的认知是具有非常强烈的理性主义色彩，多数受访者认为"中国地区经济发展不平衡"的客观实际是改革的难处所在，达到43.4%；而34.5%的受访者觉得户籍改革的难度在于"政府对大量农民进城可能产生压力的担心或作为既得利益者的城市居民反对"。这表明绝大多数受访者是看到了中国区域经济发展不平衡的国情，同时也能够理解到政府的压力和担忧以及城市居民作为既得利益集团的反对对户籍改革的阻力。至于相关利益部门的掣肘和管理技术手段落后等对流动人口而言并没有被认知为是影响户籍改革的重要因素。由此，对于户籍改革的方式，绝大多数受访者并没有要求"立即彻底废除户籍制度"，只有约10%的受访者赞同要立即废除户籍制度。而58%的受访者认同这样的观点，即"要慢慢控制或削弱基于户籍的社会福利功能，同时，降低居住证的申请条件，从而逐步缩小户籍和居住证的区别或差异"。还有5.1%的受访者觉得"没有固定的改革模式，摸着石头过河"。当然，还是有约1/4的受访者对户籍改革方式这样的问题实际上是并不清楚的。

最后，关于未来10年户籍制度的变化趋势，只有15.6%的受访者相信目前的户籍制度"一定"会发生重大变革，而54.5%的受访者觉得目前的户籍制度"可能会"发生重大变革，12.1%的受访者认为目前的户籍制度不会有大的变化。因此，总体而言，多数流动人口对户籍制度的变化是持十分谨慎和保守态度的。

（3）正在进行中的制度变革

2009年6月上海市政府出台了《持有〈上海市居住证〉人员申办本市常住户口试行办法》，在居住证与户籍制度两种制度之间建立联系和流动的通道，该办法规定了在上海就业并持有《上海市居住证》的境内人员申办常住户口需要符合5项条件[①]。其中，参加城镇职工社会保险和中级以上专业技术职称资格两

---

① 这5项条件分别是：持有《上海市居住证》满7年；持证期间按规定参加上海市城镇社会保险满7年；持证期间依法在上海缴纳所得税；在上海市被聘任为中级及以上专业技术职务或者具有技师（国家二级以上职业资格证书）以上职业资格，且专业及工种对应；无违反国家及上海市计划生育政策规定行为、治安管理处罚以上违法犯罪记录及其他方面的不良行为记录。

项条件显然是对人才或正式居住证持有者具有积极的意义,而对临时或普通居住证持有者则显得十分苛刻和不利。可见,正在进行中的户籍制度变革提高了正式或人才居住证的价值,即其持有者获得了更多向城市居民身份转换和融入的机会。不过,这也并没有完全剥夺临时或普通居住证以及无居住证者向城市市民阶层流动的权利和机会,只是在客观上更加强化了外来流动人群内部不同群体的阶层分化,并且这种内部分化的层级特征更加显著了,无居住证或临时居住证要试图转变身份和获得城市户籍居民的权益,目前就必须首先获得或进入人才正式居住证这一阶层。

六、结论与讨论

本章以上海经验为基础讨论大城市外来流动人群的内部分化机制,并运用相关调查数据对流动人口选择居住证的激励影响因素进行了经验实证分析。根据上述研究和讨论,本研究大体上可以得出以下结论:

结论1:虽然外来人口内部的不同阶层之间收入差距并不是非常大,但是其亚阶层的社会保障、就业和教育机会以及通往上一阶层流动或成为城市居民的机会却存在显著的差异。总体而言,流动人群内部的差异特征显示了一种相对弱的分化趋势,不同亚阶层之间在收入、社会保障以及社会向上流动性机会方面都出现了一定的差异。其中,人才居住证持有阶层在经济社会地位的获得性方面相对于其他流动人口具有明显的优势,而相反,无居住证者则表现了明显的弱势。当然,除了人才居住证之外,对于普通居住证到底应该发挥什么样的功能并不清晰,调查资料的实证分析表明普通居住证与临时居住证以及无居住证的流动人口而言并没有十分显著的福利差异。

结论2:阶层的再分化是由外在制度因素与人群的人力资本、单位以及社会关系状况等内在因素交互作用的产物。那些受教育程度越高,其社会关系越强以及单位相对正规的外来人群就越容易获得正式居住证包括人才居住证,从而提高其社会福利与保障水平,甚至还能通过政策的变革获得更多地向城市居民转化的机会。而那些人力资本低且工作单位正规性差的外来人群客观上能够利用制度的能力则显著地被削弱,甚至被剥夺了依附于制度之上的一系列社会福利。因此,外在制度是通过人群的能力特征因素而强化了其对阶层的分化功能,阶层内不同人群的能力特征则因为外在制度而扩大了其差距。

结论3:对于北京、上海等大型城市而言,居住证模式似乎正在成为福利权益剥离难度最高的城市户籍改革的基本方向。但是,令人惊奇的是,作为现有户籍制度改革的最主要受益者或利益相关者,外来流动人口对户籍相关的公共服务及福利保障相关的享有水平与改革的意愿情况究竟如何,以及外来流动人口的意愿对户籍改革具有什么样的政策含义,却缺乏足够的研究。本研究清晰地表明流动人口关于居住证的评价更多地体现在对其申请的条件、功能或权益等内容上的不满,以及其期望都是非常强烈的。

结论4:作为外在制度的公共政策是非中性的,政策本身具有选择和歧视的不平等特性。居住证制度和户籍改革的思路对社会分层具有什么样的含义和启示?显然,现行居住证制度的导入是有利于那些市场能力强的或技术人力资本高的外来人群,其筛选机制本身就具有促进社会分化的功能。同样,正在进行中的户籍改革思路的积极意义在于在不同的社会阶层之间创造了可以流动和迁移的通道,如上海户籍改革的核心思路是设计了从居住证向户籍转变的条件和机制。当然,户籍改革的动机本身是复杂的,居住证和户籍制度的改革究竟是为了响应外来人群中技术人才或人力资本高的利益诉求或不满,还是为了缓解上海市社会保障资金支出的压力,还是体现了包含外来人口的社会权利及平等等价值目标呢?

第六章

户籍制度改革与流动人口的社会融合

20世纪80年代以来中国的人口乡城迁移和城市化发展日益加快,目前我国的流动人口数量已经达到1.5亿人。这些人口多数已经在城市稳定就业和长期居住,并且从90年代以后,中国流动人口和城乡迁移已经日益以"进城"为主要导向,而不是在此之前以打工挣钱和"返乡"为主要的目的。但是在中国特有的户籍制度下,流动人口群体处于边缘化的地位,具有差别化的社会福利和公共服务。户籍制度及以此为基础的城市社会福利体系对流动人口形成制度排斥,限制了其融入当地城市社会。

在此基础上,我国的流动人口形成了非定居性移民的特点,而这样的非定居性移民和"未完成的城市化",不仅不利于保障流动人口的社会福利,也限制了中国城市化的速度和质量。并由于流动人口在城市的排斥性带来城市社会结构内部的断裂,带来社会矛盾和社会冲突的增加,特别是当流动人口已经从城市部门中的一小部分转变成很重要的组成部分,流动人口难以进入城市体系和实现社会融合,对于和谐社会建设是非常不利的。以户籍制度为代表的城市人口管理体制,已经不适应流动人口大量流动、长期居住和流动人口迫切希望融入城市社会的具体需求。因此从促进流动人口社会融合的角度出发,城市户籍改革已经显著滞后,需要迫切加以推进。

本研究报告讨论户籍制度改革和流动人口社会融合的关系,本研究讨论了3个方面的问题:第一,流动人口在城市长期居留的特点和社会融合的需求迫切要求推动户籍制度改革,研究将具体衡量流动人口社会融合的特点和影响因素,说明除了流动人口自身的人口学因素和社会资本,以户籍制度为基础的制度性因素也对流动人口实现社会融合具有显著的影响；第二，研究说明户籍制度成为导致流动人口社会排斥的基础性以及最为根本的制度安排，需要通过户籍改革推动以融合为导向的城市人口管理体制改革；第三，研究回顾了改革开放以来城市户籍制度改革的有关探索，并对推动城市户籍改革、促进流动人口社会融合提出了对策思路。

一、城市流动人口社会融合的过程、测量及影响因素

我国正在经历迅速的人口城市化和城乡结构的转变。大量的城乡移民能否在城市定居下来，完成其城市化过程，并通过市民化带来宏观社会结构的转变，对于中国发展具有重要的意义。推动这样的过程，也有利于城乡关系的协调、贫富差距的缩小、缓解社会矛盾，建设良好的和谐社会。同时，建立在城市化基础上的工业化，也能够为现代工业提供稳定的产业工人，为农业生产率的提高和现代农村的建设提供条件。如果说从 80 年代以来的改革开放，使农村剩余劳动力从土地上解放出来，通过流动和暂住城市提高了经济的活性；从 21 世纪初以来，继续促进流动人口的社会融合和市民化，则是深化改革和推动中国发展面临的更重要任务。

（一）对我国流动人口社会融合研究的简单综述

1. 流动人口社会融合的内涵

社会融合的经典定义是一种相互同化和文化认同的过程。芝加哥学派的帕克（Park）等提出同化是移民和当地居民之间相互渗透、交往，相互分享各自的文化记忆，并和所在的城市相互适应，汇入一种共同的文化生活的过程[1]。国内的学者如任远和邬民乐认为：社会融合是不同个体、群体或文化间的相互配合、适应的过程[2]。童星和马西恒提出社会融合是指新移民在居住、就业、价值观念和生活方式等各个方面融入城市社会、向城市居民转变的过程，这个过程的进展程度可以用新移民与城市居民的同质化水平来衡量[3]。与这种同化的观点相对，奥

---

[1] Park, R. amd E. Burgess. 1924. Introduction to the Science of Sociology. Chicago: Univerity of Chicago Press.
[2] 任远，邬民乐. 城市流动人口的社会融合：文献述评 [J]. 人口研究，2006，30（3）：87-94.
[3] 童星，马西恒. "敦睦他者"与"化整为零"——城市新移民的社区融合 [J]. 科学社会研究，2008（1）：77-83.

姆和陈（Orum and Chen）[1]则提出地方移民群体扩展和生活地点的紧密联系，创造具有内聚力的地方社区，并通过地方性的行动积极融入城市社会。

从同化的另一面看，社会融合是相对于社会排斥而言的。例如欧盟认为社会融合是确保具有风险和社会排斥的群体能够获得必要的机会和资源，并通过其全面参与经济、社会、文化生活，享受正常的生活及在其居住社会中享受应有的正常社会福利的过程[2]。郎友兴根据国际上有关的指标，提出社会排斥包括享受物质待遇、就业、拥有同等的受教育机会、健康和社会参与等方面[3]。因此，1995年联合国哥本哈根社会发展首脑会议指出，社会融合的目的是创造一个人人共享的社会。在这样的社会里，每个人都有权利和责任，都可以发挥积极作用。这种社会必须建立在以下基础上：尊重人群和基本自由、文化与宗教差异、弱势及处境不利群体的社会正义和特殊需要、民主参与和法制；使社区组织更大程度地参与制定和执行当地项目，尤其是在教育、保健、资源管理和社会保护方面；确保有一个法律框架和一个支持型结构，以鼓励成立社区组织和个人自愿结社，并鼓励做出建设性贡献；鼓励所有的社会成员行使权利、履行职责、充分参与社会、并认识到靠政府不能满足社会的全部需要[4]。

因此，社会融合同时需要一定的社会环境和制度条件，使移民群体能够享有必要权利，并结合自身素质和能力积极参与、共同发展。这样的过程可以用"市民化"来概括。刘传江和周玲提出，农民工的市民化使离开原居地半年以上、在城务工经商的农民工逐步向市民转化的过程，它包含了农民工的户籍变动，产业转换和地域转移，以及农民工生活观念、思想方式、行为习惯、社会组织形态的转化[5]。

不同学者研究社会融合的角度不同，有些定义认为社会融合是双向的概念，即融入者和被融入者通过相互作用，达到融合的过程；而另外一些定义则强调融入者主动地适应被融入环境的过程。不同学者研究社会融合的内容不同，有些定义强调文化和情感的融入，有些定义则强调经济和社会的融入。有些研究强调融合的过程，而有些定义则强调社会融合既是过程又是结果。但总而言之，社会融入包括的概念都包含了作为进入者的差异性群体，以及该群体对地方社会的相互

---

[1] Orum, A. and X. Chen 2003. *The World of Cities: Places in Comparative and Historical Perspective*. Blackwell Publishers Ltd.

[2] 嘎日达，黄匡时. 西方社会融合概念探析及其启发 [J]. 理论视野，2008（1）：20-25.

[3] 郎友兴. 从社会排斥到社会融合：外来民本地化与构建中国城市和谐社区 [A]. 见黄卫平，汪永成. 当代中国政治研究报告 [M]. 社科文献出版社，2007（8）：115-142.

[4] 丁开杰. 和谐社会的构建：从社会排斥到社会融合 [J]. 当代世界与社会主义，2005（1）：53-57.

[5] 刘传江，周玲. 社会资本与农民工的城市融合 [J]. 人口研究，2004，28（5）：12-18.

适应、相互作用和最终融合的过程，并且在这个过程中往往存在不同差异群体之间、移民群体和地方社会之间的排斥、阻碍和相互冲突。

2. 流动人口社会融合的测量

考虑到社会融合包括不同方面的内容、包括和本地居民的相互关系，以及本身具有动态性的特点，因此对社会融合的测量，也有着相当不同的研究方法。多数研究仅以单一的综合变量或者代理性的变量来考察融入，例如个人的身份认同、对城市生活的满意度，或者对继续在城市居住的预期。这样的分析方法比较容易操作，但会遗漏社会融合过程中的许多复杂和细致的信息。美国社会学家戈登提出衡量族群关系的7个维度，分别为：文化或行为的涵化、社会结构的相互深入或融合、相互通婚、族群意识或身份认同的融合、意识中族群偏见的消除、族群间经济、就业、教育等领域歧视行为的消除、公共事务的融合[1]，较全面和细致地概括了族群间关系表达的不同层次。楼玮群和何雪松，采用认同、朋辈网络和社会参与3个维度测量了香港新移民的社会融入[2]。沈之菲从比较了公办学校和民工学校中的流动儿童，通过比较流动儿童对上海的认识、对上海学生的看法及对自己认识3个维度，说明了公办学校有利于流动儿童的社会融合[3]。这也同时表明，对流动人口社会融合如何加以测量本身具有相当的复杂性。

3. 国内有关流动人口社会融合的研究

国内学者对改革开放以来的人口流动和社会融合，已经开展了多项研究，在研究方法和研究结论上都有较多创新和发现。

张文宏和雷开春通过探索性因子分析的方法探讨流动人口的社会融合现状及影响因素，研究认为社会融合的内涵包括职业稳定程度、本地语言掌握程度、熟悉本地风俗程度、接受本地价值观程度、亲属相伴人数、身份认同程度、添置房产意愿、拥有户口情况、社会满意度、职业满意度和住房满意度。研究将社会融合归纳为文化、心理、身份和经济4个方面的融合。结果发现，新移民总体融合度偏低，移民的心理和身份融合较快，文化和经济融合相对较慢，其中影响社会融入的因素主要有，性别、婚姻状况、党员身份、教育年限、月收入、居住时间、移出地和阶层地位[4]。

---

[1] 王毅杰，梁子浪. 试析流动人口与城市社会的融合困境 [J]. 市场与人口分析，2007，13 (6)：58-71.

[2] 楼玮群，何雪松. 乐观取向、社会服务使用与社会融合：香港新移民的一项探索性研究 [J]. 西北人口，2009，30 (1)：23-35.

[3] 沈之菲. 更多的接纳，更好地融合——外来民工子女在上海城市的融合问题研究 [J]. 上海科研教育，2007 (11)：25-28.

[4] 张文宏，雷开春. 城市新移民社会融合的结构、现状与影响因素分析 [J]. 社会学研究，2008 (5)：1-25.

王桂新和罗恩立从经济融合、政治融合、公共权益融合、社会关系融合进行实证分析，得到上海外来民工的社会融合状况有所改善，但总体融合度不高的结论①。

杨绪松等研究了深圳市农民工的社会融合情况，通过对居住情况、在城市受歧视程度、方言掌握程度、交友意愿、困难求助和未来打算的分析研究了农民工与城市社会的融合问题，结果发现，农民工的社会融合程度不高，与当地市民处在相对隔离状态，政府缺乏对流动人口的制度性支持②。

杜鹏等对通过来京人口是否受到歧视，与北京人在生活方面的交往情况和心理归属来测量其社会融合，结果发现来京人口社会融合程度较好，但要从心理上真正的融入城市生活，还有一个过程③。

邓大松和胡宏伟研究了进城农民的社会融合，认为"内在市民化"滞后于"外在市民化"导致进城农民"流动但不定居，定居但不融合"。"内在市民化"的滞后与农民的文化水平、年龄、婚姻和权利剥夺有关④。

任远通过"居留决定继续居留"的分析，展现流动人口社会融合的过程性⑤。时间作为一个重要变量进入研究者的视野。当流动人口在城市居留的时间越长，就更深入地卷入城市的经济活动和社会网络，从而得以机会更深地融入进来⑥。在任远另一个研究中则提出，虽然总体上时间强化了流动人口社会融合的倾向，而在就业的年龄歧视和老年社会保障上存在的制度障碍，可能对年龄较大的流动人口形成排斥⑦。同时，区别于时点性调查只能研究不同因素对流动人口社会融合程度的影响，任远利用队列分析的方法说明，包括教育、就业、居住等因素如何在一定的时间间隔中，对不同的流动人口群体的行为模式和社会融合程度发生影响⑧。

针对不同地区的研究结论固然存在一定差别，但总体而言，大部分研究得出

---

① 王桂新，罗恩立. 上海市外来农民工社会融合现状调查分析 [J]. 华东理工大学学报（社会科学版），2007（3）：97 – 104.

② 杨绪松，靳小怡，肖群鹰等. 农民工社会支持与社会融合的现状及政策研究——以深圳市为例 [J]. 中国软科学，2006（12）：18 – 26.

③ 杜鹏，丁志宏，李兵等. 来京人口的就业、权益保障与社会融合 [J]. 人口研究，2005，29（4）：53 – 61.

④ 邓大松，胡宏伟. 流动、剥夺、排斥与融合：社会融合与保障权获得 [J]. 中国人口科学，2007（6）：14 – 24.

⑤ 任远. "逐步沉淀"与"居留决定居留"：城市外来人口居留模式分析 [J]. 中国人口科学，2006（3）：67 – 72.

⑥ 任远，戴星翼. 外来人口长期居留的 LOGIT 模型分析 [J]. 南方人口，2003（4）：39 – 45.

⑦ 任远. 流动人口居留模式的变化和城市管理 [J]. 人口研究，2007（3）：71 – 79.

⑧ 任远. 谁在城市中逐步沉淀了下来：对城市流动人口个人特征及居留模式的分析 [J]. 吉林大学社会科学学报，2008（4）：113 – 120.

其研究对象融入度不高的结论。此外，这些研究对社会融合的理解存在一定的欠缺。如多数研究将社会融合当作一个当然的现象，列举了反映社会融合的不同指标，但对社会融合缺少系统的理论框架及指标体系建构。同时，多数研究将社会融合看做是一个单向的过程，忽略了对流动人口感知到的城市对流动人口的态度，以及城市居民和流动人口的关系。因此，进一步对流动人口社会融合在一个更系统理论框架下再进行研究，可能会得到常做常新的研究结论。

（二）数据来源和研究方法

本章的数据来源于课题组在浙江省绍兴市开展的流动人口社会融合和影响因素调查。调查覆盖绍兴市袍江新区马山镇的2个村委会、3个居委会和9家雇用了较多流动人口的企业，共问卷调查了1 000名调查对象。经过整理，最后得到的有效问卷为991份。

由于抽样方法的限制，调查数据库与流动人口总体结构存在一定的偏差。例如数据中流动人口男性的比例为37.5%，女性比例则达到了61.4%。因此，本课题组根据2005年1%抽样调查的分年龄、分性别结构，对流动人口数据库进行了加权，来调整调查数据在性别结构上的偏差，在一定程度上提高了本次调查数据的精准性。同时，我们的研究将主要测量流动人口社会融合及其影响因素。鉴于调查问卷具有相当数量的样本量，研究变量间的相互关系具有统计的可信性。

（三）对社会融合的界定和测量

如前所述，社会融合是一个逐步同化和减少排斥的过程、是对城市未来的主观期望和城市的客观接纳相统一的过程、是本地人口和外来移民相互作用和构建相互关系的过程。因此，本章从以下四个维度来衡量外来移民的社会融合程度。

第一，自我身份的认同，即指流动人口对于自己在城市中所扮演角色的定位。研究中用"你是否认为自己是本地人"衡量。哈里斯和威廉姆斯（Harris, Williams）认为国民身份认同是判断是否实现多民族社会融合的重要尺度，向澳大利亚的移民从"白种人"到"具有澳大利亚生活方式的人"的判断标准的转变，促进了多元民族和多元文化的融合[①]。户籍制度对我国居民身份认同具有重要影响，地方政府也客观上将教育、保障等社会福利制度和户籍制度相挂钩，陈

---

① Patricia Harris, Vicki Williams. Social Inclusion, National Identity and the Moral Imagination [A]. *The Drawing Board*: *An Australian Review of Public Affairs* [M]. Vol. 3, 2003. pp. 205 – 222.

丰认为户籍制度作为身份表征阻碍了流动人口对城市生活的融入[①]。而在生活方式上的城市化、居民化和地方性认同的强化，是流动人口逐步实现社会融合的关键。

第二，对城市的态度，即流动人口对于城市的主观认识与感情。研究中用"你是否希望获得城市户籍"来衡量，是从流动人口本身的视角来反映对融入城市的主观期望。牛喜霞和谢建社通过分析"河南村"的流动人口社会融合，发现不同等级关系的群体对城市的态度不同，"货场主"和"蹬车的"对城市的认识比较积极，认为城里人有素质，乐于将城市作为长期居留地；而"雇工"和"捡拾者"则仅把城市作为赚钱的地方，目标是挣足钱回家盖房子，前者比后者更深地渗透进入城市生活[②]。

第三，与本地人的互动，指流动人口与本地人口的相互交流和相互交往。研究中用"平时和本地居民相互交往的多少"来衡量。社会联系和交往的发展，本身构成流动人口的社会资本，通过本地居民和流动人口的相互交往的视角，能够反映流动人口卷入城市社会的程度。例如，段学芬曾经对天津市的农民工的社会资本进行研究，发现不同年龄、不同在津时间、不同职业的农民工和城市居民做朋友的比例存在非常显著的差异，年龄大、来津时间长和职业地位高的农民工更容易建立和城市居民的联系[③]。

第四，感知的社会态度，是流动人口感受到的城市以及城市居民对他们的态度。研究中用"有没有感受到城市居民对自身的歧视"来衡量，这是从本地居民的视角来反映城市对流动人口的接纳程度。例如，浙江省义乌市推行"外来人口本地化"政策，提倡用开放、包容、平等的理念善待外来人口，极大地促进了外来人口的融入，甚至流动人口的数量已超过常住人口，为经济发展带来重大贡献[④]。

为测量流动人口社会融入的总体程度，我们根据上述4个维度，构造了一个综合性的社会融入指数。即将反映4个维度的（0，1）变量等权相加，得出一个（0，1，2，3，4）的变量，以此反映社会融合程度。结果表明，流动人口中完全未融入（即在4个维度都未融入）的比重为20.2%；初步融入（4个维度中仅有一个维度已经融入）的比重为13.3%；一般性融入（4个维度中有两个

---

① 陈丰．流动人口城市化进程中的制度性障碍研究［J］．学术探索，2004（11）：58-61．

② 牛喜霞，谢建社．农村流动人口的阶层化与城市融入问题探讨［J］．浙江学刊，2007（6）：45-49．

③ 段学芬．农民工的城市生活资本与农民工的市民化［J］．大连理工大学学报（社会科学版），2007．28（3）：70-77．

④ 吴百花．平等融入：和谐社会事业中的农民工子女义务教育问题［J］．中共浙江省委党校学报，2007（5）：76-82．

维度已经融入）的比重为 34.9%；较深的融入（4 个维度中有 3 个维度已经融入）的比重为 23.5%；完全融入（即在 4 个维度上都已经融入）的比重占总人数的 8.0%。

社会融入是一个渐进的过程，流动人口进入城市在不同方面上都逐步地融入城市社会，树立自己和本地城市的身份，改变对城市的态度和期望，加深和城市的关系，以及改变城市对自身的态度。同时，数据表明，多数被调查的流动人口大部分已经开始融入的城市的进程，但完全融入和较深地融入城市的人口还比较少。

（四）影响流动人口社会融合的主要因素

1. 影响流动人口社会融合不同方面的主要因素

表 6-1 是影响流动人口在不同维度上社会融合程度和主要社会经济因素的相关系数表，根据相关系数和其统计水平的检验，可以发现：

（1）影响流动人口自我身份界定，即决定流动人口是否认为自己是本地人的主要影响因素包括：收入、社会保障的情况、子女教育的情况和社会资本情况。

（2）影响对城市的态度，即是否希望能够成为绍兴人的主要影响因素包括：教育程度、社会保障情况、职业地位和就业工资的稳定性。

（3）影响与本地人互动，即是否和本地居民有密切交往的主要影响因素包括：教育程度、户籍性质、住房和居住状况、遇到困难的本地支持、每周工作时间。

（4）影响到感受到的社会态度，即是否觉得受到本地居民的歧视的主要影响因素包括：社会保障的情况、职业地位、企业福利的状况以及劳动合同的情况。

我们可以发现，一些因素对社会融合的某个方面有显著影响，但对流动人口社会融合的另一些方面可能并没有明显的影响。例如，居住类型显然影响着流动人口和本地居民的相互交往，但和流动人口是否认为自己是本地人，以及和流动人口是否希望在绍兴长期居住关系则并不明显。另一些因素则对社会融合多个方面都有显著影响，例如教育程度影响流动人口对城市的长期期望，也决定了流动人口在城市的地位和与城市的互动；社会保障是影响流动人口在城市发展的另一个突出因素，是否有社会保障决定了流动人口的身份认同、对城市的态度和在城市的感受。需要重视这样的一些关键性因素，因为它们对于流动人口在城市的社会融合显得如此重要。多个因素和流动人口社会融合的不同方面存在强度不同，以及方向性不同的影响，说明了流动人口在城市中生活、居住和发展的综合和复杂的图景。

表 6-1　影响流动人口社会融合的不同方面的主要因素

影响因素	自我身份的认同	对城市的态度	与本地人的互动	感知的社会态度
性别	-0.019	-0.066*	-0.015	0.030
年龄	-0.064*	0.021	-0.192***	-0.033
教育程度	0.133***	0.160***	0.210***	0.009
是否本地通婚	0.063	0.080*	0.093**	-0.039
是否家庭型迁移[a]	0.086*	0.075*	-0.012	0.051
个人年收入	0.121***	0.117***	0.145***	0.043
个人年收入增长[b]	0.110	-0.150	-0.211*	0.054
居住时间	0.066*	0.108**	0.036	-0.024
住房类型[c]	0.036	0.027	-0.110**	0.025
居住状态	0.041	0.043	-0.103**	0.023
是否办理暂住证	0.011	-0.083*	-0.007	-0.010
有无医疗保险	0.141***	0.173***	0.052	0.109**
有无养老保险	0.123***	0.191***	0.030	0.104**
有无失业保险	0.067*	0.277***	0.069*	0.085**
有无社会保险	0.138***	0.189***	0.035	0.106**
子女是否在绍兴接受教育	0.174***	0.063	0.046	-0.006
经常来往朋友数量	0.167***	0.055	-0.013	0.022
是否参加绍兴社会组织	0.049	-0.030	0.054	0.039
遇到困难求助对象	0.030	0.001	0.631***	-0.062
单位性质	0.066*	0.037	0.047	0.001
职业[d]	-0.029	0.115***	0.086**	-0.186***
平均每周从事劳动时间	-0.091**	0.029	0.252***	0.062
从老家到绍兴的原因	0.022	0.050	0.096**	-0.032
工作获得途径	0.073*	0.039	0.019	0.053
是否签订劳动合同	0.008	0.014	0.026	0.110**
是否拖欠工资	-0.006	0.112**	-0.065*	-0.053
单位是否提供福利	-0.041	0.064*	-0.095**	0.119***

注：* $p<0.05$，** $p<0.01$，*** $p<0.001$。

a 表示家庭型迁移指已婚且与配偶和（或）子女共同在绍兴居住的情况。

b 表示个人年收入增长是流动人口的"当前个人年收入"/"在原籍时的个人年收入"。

c 表示住房类型分为集体性居住和社区性居住两类。前者包括居住在宿舍、工棚中的居住方式；后者包括租赁私有房屋、购买商品房等。

d 表示职业分为白领人口和蓝领人口两类。前者包括从事教育和技术、自由职业者及企业职工、企业中高层管理者、公务员等，后者则包括从事农林牧副渔业、制造加工业、建筑施工业、运输操作业、商业服务业、餐饮服务业、居民服务业、环境卫生劳务、废旧物质回收等体力劳动职业的流动人口。

2. 对流动人口社会融合的多因素回归模型

根据以上分析，我们对影响流动人口社会融合的因素做一归类，可以形成3个基本假设：

假设1：流动人口的个人和家庭状况影响社会融合。包括个人的教育程度、年龄、性别、居住时间、职业和收入等；

假设2：流动人口的社区参与和社会资本影响社会融合。包括流动人口居住的社区性和社会交往等；

假设3：城市的制度安排影响流动人口的社会融合。包括城市人口管理制度和社会保障制度等。

在充分考虑不同影响因素纳入统一模型可能存在的共线性，我们谨慎地挑选了部分有意义的变量。我们将流动人口在绍兴的社会融合程度构造指数，通过多元线性回归模型来分析影响流动人口社会融合的因素（见表6-2）。

表6-2　　对流动人口社会融合的多因素回归模型

	回归系数			
	模型1	模型2	模型3	综合模型
个人和家庭因素				
性别	-0.085			-0.054
年龄	-0.018***			-0.011*
教育程度	0.229***			0.141**
是否家庭型迁移	0.019			0.032
居住时间	0.004***			0.002*
职业	0.142*			0.141*
社区和社会资本因素				
是否集体性居住		-0.025		0.043
来往朋友数量		0.099**		0.030
遇到困难求助对象		0.603***		0.499***
是否参加绍兴社会组织		0.311		0.215
制度因素				
是否办理暂住证			-0.359*	-0.166
有无社会保险			0.467***	0.447***
有无劳动合同			-0.214**	-0.229*
常数项	2.385***	1.893***	2.733***	2.215***

注：* $p<0.10$，** $p<0.01$，*** $p<0.001$。

（1）在个人和家庭层面。在模型1中，我们发现年龄、教育程度、居住时间及职业对流动人口社会融合具有显著影响。年轻人口社会融合的程度更强，一定程度上说明了第二代移民具有更强的城市化倾向，以及表现出城市就业和社会保障体系对高年龄流动人口的制度排斥。文化程度高的流动人口较文化程度低的流动人口更易融入城市。同时，在城市居住时间越长，就越容易融入城市；从事白领职业人员较蓝领职业人员更易于融入城市。

（2）在社区和社会资本层面，经常来往朋友数量、遇到困难求助对象为影响社会融入的主要影响因素。

（3）在制度层面上，是否办理暂住证、有无医疗或养老保险、有无劳动合同对流动人口社会融入有显著影响。从回归系数看，有无社会保险表现出更强的影响，这也在一定程度上说明制度上的接纳对流动人口社会融入存在重要影响作用。令人意外的结果是，有无暂住证及有无劳动合同与流动人口的社会融入呈现负相关，这可能由于暂住证这一明显差别性的身份证明可能本身就是对流动人口的排斥，对流动人口与城市的相互作用起到负面的作用。对于劳动合同限制了流动人口的社会融合的解释是，签订合同者大多在规模较大工厂做工，这些工厂一般工作时间较为严格、工作环境较为封闭、居住形态以工棚为主，反而不利于流动人口和社会的接触和融入。

（五）促进流动人口社会融合，实现城市和谐发展的几点思考

根据以上分析结果，我们发现流动人口在城市的社会融入是一个多方面的、逐步融入的过程。这样的社会融合受到包括教育、就业状况、居住状况、制度因素、社会资本等综合因素的影响。对于促进流动人口社会融合，也需要根据社会融合过程的多样性和复合性实施综合的引导对策：

第一，重视流动人口的自然性融合和干预性融合。

流动人口的社会融合是一个自然过程，随着其就业、居住、交往、婚姻、生育等社会生活和社会联系的日益展开，会自然而然地促进社会融合过程。这种社会融合过程表现为流动人口的部分群体将逐步离开城市返回农村，而部分人口将逐步沉淀下来的过程。对这个过程过分"拔苗助长"可能并不是流动人口所需要的融合。但这并非意味着政府不需要为流动人口在城市的融合提供促进和支持，政府导向型的干预能够在很大程度上加速或者实现融合的过程，包括直接的制度上的接纳、公共服务特别是社会保障的供给，也包括政府通过促进教育的支持、促进居住社区的社会支持、提供组织化的方式强化社会资本等。也就是绍兴地方政府应该有为地提供实现干预性的融合，并在根本上促进流动人口的福利，引导流动人口与本地的融合。

第二，鼓励流动人口的主动融合和促进双向融合。

社会融合是指融合的主体对新的城市环境的适应。在这个过程中，流动人口的主观能动性对其融合性发挥着重要的作用，其主观能动性主要表现为自我身份的认知和对城市的态度。因此，我们在强调外在制度环境对融合的影响的同时，也应该重视加强流动人口自身的主动性，加强流动人口本身的人力资本和积极主动性。当我们看到一群流动人口同时进入城市，有些积极地在城市挣扎生存和努力发展，而另一些则成为竞争的"失败者"而离开城市，因此为流动人口在城市生存、创业和发展提供支持，加强流动人口的能力建设就显得非常必要。

同时，这种融合又取决于城市人口对流动人口的态度是否歧视，以及流动人口和当地人口的相互互动，社会融合不仅仅决定于流动人口，更决定于本地居民和地方政府，这就提示政府可以通过促进本地人口和外来人口的相互理解和相互接触，弥补二者存在的歧视和鸿沟就显得尤其必要。通过大众媒体等宣传，使得当地人能够正确地认识和对待流动人口，减少流动人口的被歧视感，不仅对普通市民需要进行这样的宣传，而且对地方政府也需要进行这样的宣传，以形成一种更加开放性的社会环境和公共政策。在这个过程中，通过建立各种社会组织，发挥工会、居委会和社区中心的作用，能够促进流动人口相互之间，以及流动人口和本地居民之间的相互交流。例如，不仅我们的学校应该接纳流动儿童，社区如果能够为流动儿童提供教育、服务和社会支持，也能够更好地加强对儿童的市民道德教育，提高流动儿童的公民精神。

第三，推动对流动人口的渐进性融合和多维度融合。

社会融合是一个过程，但这个过程的发展方式是渐进的，从不融合到社会融合的程度越来越深。需要保持这个过程的方向性，尽量推动流动人口沿着这个方向加快融合，并避免对这个方向形成阻碍甚至倒退。因此，在金融危机下以引导流动人口返乡为想法的公共政策可能是一个与渐进性融合背道而驰的办法，对于绍兴市包括对我国而言的城市化进程都不具有示范性意义。同时，流动人口的社会融合包括不同的方面，这也使流动人口会在某些方面开始融合，而在另一些方面却可能完全没有融入，对此，政府可根据不同特征的流动人口群体制定对应的政策来促进融入，根据各影响因素的作用大小和各种因素重要性的高低，来不断破除融入过程中的障碍推进流动人口不断融入当地城市社会。

二、建设以融合为导向的流动人口管理制度

流动人口群体的产生是与改革开放以来城乡壁垒的逐步松动和社会日益活性

化相联系的 20 世纪 80 年代中期以来特别是 90 年代中期以来，在农业改革、城市经济发展和城乡壁垒松动的综合力量作用下，流动人口规模不断扩大，速度不断加快。"五普"结果表明全国流动人口超过 1.25 亿人，其中省内迁移为 9 146 万人，跨省迁移为 3 314 万人。目前我国流动人口估计为 1.4 亿人。流动人口不仅对城市和农村发展具有积极作用，也为不断松动城乡二元结构注入了一个活性的因素。

在流动人口大量集聚和高速集聚的背景下，80 年代以来，城市流动人口管理也相应发生变化。但总体上城市流动人口管理体制调整滞后于人口集聚，并且不能适应当前流动人口大量集聚和长期居留倾向日益增长的需求。当前的城市流动人口管理的制度框架是与 90 年代初期应对第一波流动人口急剧膨胀期相联系的，具有很强的应付性特点，也正发生着从"限制"走向"容忍"的转变（柯兰君，2001）。但这种体制安排，在 20 世纪末和 21 世纪初以后，越来越与流动人口有组织、有目的地迁移过程表现出不相适应，与流动人口集聚表现出新的特点不相适应，已越来越对统筹城乡协调发展造成阻碍。因此，当前需要适时地加以调整城市流动人口管理政策，呼唤继续从"容忍"走向"融合"，推动以流动人口社会融合为导向的社会政策。

（一）城市流动人口管理制度的变迁和实施以融合为导向的管理

1. 流动人口管理制度的历史变化

20 世纪 50 年代末，我国政府开始实行户籍制度，形成了城乡分割的二元体制。户籍制度及与之相联系的粮食及副食供应制度、劳动就业制度、教育制度等等限制，人为设置了层层城乡交流的屏障，城乡之间的人口自由流动几乎停滞。

20 世纪 80 年代开始，随着改革开放不断深化，城市发展劳动力不足的矛盾有所凸显，农业改革使农村剩余劳动力问题显性化。推力和拉力的共同作用下，一批又一批的农村外来人口开始来到城市。我国的户籍管理制度开始松动。1984 年，中央放松了对农村人口进入城市尤其是中小城镇的控制，国务院发布了《允许农民进入小城镇落户的决定》规定。公安部 1985 年施行了《关于城镇暂住人口管理的暂行规定》。可以说这一段时期流动人口管理政策和人口流动的基本态势基本上是相适应的。

80 年代末期以后人口流动开始加速，第一次出现了"民工潮"。特别是 1992 年邓小平南方谈话后，国民经济进入高速发展期，大规模的农村外来人口涌入城市寻找就业机会。对这一波来势汹涌的"民工潮"，城市体系缺乏足够的政策准备和制度准备，城市各项公共物品供给体系和管理体系难以应对。人口流动对城市基础设施、卫生、环境、社会治安和劳动就业各方面表现出巨大冲击，甚至是负面的影响。出于对这种人口流动潮的消极应对,从国家到主要城市,特别是北京、上海和广州,对流动管理采取了一系列防御性的、限制性的,甚至是排斥性的人口管理制度。这些制度构成了我国到目前为止流动人口管理的基本体制框架。公安部强化了暂住证管理办法(1995),要求没有当地行政区户口,并在所在地暂住时间超过 30 天,或者打算在所在地务工经商的外地人员都需要申请暂住证(北京市政府 1995;上海市单位使用外来劳动力管理所1998;广东省人民政府 1995),北京市还规定对无固定住所、无家乡计划生育证明的育龄妇女、拾破烂者等"不受欢迎的外来人员"不给予暂住证(北京市政府 1995)。同时,实行盲流人员的收容遣送制度(1995),盲流群体包括流浪乞讨者、盲目来沪生活没有着落者、无合法暂住证件从事无证经营、行医、拾荒、收购废旧物资者,等等。一旦被民政或公安部门抓到,这些人将被送到收容中心,然后遣返回乡。张声华(1998)描述了这种定期清理的制度、巨大的成本和实际较低的效果,因为据估计 70% 的盲流人员在遣返后不久又返回了城市。这一系列的流动人口管理制度还包括外来劳动力就业管理制度(劳动部 1994;北京市人代会 1995;上海市政府 1997;广东省人代会 1999),及相关联的就业准入和就业许可证制度,例如 1994 年上海市政府提出把所有工种分为 A、B、C 三类,A 类 23 种不准民工进入;B 类是限制进入的;只有 C 类是准许农民工进入。以及流动人口租赁房屋与治安管理制度(建设部1995;北京市政府 1995;上海市政府 1998;广东省人代会 1994),流动人口计划生育管理制度(国家计生委 1998),1995 年中共中央社会治安综合委员会还颁发了关于加强流动人口管理的意见,等等。从 1994 ~ 1998 年这段时期出台的一系列流动人口管理制度,是为了更好地管理城市而设置的,而实际上对农民工来说,更多的是限制、控制和剥夺(王春光,2004)。其实质是针对外来人口"无序流动"的状况,为了避免流动人口集聚和城市经济社会之间深层次的矛盾,采取的一种单纯防御对策,或者说应付的对策,因此这些政策只能是暂时性的流动人口管理方案。

  这种防御性政策、限制性政策到了 20 世纪末,已经越来越走向其反面,表现出巨大的局限性。"孙志刚事件"就是这一制度体系弊端的集中爆发。流动人口管理开始出现从"限制"向"容忍"的调整。流动人口对城市就业的"补缺"作用被进一步认识,人口流动对城市发展的积极性作用以及城市对流动人口的非国民待遇开始被广泛认识。2002 年,中央政府提出了鼓励农村人口进城的十六字方针:"公平对待、合理引导、完善管理、搞好服务",标志着流动人口管理排斥性管理对策逐步瓦解。90 年代中期出台的一些已走向反面的限制性流动人口管理政策开始逐步废除,如收容遣送制度被废除,北京的外地人员务工经商管理规定被废除（2005）。各地对流动人口管理探索实行一些灵活性制度，如上海和广州实行过流动人口的蓝印户口制度。流动人口就业、住房、暂住管理、社会保险等制度也进行了适当的调整。标志着流动人口管理开始从限制到容忍，变堵为疏，对协调城乡关系，促进城乡经济社会互动发展发挥了作用。

但是，迄今为止的一系列流动人口管理办法和各种积极调整还是不彻底的，没有根本解决人口流动与城市体制不兼容的内在缺陷。城市部门仍是将流动人口以"外来人"和"暂住者"为定位进行城市管理，城市的制度设计和公共物品安排并没有，或者几乎没有将流动人口考虑在内。有学者描述流动人口在城市内的制度排斥，提出国家内存在"一国两制"，在一个城市内存在"一城两制"。其实，实际是城市流动人口基本"无制"，流动人口根本没有进入城市的管理制度，城市体系对流动人口的各项制度安排都极端薄弱。城市的公共物品提供体制、卫生医疗体系、公共服务体系、劳动者的社会保护体系、劳动力市场的管理体系并不适应大量外来人口进城务工、就业和生活的需求，并进一步强化了流动人口的"过客"心态（任远，2003）。这一方面可以从外来务工人员无法进入工会、流动人口子女教育需要交纳高额的借读费、流动人口几乎没有医疗保险、流动人口综合保险的低覆盖，流动人口劳动监察的弱化和就业的非正规化等制度缺失中表现出来。另一方面可以从城市卫生、教育、计划生育、社会福利、城市建设等公共财政投入，甚至 GDP 的计算都是以户籍人口为基础，而不是以包括常住流动人口在内的所有常住人口为基础进行公共管理中表现出来。因此，城市流动人口管理需要寻求长治久安的解决方案，仍需要进一步推动流动人口管理改革。

2. 建立以融合为导向的流动人口管理制度的必要性

任远和戴星翼（2003）提出了流动人口"融入都市"的观点，并以上海的案例说明将流动人口排斥在城市以外是自损城市竞争力和降低城市整体品格的短视举措。如果说目前的流动人口管理改革正逐步从限制走向容忍，从流动人口管理的进一步完善看，我们需要建立流动人口从城市"外部人"进入城市"内部人"的机制，呼唤建立以社会融合为导向的城市管理政策。

与 20 世纪 80 年代末期出现第一波"民工潮"不同，乡城之间人口流动进入新的阶段、出现新的特点。流动人口不再是暂时居住城市，而是倾向于长期居住；流动人口并不是无序流动，出现更多的有组织的流动和有理性的流动；居住的时间在不断地延长，并且有举家迁移的倾向；"新生代的农民工"几乎没有务农经历，对城市的认同超过了对农村的认同。在这些背景下，城市流动人口管理体制面临根本性的突破和变局，提出以融合为导向的流动人口管理对策具有突出的必要性。

第一，流动人口为城市发展创造巨大财富，而其经济贡献却被隐性化，需要客观评价流动人口的作用和提供必要的公共福利再分配。

我国的流动人口以经济型人口为主，说明流动人口事实具有非常强的移民动机，并直接成为经济增长的要素。流动人口带来劳动力和人力资源的积累，促进就业和创业，带动消费和产业发展，对城市的经济繁荣和社会进步做出了巨大的贡献。经济越发达、进城务工人口越密集，外来人口对城市 GDP 总值的贡献率越大。现有的统计体系将外来人口创造的财富包括在城市总体经济产值中，但在计算一系列的人均经济指标中又忽略了外来人口的经济贡献。

例如，任远（2003）曾分解了户籍人口迁入和流动人口迁入对劳动力市场的作用和对经济增长的贡献。结果表明，从 1980 年到 2000 年间，城市从业劳动力数量增长 97.2% 的原因是常住人口迁移实现的，其中户籍人口迁移占从业劳动力数量增长的 22.5%，流动人口的迁移占劳动力数量增长的 71.7%。改革开放以来，常住人口迁移解释了各年份中 5.7% 的城市 GDP 增长，而其中只有 1.4% 是户籍人口迁移带来的，4.4% 则是由外来流动人口迁移完成的。分时期地看流动人口对经济增长的贡献，可以看到，外来人口迁移对经济增长的贡献从 80 年代的 2.7% 增加到 90 年代的 5.3%，外来流动人口集聚程度逐年加剧，对上海城市 GDP 增长也发挥着越来越大的作用。任远（2004）另一项对上海的研究也发现，流动人口创造的 GDP 总量占城市 GDP 总量的 25% 左右，特别是第二产业约 32.4% 的增加值是由外来人口就业创造的。

流动人口对于上海整体 GDP 的贡献有目共睹，现有的人均 GDP 中却没有将数量巨大的常住外来人口算入 GDP 计算基数中。例如，上海市 2003 年国内生产总值（GDP）6 250.81 亿元，人均国内生产总值为 46 585 元。这个数值是以当年常住户籍人口 1 341.80 万人作为基数得到的，却忽略了常住流动人口对上海经济的贡献。如果考虑上这部分人口共 322 万人，当年实际的人均国内生产总值为 37 562 元。同时，虽然流动人口对城市发展做出了巨大贡献，流动人口却基本被剥夺了第二次分配的权利，城市教育、卫生、社会保障、公共服务等公共物品供给基本以户籍人口为依据，忽视甚至否认外来流动人口的权益。正视流动人口对城市经济的贡献，提供必要的公共福利再分配，本身是城市发展公平性的体现。

第二，随着流动人口在城市长期居留和家庭型迁移的增加，对城市公共服务的需求增加了，需要城市提供以市民化为基础的公共服务。

流动人口大量集聚、在城市的居留时间逐步加强，以及流动人口从个体单身流动向家庭型迁移转变，这些特点提升了对城市公共服务需求的量和需求的丰富性，对城市教育、医疗、卫生、基础设施、住房、环境等公共服务需求日益积累。例如14岁以下外来流动人口比例的提高，意味着大量的流动儿童跟随父母来沪，流动儿童教育问题逐步凸显出来。以初中为主体的流动人口在城市长期就业和发展，也存在一个再教育和继续教育的问题。流动儿童的卫生保健和计划免疫、流动妇女的生殖健康保健和孕期服务、流动人口的医疗服务都随着流动人口长期居留而日益积累，这些因素都现实地或者潜在地加大了对城市公共服务的压力，城市公共管理不得不考虑这些具体和发展的需求。将流动人口排斥在公共服务体系之外，这在流动人口还是少数人的背景下还是可行的。随着人口集聚带来公共服务需求的集聚，城市部门如果仍然不能提供基本的和必需的公共服务，必然带来社会问题和社会矛盾的积累，会进而威胁城市的稳定，破坏城市发展的持续性。

第三，流动人口长期居留改变着人口的生活方式、居住形态和社会互动形态，要求提供公共交往和社会融合的空间。

外来流动人口在上海居留时间越来越长，他们与城市生活发生着更多和更深层次的互动，长期居留造成其日益"内卷"入城市的生活（任远等，2003）。流动人口和本地人异地婚姻的不断增长就是本地人和外地人互动不断加强的一个证明。流动人口的生活方式日益城市化，在青年流动人口群体上表现得更加突出。随着家庭型流入上海，他们也与城市生活各个方面产生更为丰富的联系。

在沪居住时间的延长要求更稳定的居住环境。而且，流动人口开始以家庭方式来沪，则对居住条件的质量提出了更高的要求，这两种趋势相应带来流动人口居住类型的变化。居住在宾馆、招待所、寄宿亲友家中以及居住在宿舍工棚等临时性居住地的流动人口的比例有所下降，相应的则是租赁各种私有或者公有房屋、自购房屋人数比例的大幅度上升。上海外来人口租赁房屋的比例从2000年的63.9%上升到了2003年的73.5%，居住在工棚宿舍的比例已下降为18.8%。租赁房屋成为外来人口最主要的居住形态。

这种向城市生活方式的"内卷化"和居住方式的"社区化"，丰富了流动人口社会交往的内容。到目前为止的流动人口社会交往，主要仍是以血缘和地缘作为联结纽带，以初级群体为基础，具有辐射半径小、规模小以及不规范的特点，不能有效解决流动人口的生活需求，已经越来越不能适应流动人口城市社会生活丰富化的要求。流动人口需要通过自我组织保护自己的权益，并日益加强与所居住的社区的紧密联系和良好整合，发展更为丰富的社会交往网络和社会生活的空间。

第四，流动人口的社会融合与城乡统筹发展和建设和谐社会的主题是一致的，对于破解我国的城乡二元结构，打通城乡通道促进实现真实的城市化具有重要意义。

迄今为止的经济改革，城乡二元结构的体制壁垒是松动了，但城乡二元结构的差距却扩大了。人口流动和城市化无疑是促进城乡发展、缓解城乡二元结构的重要途径。但外来人口不能融入城市体系，不能和城市制度体系相衔接。即使他们在城市有稳定的职业和居住地，仍然不得不游离于城市体系的边缘，成为城市的过客，是城市体系的异质体。钟摆式流动、暂时性流动的结果是"虚假的城市化"。这正是造成表面上城乡壁垒松动，而实质上城乡差距扩大的原因之一，并进而导致流动人口与原流出地和现居住地的双重疏远，使流动人口有流离于城乡体系之外的危险。从历史发展的根本趋势看，破解城乡二元结构就需要从国民经济发展的层面上调节统筹城乡发展，需要让流入城市并能长期稳定居留下来的人口逐步纳入城市就业、社会保障等各项制度体系，使他们和他们的子女能够取得城市的市民待遇，融入城市生活，并在城市得到健全地发展。任何一种"只保一段、不保一生"的想法都不符合现实，相反我们需要鼓励城市移民，要鼓励农村人口完整地进入城市体系，鼓励流动人口在城市的社会融合，与城市原住民同样平等地在城市生活和竞争，只有这样的真实的城市化才是健康的，也才能够发挥统筹城乡发展的作用。

（二）户籍制度与流动人口所面临的各种社会排斥

如前所述，我国的流动人口并不仅仅是一个人口空间变动的概念，究其根本，更是一个城乡二元结构逐步松动下的制度性概念。流动人口作为群体，生存于城市和农村体制的夹缝中，虽然在东部地区这样的一个群体已经有巨大的规模，同时事实上他们中的多数已经长期居住城市，但各种制度安排仍然限制其对城市资源的分享，将其推挤到城市的边缘，并在城市内部也形成了本地人和外来人的二元性结构。他们无法和本地居民获得同样的教育、卫生、医疗、就业、社会保障、职业安全、劳动保护、医疗服务等公共福利。更严重的是，流动人口群体在表达和反映自身权益上几乎丧失话语权，流动人口组织化的发育仍然非常薄弱，也很难在公共决策过程中表达其权益。其在权益维护过程中的弱势地位进一步使其在社会决策和制度安排的社会排斥得到强化。

1. 户籍制度是流动人口社会排斥最为基础性、也是最为根本性的制度安排

由于历史的原因，户籍制度在城乡之间形成了一条人为的身份和待遇鸿沟，城市户口属于一种稀缺的社会资源。在经济和社会的双重转型中，农民虽然作为农村剩余劳动力已从农业转向非农业，由农村转移到城市甚至常住城市，为城市的经济建设做出了很大的贡献，但仍然属于流动人口或暂住人口，在户口统计上仍然属于其家乡的农村人口。

户口不仅增加了农民工在城市生存和发展的成本，同时也因其所内含的不平等因素使得农民工融入城市社会的难度加大。以户籍管理制度和一系列建立在户籍制度之上的制度如教育制度、社会保障制度、医疗制度等构成对流动人口整体性的制度排斥。户籍制度对流动人口的排斥就成为流动人口在流入地社会排斥的根源。现有的城市公共服务都是根据户籍来计算、设置和供给的，因此相对于城市本地户口者，流动人口并不是城市市民，无论他是否在上海长期居住甚至永久居住，由于没有一纸户口本，并不享有市民的一切权利。他们在就业和保障、生活和家庭、教育和发展等方面都因为户籍制度这座无形城墙的存在，遭受到城市社会福利体制的歧视和排斥。

户籍制度同时也阻碍了流动人口群体的向上流动。在社会地位的上升流动的职业渠道、经济渠道、政治渠道、教育渠道、婚姻渠道等各种方式中，城市农民工的地位变迁都受到了户籍制度的障碍（李强，2002）。流动人口从农村进入城市，其社会地位有了显著的上升，但流动人口进入城市以后，因为城市体系总体上是根据户籍身份来分配资源，流动人口则具有极少的机会实现自由流动，而总体处在城市体系的边缘地位。

2. 流动人口面临以排斥性就业为特点的就业歧视，并缺乏劳动权益保障的机制

在就业方面，流动人口面临排斥性就业为特点的就业市场歧视。国家对农村劳动力入城做出规定，凡到外地寻找职业的民工，需得到当地政府批准，并得到接受地颁发的许可证。面对大规模的流动人口和不断加剧的城市再就业压力，流入地城市也纷纷采用了一些限制外来流动人口就业的做法，如清退外来劳动力，腾出就业岗位，为城镇下岗职工的再就业创造条件；加强对企业的用工检查，规定只有非长年性工作岗位才能招用临时工；采用经济手段限制招用外来工，以及对行业、职业、工种等进行严格限制。在就业整个过程中对流动人口也缺乏相应的指导，例如缺乏就业培训，缺乏失业以后的就业指导。城市对本地失业人口的就业服务和保障服务与流动人口显著不同。城市的劳动保障部门和最低生活救助部门往往是以本地人口为主。这样当流动人口失业没有工作以后，他们往往也并不回到流出地的农村，城市的就业服务和保障体系也无法提供必要的生活支持，这样造成部分没有就业岗位的流动人口铤而走险，或者从事地下甚至非法的活动例如卖淫、盗窃等，造成社会治安的不稳定。

流动人口的职业地位较低，多数流动人口从事着脏、累、差的工作。同时流动人口缺乏相应的劳动保障。多数流动人口就业并没有与企业签订必要的劳动合同，使其经济活动具有相当大的非正规性质。无论流动人口在正规部门，还是在非正规部门，绝大多数的流动人口就业都非正规化了。这种情况下建立的劳动关系既不能提供必要的劳动保护，也不能通过政府来规范管理，尤其是外来工的合法权益更容易受到侵犯。

在目前的劳动力市场上，雇主处于比较有利、拥有绝对权力、强势的地位，而城市流动人口处于不利、无权、弱势的地位。这使得劳方与资方之间经济契约关系明显的不平衡，劳方的合法权益，如工资、待遇、劳动条件等得不到应有的保障。这样，流动人口的合法权益受到侵害就成为一种普遍性的现象。例如用人单位或老板变相收取押金；扣押身份证、暂住证；拒绝签订劳动合同或在合同上写上有损职工合法权益的条款（典型的是工伤损害概不负责之类的内容）；拒绝给受伤职工支付医疗费及随意解雇因工伤残的职工；随意解除劳动合同或以解雇相威胁；解除劳动合同不支付补偿费；超负荷加班不付加班费；无故或借故拖欠和克扣工资。

流动人口每周工作时间多于城镇常住人口。流动人口每周工作时间超过50个小时以上的占56.9%，工作在40~49个小时的为37.6%。相比之下，城镇常住人口每周工作40~49个小时的占78.6%，高于流动人口41个百分点。工作50个小时以上的占17.8%，低于流动人口39个百分点。我们在上海的研究也说明流动人口在高温潮湿的环境下就业的人口比重为35.8%，每周工作天数超过5天的占72.5%，不能够按时发工资的比重占12.6%，与同企业的正式职工相比，城市流动人口在工资、奖金、节假日、医疗和抚恤等社会保障方面总体上处于一种待遇十分低下的地位，他们也不能像正式职工那样累计工资，不能评定职称等级，几乎无资格参加各类培训，并没有晋升的机会等。流动人口的劳动权益保护状况非常恶劣。

拖欠农民工工资是流动人口劳动权益缺乏保障的典型例子。拖欠工资完全是违反市场经济等价交换的现象，该问题突出地表现在农民工群体中，不仅说明我国市场经济的体制建设还严重发育不足，在劳动力市场的监管、企业管理、企业信用体系建设和法律法规建设等方面，与完善的市场经济体制有很大差距。更说明城市的就业管理体系，劳动者社会保护体系并不能适应大量外来人口进城务工、就业和生活的需求。外来农民工也缺乏必要的劳动权益保护。因此，农民也只能依靠跳楼、上吊和上访等非制度化手段解决这些问题。农民工拖欠工资，作为冰山一角，反映出城市外来人口群体在劳动力市场和城市制度体系中生存状态的极端恶化，而在日益活性化的城乡劳动力市场中，需要努力将农民工和外来流动人口群体制度化地纳入城市劳动力市场体系。

3. 流动人口社会保障水平极低，基本被排斥在养老医疗社会保障的覆盖之外

社会保障是社会经济发展的"安全网"、"稳定器"，城市社会保障却存在一种"同一环境，两种待遇"的局面。现行的社会保障主要针对城镇就业人员，忽略了流动人口。城市社会保障体系覆盖的主要是国有企业职工，国家机关失业单位职工和参照国有企业办法实行保障的城市集体企业职工，内容主要包括医疗保险、养老保险、失业保险以及其他工伤、生育等保险和社会救济补助等。在一般单位招工时，必须为招聘的本市户籍人口缴纳养老保险、医疗保险、失业保险甚至住房公积金。但这些单位如果招用外来流动人口，就可以不交这些保险金。在一些城市如上海，流动人口可以参加外来人口综合保险，但这是商业运作的保险，没有政府法定的强制性，雇主也有倾向选择逃避为流动人口缴纳保险。上海市2001年11月1日起实施的《城镇生育保险办法》规定，具有上海市城镇户籍的妇女，可以享受生育生活津贴和生育医疗费补贴两项待遇，外来流动妇女和农村户妇女则不能享受。我们对上海的研究发现，流动人口办理了综合保险的比重只有9.9%，医药费由自己承担的占85.4%。城市人所享有的养老、医疗、失业保险、最低生活保障等都与流动人口无关，外来流动人口基本上被排除在社会保障体制的覆盖之外，增加了他们在城市生活的风险，并严重地损害了社会公正。

4. 流动人口子女的教育排斥问题已经越来越引起人们的关注

14岁以下外来流动人口比例的提高意味着大量的流动儿童跟随父母来沪，流动儿童教育问题逐步凸显出来。教育资源是按照地区户籍人口的数量设置的，很多流动儿童不能利用城市教育资源接受义务教育。进入上海本地学校接受教育则意味着高额的借读费，大部分流动人口家庭根本无力承担，只能退而求其次选择了民工子弟学校求学。调查说明流动人口在民工子弟学校上学的比重占48%，到了上学的年龄还没有入学的比重占11.8%。民工学校的教学设施、教学内容和教学条件是低水平的，有的地方就是工厂中借一个房间就是教室，对于儿童的教育成长有很大的约束。

流动儿童的家长整日忙于打工挣钱，也没有时间和精力过问孩子的学习，家庭教育基本处于空白的状态。一些家长虽然非常关心孩子，但是他们每天起早摸黑地工作，本身文化教育程度不高，对于子女的教育和辅导几乎起不到什么作用。流动儿童面临着学校教育和家庭教育的双重缺失，一些失学儿童过早走上了打工道路，成为城市里的"流动童工"。教育是流动人口摆脱贫困最有效的办法，流动儿童教育发展权的弱化、流动儿童义务教育权利不能得到有效保障带来的是更为严重的流动人口的长期贫困和代际贫困难题。

5. 流动人口在城市面临文化上的歧视，进一步强化了城乡差别

文化的排斥主要通过城市市民对流动人口的身份歧视和排外观念表现出来，即祸水论。他们认为自己是城市的主人，而外来人口是后来者，是没有本市户籍的"二等公民"。他们认为流动人口带来了城市住房紧张、交通的拥挤等城市资源的紧张和社会治安恶化，违法犯罪，从而滋生和加剧城市病；价格低廉且能吃苦耐劳的外来人口占据了他们的就业岗位，抢了他们的饭碗；甚至认为年轻体健的外来妹与本地男子结婚掠夺了本地女子寻求配偶的社会资源；等等。社会舆论和媒体不适当地传播了这些不正确的观念，甚至这些观念也反映在政府决策者的思路中，阻碍了流动人口获得与本地居民一致的国民待遇。

国内学者大多从偏见和歧视来研究流动人口的文化排斥。李强通过对北京地区70多个农民工的访谈，多数农民工觉得"被人家看不起"和"受歧视"是最难以忍受的，物质上的、生活上的艰苦倒在其次。这些文化歧视包括语言轻蔑、有意回避，乃至人格侮辱。进城农民工日常生活及社会交往中所受到的歧视，直接伤害了他们的人格和自尊。在城市体制没有根本改革的情况下，长期生活在城市"福利城堡"中的市民，在天然的而不是通过努力获得的社会资源与竞争方面占据着优势，形成"一等公民"的身份优势意识。"一等公民"心态实际上已内化为一种城市的市民性格，许多有偏见或歧视行为的市民，他们按照几十年来演化的"刻板印象"来判断事物，将农民工视作"外来人"。即使农民脱离了土地，也还无法脱离其农民身份，仍然将其称为"农民企业家"、"农民工"。这种强化在文化上带来极大的恶果，使农民具有"种姓化"的危险。这种文化差异，使流动人口在心理上拉开与城市的距离，从而逐渐远离主流社会，与主流社会断裂开来，造成社会分裂。

6. 流动人口缺乏利益诉求和权益维护机制

流动人口社会排斥的强化固然与既得利益群体不愿意改变现有利益格局有关，同时也与城市农民工群体缺乏话语权，难以表达自身的利益，以及难以参与决策和影响公共政策。流动人口并不受工会保护。法律援助显得苍白无力，虽然损害流动人口劳动权益普遍性地发生，但法律援助、劳动仲裁都没有及时发挥应有的作用。同时，流动人口没有形成任何可依托的现代意义上的自治社团，没有代表他们的合法民意代表，缺乏充当利益表达的工具，各级人代会或政协都没有代表城市流动人口的代表或委员，城市流动人口若自行成立组织，往往未经成立即遭取缔。由于没有自己的组织，也没有联系政府决策部门的有效的制度化通道，堵塞了流动人口利益诉求和权益维护的能力。

由于流动人口正当合法权益难以得到保障，利益诉求渠道的不畅通，当他们的合法权益受到侵害时，只有依靠以亲缘、地缘关系组成的民间组织的社会力量来表达其利益诉求，往往引发采取较为过激的方法解决矛盾。因此城市体系对流动人口的社会排斥和缺乏权益维护的机制，可能引发流动人口的自我维权，所有这些又可能导致社会的不稳定。

世界各国的城市化过程都是农村人口进入城市成为产业工人，但在中国存在独特的户籍管理制度，也产生了"流动人口"这一特殊性的群体。这一群体在城市和农村的夹缝中生存和发展，并不断壮大。由于制度性的壁垒被城市体系所排斥，其社会权益难以得到必要的表达，难以得到有效地维护，造成这一群体生存的弱势化，并必将对城市的健康发展产生阻碍。

（三）促进流动人口社会融合的基本思路

目前的城市流动人口管理的体制框架，是20世纪90年代中期逐步建立的以应付性和防御性管理为目的的制度体系。这一体系已经在20世纪末和21世纪初开始出现从限制到容忍的良性变化，但结合当前流动人口集聚的总体形势，为了更好地统筹城乡发展，不可避免需要进一步触及城市外来人口和城市管理体制不兼容这个内核。流动人口管理要从应付转向自觉，探索建立长治久安的城市人口管理体制，就需要构造外来人口进入城市的桥梁，逐步促进流动人口融入都市，实现社会融合。这个过程包括3个基本方面。

1. 推进户籍体制及有关公共福利制度改革，逐步为流动人口在城市体系内生活、就业发展塑造制度性接纳的环境

以户籍制度为依托的流动人口管理制度，以及一系列与户口相关的教育制度、医疗制度、社会保障和社会福利制度对流动人口的排斥，限制了流动人口从"体制外"进入"体制内"的路径。对此学术界已基本形成共识。农民工在城市体系的制度化生存问题不解决，流动人口就只能是城市的过客，难以融入所在的城市。因此，流动人口社会融合首先是加强制度融合，需要地方城市政府逐步向流动人口开放，提供平等化和制度化的公共物品和公共服务。

户籍制度改革是相关制度改革的突破口。现在的户籍管理的基础仍然是20世纪50年代末期的城乡分割的体制，以及80年代末到90年代初逐步建立的流动人口暂住城市的管理框架，不能适应流动人口事实上长期居住城市的现实。成为流动人口在城市生活中一系列社会排斥的基础性制度。因此，随着城乡迁移和人口流动发展到了一个新的历史阶段，从21世纪初我国的户籍制度受到越来越多的争议，迫切需要推进城乡户籍体制和相应的公共福利体制改革。与户籍制度相联系的就业、卫生、教育的等公共福利职业，也是与90年代初的人口流动格局相适应的，更多是一种防止外来人口对本地人口产生冲击的制度，这样的制度体系虽然各个系统都涉及流动人口，但对流动人口其实并没有具体管理的策略,更谈不上服务的策略,在流动人口大量集聚的背景下也显然不能适应。

户籍改革的目标是从城乡隔离的户籍制度向城乡一体化的户口登记制度转变,从审核体制过渡到登记体制,实现居住地管理。流动人口的流动性比较强,对其进行居住地管理是比较困难的,而户籍改革的根本困难并不在于确定一个城乡统一的居住地登记体制,而是在于户籍制度其实是和一系列制度安排和社会福利体系联系在一起。城市人口因为其所拥有的城市户籍,享受相对较高的教育、卫生、医疗、就业和社会保障等社会福利。取消户口界限后,城市公共服务体系难以骤然承受对外来人口公共服务需求的压力。城市政府对福利产品的供给能力总体上是相对不足的,会是对流动人口进行体制化改革碰到的重要障碍。

户籍改革的改革,在我国也有不少的实践,一步到位的改革和换汤不换药的改革似乎都难以实现最终的改革目标。这些成功或者失败的经验告诉我们,流动人口制度准入的改革难以一步到位,同时流动人口进入城市和在城市长期居留也是一个逐步融入、分梯度沉淀的过程。在城乡迁移和人口流动达到一个新的阶段的今天,城乡户籍制度迫切需要改革。而其改革的成功则需要探索务实性、有策略的过渡方案。

第一,根据流动人口在城市长期居留的行为模式,分阶段地推行户籍制度改革。研究表明,流动人口进入城市以后的居留模式表现出逐步滞留的过程。笔者最近对上海外来人口的研究表明,一个外来人口进入城市后,第一年内会有约 50% 的人口滞留下来,而到了第二年大约剩下 35% 的人口滞留下来,这批人口逐步沉淀,也不断有人选择离开。到了 10 年左右,大约有 10% 的人口滞留下来,而且数据表明 10 年以后这 10% 的人口基本上会稳定滞留在城市中。流动人口进入城市体系,是逐步滞留逐步沉淀的,因此,需要根据流动人口在城市居留的时期和阶段,逐步地推动户籍制度的改革。具体来说,可以把流动人口分成不同的层次,对短期居住城市的外来人口可以采取一定的政策,对居住 3~5 年的则可以增加其享受的社会福利,可以建议对居住 10 年以上的外来人口基本就应该具有本地户籍,并具有本地居民的相应福利,应该根据流动人口在城市居留时间的长短提供差别性的户籍制度和社会福利制度。这样随着流动人口在城市居留的时间越长,越可以通过分层次递进的方式使其逐步整合进入到城市体系中。

第二,可以根据流动人口不同群体的特征,差别性的推进户籍制度和相关福利制度的改革。我们可以把外来人口分成不同的人口群体,其中具有长期居留倾向甚至是永久居留倾向的包括这样一些群体,异地婚姻者、购买住房者、投资创业者和一些高素质、高技术能力的外来人才。这部分人口具有较高的移民和定居倾向，同时这部分群体对城市户籍安排和公共服务体系的需求也相对更加强烈。因此，户籍改革可以首先满足这部分群体的需求，首先对这些群体放开户籍，并逐步将户籍体制的改革成果扩大延伸到其他人口群体。

第三，可根据外来人口的具体需求，有针对性地和逐步地向外来人口群体放开有关制度体系。例如现在已经探索对流动人口子女教育体制的放开，另外一些迫切的改革是逐步对城市工业部门的集体户普遍性地推进综合保险，对工厂的外来人口劳动者建立工会体系，并尽快建立面向农民工和其他外来人口群体的大病或疾病住院保障，等等。可以根据流动人口面临的最迫切需求来推动制度改革，使流动人口逐步内化于城市的制度体系，使其逐步地融入城市社会。

2004年年底在上海开始试行的居住证制度在设计理念上有很多成功的地方。该制度努力将人口管理拓展到包括流动人口的上海所有人口。持有居住证的居民可以参加外来从业人员综合保险或者其他社会保险并享受相关待遇；可以为其子女申请在上海市接受义务教育；可以参加上海市的各种资格考试；可以免费享受国家规定的基本项目的计划生育技术服务，其子女可以享受上海计划免疫等传染病防治服务等各项待遇。相比以前的外来人口暂住证制度，居住证制度根本上实现了从应付性的"暂住"到长治久安的"居住"的转变，是促进流动人口制度融合重要的创新。同时，暂住证制度对流动人口而言只是提供了一种身份证明，居住证制度则进一步增加了制度融合理念，一些公共物品供给和公共服务的制度设计被附加到这一制度的实施中。我们认为通过这种渐进务实的流动人口管理体制改革，外来流动人口会逐步融化到城市制度体系内，最终实现外来人口成为城市人口，实现真实的城市化，并为城乡统筹发展和城乡协调发展创造可互通的路径。

因此，对外来人口户籍改革和依托户籍的各种公共福利体制改革应该采取一种弹性化、差别性的政策，并基于这样一系列的制度改革，为流动人口群体在城市的社会融入和利益维护提供制度化的保障。

2. 促进流动人口社会组织和社会网络的发展，提高流动人口实现自我权益保护和获得社会支持的能力

流动人口在城市生活的时间越来越长，他们与城市体系则发生更多和更深层次的互动。对他们而言，走出农村、步入城市带来的是原有社会网络体系的部分断裂和缺失，他们需要在城市中重新建立起新的社会交往体系。流动劳动力处于一种长期的动态过程中，他们面临着经济成本、就业歧视、体制排斥等一系列无形的屏障。对一些长期的已经定式化的屏障的突破，单单依靠单个流动人口自身的力量，最终结果只能是螳臂当车。因此，流动人口的利益诉求和权益维护，需要借助媒体的报道、专家的呼吁，更主要的是需要社会群体得到组织化地发育，并通过社会组织的社会行动来表达利益、争取权益，乃至参与相关公共决策。随着流动人口和城市的交流不断发展，流动人口的社会互动网络也将不断扩展，流动人口组织化程度将越来越高，并逐步通过自我服务和自我管理加强对群体利益的维护。

到目前为止的流动人口社会互动，主要仍是以血缘和地缘作为联结纽带。对流动人口就业和社会支持的不少研究表明，流动人口打工并不是随意性的行动，而是由在沪同乡或者亲戚引导、获知就业信息，通过同乡的方式滚动发展的。以血缘和地缘为基础的流动人口互动的另一个例子就是外来流动人口聚居地的出现。流动人口往往以同乡、同族的关系选择就近居住，"滚雪球"般自发地聚集于一地。北京的"浙江村"、"新疆村"以及南方其他城市由大批流动人口滋生形成的流动村落都同出一辙。在上海市，这种现象就表现为流动人口聚集的"安徽村"、"四川村"，等等。

以血缘和地缘为基础的互动是一种低水平的互动，随着流动人口和城市生活的日益紧密联系，流动人口的社会组织和社会结构也开始走上多样化、多层次发展的道路，流动人口中开始出现一些核心凝聚力更强的互动。这种高层次的互动形式主要表现为流动人口活动的组织化和自治倾向。

一是外部力量给予流动人口的组织性。在流动人口居住比较集中的街道和社区，外来流动人口正逐渐被纳入社区的服务范围，社区的基层结构中出现了专门针对农民工的组织机构对流动人口进行管理和引导。一些城市基层社区成立了专门的流动人口管理小组。一些城市也开始尝试逐步吸纳外来人口进入工会。这些机构对于流动人口的公共服务、维权和社会接纳起到了重要作用，正逐渐成为流动人口融入城市体系的重要组织化力量。

二是流动人口自发形成的组织性。任何一个行业都有属于自己的行业协会和工会，流动人口中也开始出现"外来妹之家"、"民工工会"、"民工协会"等。在流动人口中开始出现一些以同行当为纽带的流动人口社团。例如，在装卸搬运业和拾荒收旧业中，流动人口自发地组织起了一些小规模的组织，形成了固定的劳力价格和链条式的工作方式。长期在某一街段摆摊设点的流动外来摊贩也表现出一定的有组织性，他们对于每个人的小摊经营地点都有一些不成文规定，并将其长期化的固定，有时甚至共同通风报信对付城管的检查。一些通过投资开业或者自我雇佣走上了成功之路的流动人口小老板，开始组织起一些同业协会，在资金融通、生活服务和公共关系等方面进行互助。

可以说无论政府支持或者限制，由于流动人口群体自我服务和利益维护的内在需求，流动人口组织的发育不可避免地在发展。这些组织可能很大程度上还是非正式组织的形式。但政府正式组织缺位，非正式组织乃至具有黑社会性质的组织就会取而代之，这将更加不利于社会的稳定。

这样一些流动人口社会互助组织的出现，为城市社会体系的发育和公共生活空间的不断扩大带来了许多新的内容，也在很大程度上能够加强对流动人口的利益诉求和权益维护。从另一个角度来说，政府直接掌握分散个体的需求，直接面对个人进行管理是高成本的，而各个个体对庞大国家机器进行利益表达也是困难的。流动人口组织的发育，有助于增强群体自我管理的能力，也有助于流动人口群体有城市体系进行集体谈判的力量。假如存在流动人口的工会，流动人口罢工对城市的正常运转带来的压力是不可想象的。因此流动人口组织化以后，就具有流动人口寻求利益表达和权益维护的渠道，使他们能够通过"逼迫"政府部门来实现自身利益。在相关的政府决策中也有可能避免被边缘化，而有可能得到必要的政府关注。流动人口社会组织的发展，有利于群体利益的维护，必将促进民主的发展，对城市社会治理格局的形成也是有积极意义的。

3. 探索属地化社区管理加强对流动人口管理和服务，通过社区公共平台建设促进流动人口更好地实现与城市体系的融合

随着流动人口居留时间的延长，流动人口生活空间逐步从集体工棚转向常态居住的社区，生活内容逐步丰富。流动人口之间、流动人口和社区居民之间的社会交往和互动不断增强，需要加强社区公共服务，引导流动人口和城市居民的社区融合。

加强流动人口的社区公共平台建设，无论对于城市管理还是流动人口群体的社会融入都具有积极的意义，具体来说可以包括以下几方面内容。

第一，实现属地化管理，实行"人住哪里，哪里负责"的原则，有效地解决流动人口动态性给管理带来的困难。通过属地管理实现动态控制和全面覆盖，将人口在社区层面上进行有效登记和管理，通过社区网格及时了解流动人口状况，包括流动人口基本信息登记、证件发放、核查以及收取管理费。及时掌握流动人口的性别、年龄、文化程度、婚姻家庭、职业信息。

第二，能够使各个部门形成信息共享，房屋出租管理、治安维护、市容市貌维护、卫生防疫、计划生育等具有综合执法功能的部门可以对流动人口形成管理和服务的合力。例如当流动人口在本社区居住，公安系统能及时了解流动人口的信息，这一人口信息库也能为工商部门、卫生部门和计划生育部门提供有效信息，能及时做好相应的计划生育管理和生殖健康服务、卫生免疫和保健等。

第三，加强社区对流动人口的服务。主要包括教育、宣传、服务、保障4个方面。依托社区服务中心、社区卫生服务点、阅览室、劳务中介所、法律咨询站、派出所、托幼、计生站等管理及配套服务设施，为流动人口提供服务。社区成立流动人口学习培训基地，为其提供包括科学文化知识、法律常识、家政服务以及其他专业知识等内容在内的培训和学习机会，提高他们的科学文化素质。用板报、知识竞赛、夜校等多种形式，加强对流动人口的法制教育，使他们认识上海、了解文明和现代化。利用社区内外的有效资源，为流动人口提供必要的服务，包括职业介绍、人身保险、医疗健康、法律咨询以及婚姻、家庭和财产关系调节等，能够直接地满足流动人口需求。通过邻里的互助和志愿服务，为社区的流动人口，特别是流动人口中的贫困人口提供社会支持。从而鼓励形成一种开放性和具有融合精神的市民文化，这种文化和现代都市的文化精神也是一致的。

第四，加强社会参与和社会整合。强调流动人口参与社区服务和社区管理，增强社区意识，促进社区融合。并培养相对一致的认同感和归属感，也是社区整合的过程。社区管理本身是针对单位化管理和防范性管理而言，强调促进流动人口更好地与社区生活相结合，通过构造社区公共生活平台使流动人口更好地与所在社区密切联系。社区管理变被动式管理为主动型参与型管理，从而扩大了管理的覆盖面，提高被管理者的积极性和自治性。由于流动人口缺乏制度化的体制保护，其社区公共生活空间的发育对他们城市生活状况的影响显得更加重要。而流动人口也在这种对社区生活的积极参与过程中，重构自己的社会关系网络，提升其社会资本，增强社区意识和归属感，而这些因素对其融入城市是社会具有突出重要的意义。流动人口对城市认同感是从对社区的归属感中发展出来的，流动人口在基层社区与城市社会相整合的过程，是社区公共生活发育的需要，也是流动人口融入城市的有机过程。

总之，流动人口已经成为城市化与城乡移民过程的重要途径，成为城市发展不可缺少的组成部分，他们将作为一个群体长期生活于城市并参与城市中几乎所有的活动。不能把这些流动人口特别是已经长期居留的流动人口看作是城市发展过程中的匆匆的过客，而应该更加公正、宽容地接受他们，合理评价和反馈他们对城市发展的贡献，加强梳理和引导，促进流动人口融入城市生活。

改革开放以来的30多年来，我们对城市流动人口管理在不断发生着政策的调整。在过去一段时期内，我们更多的是采取一种限制和管制的思路。是从限制走向排斥，然后走向对抗；还是从限制走向容忍，再走向融合？我们现在正走在这个路径分野的路口。对流动人口的简单应付和防御已经不能适应城市管理的需要，城市部门应适应人口流动的新形势、适应统筹城乡发展的要求，转向构筑长治久安的流动人口管理体制。逐步建立以融合为导向的社会政策，为流动人口在城市体系内制度化生存找到出路，才能真正为统筹城乡关系、消除城乡二元结构找到出路，也才能真正有利于我国和谐社会的构建。

三、城市户籍制度改革与流动人口社会融合

户籍制度是城乡二元结构的基础性制度,是阻碍流动人口实现社会融合的主要制度性障碍。本章分析了户籍制度对流动人口公共服务和社会福利所造成的歧视性排斥,回顾了改革开放以来城市户籍制度的改革和探索,并对当前推动城市户籍改革、促进流动人口社会融合提出对策思路。

(一) 户籍制度是制约城市流动人口社会融合的基础性制度

户籍制度是我国城乡社会管理的基础性制度和载体性制度,各项公共服务和社会福利制度安排嵌套在户籍制度基础上建立起来,并因此形成城乡二元结构的制度安排。在城乡社会福利差别不大的情况下,户籍制度对城乡关系失衡影响并不显著。但改革开放以来,特别是 20 世纪 80 年代以来,随着城乡发展水平和公共财政水平的差异日益扩大,户籍制度所形成的城乡差距和城乡壁垒也日益强化。户籍制度和附属在其之上的社会福利体制则日益对城乡差异扩大化产生重要影响,并限制了劳动力自由流动和推进城市化。

80 年代以来城乡壁垒有所松动,允许农村剩余劳动力到城市地区务工经商。1984 年 10 月,国务院发出《国务院关于农民进入集镇落户问题的通知》,提出各级人民政府应积极支持有经营能力和有技术专长的农民进入集镇经营工商业,允许农民自理口粮进城务工、经商、办服务业①。暂住证改革一方面是对大量农村剩余劳动力进入城市的一种适应性改革,另一方面也进一步推动了人口城乡迁移的过程。在此以后,城乡人口迁移和流动得到迅速发展,从 1985 年的 800 万人口左右,增长到目前的 1.5 亿人口左右。应该看到暂住证改革还没有触及户籍改革,但由于户籍制度所带来的城市问题则已经开始表现出来。城市的户籍体制并不接纳这些暂住的外来人口,因此在城市地区也形成了具有当地户籍的本地人和没有当地户籍的流动人口的区分,在城市内部划分出二元结构,并从制度排斥上限制了流动人口融入城市体系。

我们发现,正是因为户籍制度和在此基础上建立的就业制度、教育制度、社会保障制度,等等,形成了城乡之间的壁垒和城市内部的壁垒,使流动人口难以均等化地获得城市发展所带来的经济和社会效益,形成对流动人口融入城市的制度排斥,限制了在城市地区的外来移民融入当地社会(见表 6-3)。

---

① 国发〔1984〕141 号. 国务院关于农民进入集镇落户问题的通知.

表 6-3　　　　　　　上海市城市户籍人口与流动人口差异性的社会福利

	城市人口	流动人口
就业制度	—就业行业和职业不受限制； —就业弱势群体能够得到当地政府的就业促进、培训和就业帮扶服务； —普遍得到良好的劳动关系和劳动权益保护	—不能进入上海市规定的 C 类行业和从事近 20 个工种；[1] —除某些紧缺急需的专业性职位，不能报考上海市地方和国家公务员；[2] —几乎不能应聘中小学等事业单位；[3] —难以得到政府关于促进就业的培训、职业介绍、就业监管等； —主要集中在个体和社区的非正规部门就业；在正规部门中的非正规就业比较普遍； —劳动时间长，单位时间的劳动报酬比本地劳动力少[4]
教育制度	—普遍的 9 年义务教育； —中考高考不受限制，高等教育招生对本地户口有名额上的偏重	—流动人口子女进入公办学校需要一定条件，须在借读学校完成本区域的招生计划，并有空余名额； —流动人口符合《居住证》制度的条件才可享受免除借读费； —流动人口须缴纳借读费，上海小学和初中借读费的标准分别为每生每学期 500 元和 800 元；[5] —一些流动人口子女只能就读民工子弟学校或辍学； —上海市在 2008 年放宽了非户籍人口中考的报名条件，但普通流动人口还很难满足相应条件，多数需要回户籍所在地进行中考； —对流动人口子女高考报名条件的限制基本上没有放开，只有"父母双方随工作单位长期在沪工作且该单位是经市人民政府批准属照顾范围"的考生才能报名高考[6]
养老保险制度	—城镇职工基本医疗保险	—上海市外来人员综合保险[7]
医疗保险制度	—城镇职工基本医疗保险	—上海市外来人员综合保险，综合保险的统筹基金支付医疗费标准低于城镇医保[8]

续表

	城市人口	流动人口
失业保险制度	—领取上海市失业保险金失业后可以得到劳动部门推荐的工作或者参加政府组织的实习计划	—非上海市城镇常住户口不能领取失业保险金;[9] —失业以后难以享受政府组织的各种培训
最低生活保障制度	—享受上海市最低生活保障待遇; —各种社会救助制度	—不能享受上海市最低生活保障待遇[10]
住房保障制度	—缴存公积金; —符合条件的市民有资格申请廉租房和经济适用房	—非上海市城镇常住户籍人员或没有人才《居住证》的流动人口不能缴存住房公积金;[11] —不是本地常住户籍人员不能申请廉租房和经济适用房[12]

资料来源:

[1] 上海市劳动局.《上海市单位使用和聘用外地劳动力分类管理办法》.1995.

[2] 上海市人事局.《上海市人事局关于印发〈上海市国家公务员考试录用试行意见〉的通知》.2002.

[3] 上海市静安区人民政府《2008年静安区部分事业单位公开招聘工作人员公告》.2008.

[4] 高慧,周海旺.中国城市外来与本地劳动力的就业对比研究——以上海市为例 [J].市场与人口分析,2007 (4).

[5] 高慧.中国流动人口子女教育问题研究 [J].当代青年研究,2006 (11).

[6] 上海教育考试院.《上海市2008年普通高校招生考试报名实施办法》.http://www.sheea.cn.

[7] 上海市人民政府.《上海市外来从业人员综合保险暂行办法》.2002.

[8] 上海市人民政府.《上海市失业保险办法》.1999.

[9] 上海市人民政府.《上海市社会救助办法》.1996.

[10] 上海市人大常委会.《上海市住房公积金管理若干规定》.2005.

[11] 上海市房屋土地资源管理局.《上海市城镇廉租住房实施意见(试行)》.2001.

在表6-3中以上海为例,通过对有关政府部门相关政府文件的梳理,说明户籍制度所关联的各种制度安排,说明本地人口和流动人口之间社会福利的差异性。

正因为一系列社会福利体制嵌套在户籍制度之上,因此城市外来人口由于没有当地户籍,在各项公共服务和社会福利安排上面临制度的排斥。城市部门所担心的是,开放城市户籍制度,会导致对城市教育、就业、社会保障等公共政策支出的大幅增长,加大城市政府的财政压力。并且在具有大量移民的中国东部地区，由于大量移民推动地区经济发展，进一步提高了当地人口的公共服务和社会福利书评，并造成城市中的二元分化和社会差异日益扩大。在城市化过程中本地户籍上所附加的社会福利待遇不断提高，并转而使户籍改革日益"积重难返"。当城乡人口迁移的不断扩大和城市内部户籍改革滞后所形成的福利差距扩大化，使城市内部发展不平衡性日益扩大，城市户籍改革成为不得不改而又非常难以改革的两难选择。

（二）改革开放以来我国城市户籍改革的实践和探索

在人口城乡迁移和城市化过程的推动下，户籍制度必将发生持续的改革。事实上，在城乡移民的不断发展过程中，城市户籍制度的改革一直没有止步。中央政府和城市地方政府不断在进行着城市户籍体制改革的探索。如果对这一过程进行总结，可分为两个阶段：小城镇户籍制度改革阶段、大城市户籍制度改革阶段。

1. 小城镇户籍制度改革阶段

随着农村经济体制改革，大量农民就近进入集镇务工经商，带动了乡镇企业的蓬勃发展，促进了乡镇商业经济的初步繁荣。鉴于这样的事实，国务院发出了《国务院关于农民进入集镇落户问题的通知》，允许在集镇有固定住所、有经营能力，或在乡镇企事业单位长期务工的农民落常住户口，并要求当地公安为他们及时办理入户手续，发给《自理口粮户口簿》，统计为非农业人口。自此，我国的户口登记制度上出现了既非农村户口又非城镇户口的"自理口粮户口"。它不同于以往的城市商品粮户口，享受不了城市户口所带来的很多权益，是一种介于城市和农村之间的折中户口。

"自理口粮"政策出台后不久，各地农民开始陆续办理自理口粮户口。1990年全国自理口粮人口428万人，1993年上升到470万人，经历了初期快速增长后，增长缓慢，甚至部分地区出现自理口粮人口下降的现象[①]。1992年8月，公安部发出了《关于实行当地有效城镇居民户口的通知》征求意见稿，决定实行当地有效城镇户口制度。随后，各省先后在本地区试行"有效城镇居民户口"，即"蓝印户口"。它又是一种折中的户口，介于正式户口和暂住户口之间，其所有人基本上可以享受正式户口所带来的权益。由于附属权益增加，"蓝印户口"的吸引力较之前的自理口粮户口大为增加，并带来了一股各地以集资为由向社会公开出售这种户口的热潮。

[①] 中华人民共和国全国分县市人口统计资料（1990年度与1993年度）．北京：群众出版社，1991，1993．

1997年6月，国务院批转了公安部《小城镇户籍管理制度改革试点方案》和《完善农村户籍管理制度意见的通知》，实施小城镇户籍制度改革试点方案。方案要求，对在小城镇落户的人员，各地方、各部门均不得收取城镇增容费或者类似增容费的费用。2000年6月，中共中央、国务院颁布《关于促进小城镇健康发展的若干意见》；2001年3月，国务院批转公安部《关于推进小城镇户籍管理制度改革的意见》。该《意见》意在深化小城镇户籍制度改革，继续推进小城镇的健康发展。在1997年方案的基础上还规定了对进镇落户的农民，可根据本人意愿，保留其承包土地经营权，并允许依法有偿转让。较20世纪80年代实行的自理口粮政策，90年代及21世纪试行的蓝印户口等一系列小城镇户口改革制度无疑对农村人口进入城镇落户的条件大为放宽。

小城镇户籍制度改革是推进中国城镇化道路的重要一步，也是促进流动人口社会融合的重要举措。小城镇户籍改革的实质是承认大批在小城镇工作、生活的人口，他们的身份已经不是农民，其目的应该是方便人口管理。然而，从政策实施的结果来看，效果与制定政策的初衷却有一定差距，农民对城镇户口的热情远没有预想中的那么大。不可否认，小城镇户口制度基本上是随着小城镇户口对农民吸引力逐渐减弱而逐步放开的（朱宝树，2004）。小城镇户籍制度改革一方面表现为对农民进入小城镇的限制逐步放松，另一方面表现为城镇户口所附属的权益逐渐淡化。

2. 大城市户籍制度改革阶段

随着小城镇户籍制度改革不断深化和大城市中外来人口数量的逐步增多，从21世纪初开始，大城市户籍制度改革拉开了帷幕。

2001年11月，郑州市发布了《郑州市人民政府关于进一步完善和落实户籍制度改革政策的通知》，这标志着河南省郑州市率先开始了大城市户籍制度改革。通知对七类人群的城市落户放宽了条件，包括亲属投靠、新生儿入户、购房入户、投资纳税入户、工作入户、大中专院校毕业生入户、成建制入户[①]。随后，2003年8月21日，郑州市政府出台了《郑州市人民政府关于户籍管理制度改革的通知》，进一步深化了户籍制度改革。它在上一个文件的基础上，取消现行"农业户口"、"暂住户口"、"小城镇户口"、"非农业户口"二元户口性质，实行"一元制"户口管理模式，统称为"郑州居民户口"。此外，该文件对购房入户和大中专院校毕业生入户上又进一步降低了门槛，规定：凡在本市辖区内购买住房的外省市公民，凭房屋产权证明即可办理本人及其直系亲属的迁郑户口、凡具有中等专业技术学校（含技工学校）以上文凭的毕业生，到郑州市人才中

---

① 郑州市人民政府.郑州市人民政府关于进一步完善和落实户籍制度改革政策的通知.2001.

心存档后，凭毕业证即可办理迁郑户口①。然而，政策执行的效果却没有预想中的好，所带来的问题让郑州市政府措手不及。由于人口的迅速增加致使城市交通拥挤、教育资源急剧紧张、社会保障部门压力增大、城市治安压力增大，郑州市公安部门规范了户籍办理的程序，暂停了户籍制度改革。最终，郑州市的这种"普惠制"户籍制度改革在不堪人口迅速涌入的压力之下停止了。

自从上海实行居住证制度以来，上海市引进人才的制度环境得到了很好的改善，然而居住证与户口之间的待遇仍有一定差距，居住证与户口之间的制度通道没有建立。2009年3月23日，上海市政府公布了《持有〈上海市居住证〉人员申办本市常住户口试行办法》，试行期为三年，核心在于明确了居住证转户籍的具体路径。按照规定，符合以下条件者可以申办本市常住户口：（1）持有《上海市居住证》满7年；（2）持证期间按规定参加本市城镇社会保险满7年；（3）持证期间依法在本市缴纳所得税；（4）在本市被聘任为中级及以上专业技术职务或者具有技师（国家二级以上职业资格证书）以上职业资格，且专业及工种对应；（5）无违反国家及本市计划生育政策规定行为、治安管理处罚以上违法犯罪记录及其他方面的不良行为记录。除五项基本申办条件外，该通知还规定了四条激励条件②。该年6月，上海市人力资源社会保障局会同有关职能部门印发了《持有〈上海市居住证〉人员申办本市常住户口试行办法实施细则》，制定了与试行办法相对应的实施细则。上海2009年户籍改革的最大特点就是为市民身份的转变提供了一个通道，通过居住证与上海市户口衔接转换，建立了外来人口获取上海市常住户口的具体路径。此次户籍改革的目标指向群体也在扩大，更加强调能力与贡献（王建玲，2010）。如果说2009年居住证转户籍是上海户籍改革的第一步，2010年上海执行人才直接落户政策，则是进一步放宽了城市户籍的限制，对于上海城市发展所急需的现代服务业和先进制造业人才，上海城市户籍提供了直接落户的绿色通道。

2010年7月28日，重庆市召开全市户籍改革工作会议，宣布正式启动全市的户籍改革。按照《重庆市人民政府关于统筹城乡户籍制度改革的意见》（渝府发〔2010〕78号），此次改革以解决有条件农民工及新生代转户进城为突破口，坚持综合配套、有偿自愿、分阶段推进、分群体实施、分区域布局的总体思路，计划两年内解决338万人的城市户籍问题，并使重庆市到2020年城市化率达到60%。根据通知，重庆主城九区，具备下列条件之一，本人及其共同居住生活的配偶、子女、父母可登记为城镇居民：（1）购买商品住房；（2）务工经商五年

---

① 郑州市人民政府. 郑州市人民政府关于户籍管理制度改革的通知. 2003.
② 上海市人民政府. 持有〈上海市居住证〉人员申办本市常住户口试行办法. 2009.

以上，具有合法稳定住所；（3）投资兴办实业，三年累计纳税10万元或一年纳税5万元以上的，具有合法稳定住所①。此次户籍改革不仅是对农民及流动人口进城的落户门槛改革，还对与户籍制度相关的配套机制进行大规模的改革，涉及农村土地处置机制、住房保障机制、养老保险制度、医疗保险制度、社会救助和福利服务保障机制、就业保障机制、培训机制、城乡教育保障机制、卫生服务保障机制、计划生育相关政策。

大城市户籍改革近期一项突出的案例是成都市的户籍改革。2010年11月16日，作为"全国统筹城乡综合配套改革试验区"的成都市宣布推出《关于全域成都城乡统一户籍实现居民自由迁徙的意见》。按照文件要求，成都市将建立户口登记地与实际居住地统一的户籍管理制度、统一就业失业登记，完善就业援助制度、进一步完善城乡统一的社会保险制度、建立分区域统一的城乡住房保障体系、分区域统一城乡"三无"人员供养标准和低保标准、建立城乡统一的计划生育政策、实现义务教育公平化、统一中职学生资助政策、城乡居民在户籍所在地享有平等的政治权利和民主管理权利、实行统一的退役士兵安置补偿和城乡义务兵家庭优待政策、市外人员入户享受与本地居民同等的待遇②。自2003年以来，成都市包括这次调整在内，前后共进行了5次户籍政策调整。此次户籍制度改革在力度和范围上都是前所未有的，突破了户籍制度改革仅仅局限于落户门槛上，着手于实现城乡统一公共服务、社会保障体系和户籍管理制度。

大城市户籍改革比小城镇户籍改革更难，是因为大城市户籍改革比小城镇户籍改革有更多的社会福利。因此照搬小城镇户籍改革经验的郑州改革，比起其他类似城市的改革是以失败而告终的。大城市户籍改革是一个渐进放开的过程，而从近期的改革实践看。大城市的户籍改革的速度在加速，改革也更加深入。这种改革的日益深入表现在两个方面：一是户籍改革的开放性增强，对于入籍的门槛和条件总体上是更加放开的；二是更加重视户籍制度和农村土地制度、社会保障制度等改革联动日益增强。作为重庆市和成都市户籍制度改革与以往大城市户籍制度改革不同之处在于对农民利益的充分保障，尝试通过建立转户居民宅基地、承包地和林地的弹性退出机制，以合理的过渡期保障农民合法利益，并探索户籍改革和社会保障制度改革衔接。大城市户籍改革还处于逐步深化的过程中，改革正日益进入深水区，改革的力度和改革的难度同时增强。但总体上看，大城市户籍改革还是滞后于农村人口进入城市和快速城市化的发展实际，需要进一步加快户籍改革，破解城乡二元结构，使我国社会结构从"二元社会"转变为"一元

---

① 重庆市人民政府. 重庆市人民政府关于统筹城乡户籍制度改革的意见. 2010.
② 成都市人民政府. 关于全域成都城乡统一户籍实现居民自由迁徙的意见. 2010.

社会",并以流动人口融入城市为标志,实现城市内部的社会整合和社会发展。

(三) 通过户籍制度改革实现流动人口社会融合的基本思路

户籍制度构成流动人口难以融入当地城市的基础性的制度障碍。推动流动人口的社会融合需要一系列的制度改革,不仅是要增强城市户口体系对于外来人口的开放性,使流动人口更多和更快地转变为本地户籍人口;同时户籍改革也需要改革与户籍制度相关联的社会福利制度、公共服务体制、农村土地制度和区域管理体制,实行综合配套改革,才能真正解开城市户籍改革积重难返的"绳结"。推动城市户籍改革,实现城市流动人口融入当地城市的主要改革路径,应该从以下4个基本思路着手努力:

第一,使户籍制度逐步与相关社会福利制度脱钩

户籍制度改革艰难的一个重要原因在于户籍制度上嵌套了各种社会福利制度。因此与户籍制度相关联的各种社会福利制度改革不推进,户籍改革也举步维艰。从户籍改革历史上看,对于与户籍制度相关联的各种配套制度的改革推进,才真正使户籍改革得到松绑和推动的可能。例如市场经济取消粮食供给制度、副食品供给制度、燃料供给制度,才能推动城市为农村人口开放大门,能够为推动小城镇改革创造条件。

20世纪90年代小城镇户籍改革是顺利而有效的,而21世纪以来大城市户籍改革却非常困难,其重要的差别在于,小城镇户籍并没有附加太多的社会福利和公共服务,而大城市户籍则有相对更高的地方福利。城市公共财政支出的有限性成为地方城市推动户籍改革的阻碍,单纯号召城市政府降低落户门槛,放宽落户条件来推动户籍制度改革,难免会增加城市公共财政的阻力。而减少户籍所关联的社会福利,使能够和户籍脱钩的社会福利全部依次脱钩,则能够为户籍改革带来巨大推动力。例如社会保障主要是和就业身份相关联的,而不是和户籍身份相关联的,只要有就业关系,无论在哪里就业,劳动者都应该有自身的养老医疗和社会保障账户。例如包括教育、健康、计划生育、住房等基本公共服务也应该逐步属地化,并通过属地化和均等化来淡化和户籍的联系。从这个意义上说,推动户籍改革的关键应该着眼户籍改革之外,应该率先推动社会保障和社会福利体制改革,使社会保障体制和户籍体制相互脱钩,使土地制度和土地流转和户籍身份脱钩,则能够减少户籍改革的阻碍。

第二,对流动人口渐进式增加社会福利,逐步推进公共服务的均等化

与户籍与社会福利逐步脱钩相对,是为流动人口逐步提供更加均等化的公共服务和社会福利,从而填平本地居民和流动人口的福利差,并因此推进户籍改革。传统的"高门槛、一次性"获得户籍的方式使大多数流动人口难以有机会

获得城市户籍和城市福利，而"低门槛、一次性"获得户籍的方式使城市公共财政难以承受。因此，户籍改革的方向应是使流动人口能够拥有"低门槛、渐进式"获取城市户籍背后权益的制度通道。

这个增量型改革可以有多种方式。一种是按照居住时间累进地增加外来人口的社会福利，当流动人口居住了一年可以具有某些福利，居住了5年可以增加某些社会福利，直到其逐步地成为本地市民。另一种方式是按照人群的具体需求累进地增加外来人口的社会福利，例如，早先的流动人口子女不能在城市上学，如今越来越多的城市在一定条件下允许流动人口子女在本地接受义务教育；例如，流动人口原来不能得到城市的社会保险，现在可以为流动人口提供综合保险，并逐步探索将流动人口转入城镇一体化的社会保险；例如，流动儿童在中考或者上职业学校时还不能在当地城市参加入学考试，可以逐步地放开这一限制阀门。通过流动人口的具体需求引导社会福利体制改革，并逐步地实现社会福利的均等化，是推动城市户籍改革的另一种方式。

第三，扩大从外来移民到本地户籍人口之间的制度通道

流动人口的城市社会融合是一种流动人口本地化的过程，意味着使外地人变成本地人。当前的户籍制度中，传统的"指标控制"已不适应人口流动的新格局，不能满足城市发展对人才的巨大需求，城市发展要为人口城市化建立起促进人口流动和引导流动人口融入城市的制度通道（任远，2006）。计划经济时期，城乡之间人口流动的制度通道单一，仅有招工、招学、提干等渠道。小城镇户籍制度改革和"蓝印户口"政策的实行，承认了居住在小城镇的流动人口的合法性，并给予其居民身份。这无疑拓宽了流动人口的城乡之间融入的制度通道。在大城市中，长期的户籍制度滞后使外来人口进入城市的通道非常的阻塞。由于户籍制度牵涉的部门较多，触及的利益过多，各个部门壁垒纷纷用各种证件阻碍人口获得户籍，甚至外来人口要获得就业就得先有暂住证，要有暂住证还要先有工作证明，造成相互制约，阻塞了外来人口融入城市体系的通道。

因此户籍改革需要再建立一个外来人口向本地居民转变的制度通道。这样的通道应该是能够使外来人口从临时居住，到长期居住，到转为本地户籍的转换通道。并根据各种条件，根据城市的需求，引导外来人口有条件地分类准入。特别应该强调的是，这样的通道不仅是对人才准入的通道，普通的劳动者只要是在城市稳定居住，都应该有条件逐步地融入当地社会。这也要求户籍改革不仅是人才政策，更应该是民生政策。通过户籍改革促进外来人口进入城市和实现社会融合，不仅是人才引进的手段，同时也是提高对不同人口群体民生福利的手段，例如外来媳妇、在本地出生的外来儿童，都应该适应其对城市的需求按照一定的程序逐步地吸纳到城市体系中。

第四，推动城市户籍改革和区域户籍改革的联动

近年来，若干省份和地区开展省内和地区内户籍制度改革，取消"农业户口"和"非农业户口"，统一城乡户口，并取得了一定的成效。《重庆市统筹城乡户籍制度改革农村居民转户实施办法（试行）》的正式实施标志着重庆市着手统筹全市城乡户口，在区域内推进户籍一体化改革。广东省也在近年内陆续出台政策逐步推进全省户籍制度一体化，渐进增加农民和农民工的社会福利，实现户籍制度区域内一体化。应该及时总结大城市户籍改革试点每一步骤的成功经验，及时在其他大城市中扩散制度创新。从城市改革推动到本省的改革，然后推动到本区域的改革，并逐步地实现更大范围内的户籍改革的实现。

推动城市户籍改革跨地区合作的另外的意义在于，随着人口流动性的增强，需要通过户籍改革的跨地区合作，才能保证户籍改革的实现。不同城市间户籍的转接，包括各种社会福利体系的衔接，不仅是技术上，也需要在制度上探索相互衔接的体制。因此，户籍改革的探索需要从一个城市内部扩展到区域，在类似长三角地区、珠三角和京津冀地区等区域性移民比较活跃的地区，应该以大城市户籍改革为动力推动区域户籍改革一体化的探索实践。并在区域改革和城市改革的联动中，逐步推动中国户籍改革的成功完成。

第七章

发展主义政府与城市落户门槛：
关于户籍制度改革的反思

社会期盼的户籍制度改革目标是自由落户，但改革的实际进程却滞后甚至背离公众预期。本章探讨的中心问题是对户籍制度改革障碍的理解。从发展主义政府的视角检视各地普遍设置落户门槛的体制逻辑，通过投影寻踪模型、因子分析和聚类分析的方法对我国46个样本城市的现行落户条件及其关联因素进行分析，构建落户门槛指数评价不同城市落户门槛的高低，并在此基础上探讨落户门槛的高度与哪些影响因子显著相关，以及不同类别的城市落户门槛影响因子的作用效应。分析结果揭示，在强调增长的经济社会生态下，落户门槛在样本城市存在"质"的共性但有"度"的差别，而落户门槛高度在很大程度上可以被城市财政经济总量、消费水平、城建物化度、对外依赖度和经济结构等公因子的作用强度和结构属性解释。

一、问题的提出

形成于计划体制时代的户籍制度改革是一个并非全新，但仍在不断探索的政策命题①。无论是个人或社会层面，无论是计划经济时代或经济社会转型时期，

---

① 殷志静和郁奇虹（1996）是较早出版系统地研究户籍制度改革专著的国内学者；俞德鹏（2002）、陆益龙（2003）也较为详细地讨论了这一重要问题。在国外，一些从事中国问题研究的学者如费立民（Christiansen，1990）、程铁军和萨尔顿（Cheng & Selden，1994）、莫雷（Mallee，1995，1996）、王丰（Wang，1997）、苏黛瑞（Solinger，1999）、陈金永和张力（Chan & Zhang，1999）、王飞凌（Wang，2005）等也从不同学科背景关注户籍制度的起源与运作、在转型时期的变化与人口流动之间的关系及其带来的社会和经济影响。

户籍制度作为极为基础的制度而影响广泛。在个人层面，从生命伊始到生命终结，从衣食住行到婚丧嫁娶，从职业选择到职业流动，人的尊卑贵贱、身份等级，都与户口类别（或者户口性质）紧密牵连。由于户口类别定义了一个人的国民地位，因此户口也被视为"中国第一证件"①。在社会层面，户籍制度是服务于各种国家利益的更广泛的经济和政治制度的一部分②，成为社会管理但也隔离城乡的行政基石③④。例如，在计划经济背景下，限制城乡人口迁移的政策措施，对于通过城乡人口的计划配置有效实施国家快速工业化战略起到了决定性的作用⑤。在经济发展方式和体制双重转型的背景下，生产要素在城乡之间的流动性加大，户籍制度对于维持中国劳动力在国际市场上的成本比较优势乃至中国在全球经济中作为"世界工厂"的地位具有重要意义⑥。但由于户籍制度（特别是备受关注的户口迁移政策）在政治上表现出对公民权利的身份歧视（Solinger⑦，1999；Alexander & Chan⑧，2004；王小章⑨，2009），在社会上分割了城乡居民从而加剧了阶层分化和城乡差距（俞德鹏⑩，2002；Wu & Treiman⑪，2004；李强⑫，2004；陈映芳⑬，2005；吴晓刚⑭，2007；陆益龙⑮，2008），在经济上违反市场经济的要素配置规律从而降低经济增长的绩效也阻碍了城市化的进程（蔡昉，2000；蔡昉等，2001；蔡禾、王进，2007），要求改革的

---

① 田炳信．中国第一证件：中国户籍制度调查手稿［M］．广州：广东人民出版社，2003．
② 王新华．中国户籍法律制度研究［M］．北京：中国人民公安大学出版社，2001．
③ Chan, Kam Wing & Li Zhang "The Hukou System and Rural – Urban Migration: Processes and Changes." 1999, *The China Quarterly* 160.
④ Wang, Feiling *Organizing through Division and Exclusion: China's Hukou System*. Stanford: Stanford University Press. 2005.
⑤ Cheng, Tiejun & Mark Selden "The Origins and Social Consequences of China's Hukou System." 1994, *The China Quarterly* 139.
⑥ Chan, Kam Wing & Will Buckingham "Is China Abolishing the Hukou System?" 2008, *The China Quarterly* 195.
⑦ Solinger, Dorothy J., *Contesting Citizenship in Urban China: Peasant Migrants, the State, and the Logic of the Market*. Berkeley, CA: University of California Press. 1999.
⑧ Alexander, Peter & Anita Chan "Does China Have An Apartheid Pass System?" *Journal of Ethnic and Migration Studies* 30. 2004.
⑨ 王小章．从"生存"到"承认"：公民权视野下的农民工问题［J］．社会学研究，2009（1）．
⑩ 俞德鹏．城乡社会：从隔离走向开放——中国户籍制度与户籍法研究［M］．济南：山东人民出版社，2002．
⑪ Wu, Xiaogang & Donald J. Treiman, "The Household Registration System and Social Stratification in China: 1955 – 1996." 2004 *Demography*41.
⑫ 李强．农民工与中国社会分层［M］．北京：社会科学文献出版社，2004．
⑬ 陈映芳．"农民工"：制度安排与身份认同［J］．社会学研究，2005（3）．
⑭ 吴晓刚．中国的户籍制度与代际职业流动［J］．社会学研究，2007（6）．
⑮ 陆益龙．户籍制度——控制与社会差别［M］．北京：商务印书馆，2003．

呼声此起彼伏。① 依照社会舆论的普遍看法，公平、正义应该是户籍制度改革的首要价值，改革的终极目标是取消落户门槛，回归公民自由定居和迁徙的权利。

与公众殷切期盼形成博弈之势的是缓慢的户籍制度改革现状。近年来户籍制度变化的轨迹呈现出一些喜忧参半、耐人寻味的信息。一方面，对户籍制度改革的呼声有所回应，中央和"地方版"的户籍新政不断出台，其中部分城市的有些改革更是被媒体誉为具"革命性"或"里程碑"式的意义（例如，2001年石家庄市推出的降低城市落户门槛的改革和2009年上海市推出的持居住证人员申请户口的试行办法）。② 另一方面，陈金永和巴金汉（Chan & Buckingham，2008）、黄乐嫣和瑞米亚（Davies & Ramia，2008）的研究指出，迈向上述终极目标的改革实施路径曲折迂回。无法回避的是，地方化的"挤牙膏式"改革成为当前户籍制度改革的最大特色。城市落户准入条件的设立已成为地方政府的权限，在很大程度上反映出地方政府对户籍改革的取向和进程的控制。吴开亚③ 等对全国46个城市的落户准入条件的分析显示，城市户籍篱笆尽管被多数人认为该"拆"，但它却依然屹立不倒。地方政府普遍设置面向精英群体倾斜的城市落户障碍，而各城市落户障碍只表现为一种程度上的差距，并没有质的不同。对一般民众而言，落户渠道虽然理论上存在但刚性的门槛却高不可攀。最新的户籍制度改革思路，释放出的仍然是改革难以一步到位的信号。④ 改革的实际进程显然远滞后于公众的预期，户籍制度改革成为迄今为止中国改革领域中最难啃的"钉子户"之一。

上述观察带出了一些有关拆除根深蒂固的城市户籍篱笆的困惑。第一是户口功能的悖论。学者期待户籍制度只负载人口统计而非划分人口层级的功能；而事实上在公共产品短缺的时代，户籍制度除了被用于居住登记之外，还被地方政府

---

① 户口迁移政策包括迁移审批和迁移登记两个部分，自1958年《户口登记条例》实施后就成为按法定程序审批的行政许可。本章对户籍制度改革的讨论范围聚焦于与户口迁移相关的城市落户政策的改革。

② 过去30年从中央到地方新出台的实质性城市落户政策包括：新开多条城市落户渠道和放宽某些渠道的落户条件（例如新生婴儿可随母或随父落户、购房落户）、城市落户从指标控制为主向准入条件控制为主转变、开放小城市和农村集镇、在某些大城市以居住证代替暂住证并将居住证与常住户口接轨等；其他间接性的政策包括：统一城乡登记、加强城乡公共服务均等化等。

③ 吴开亚，张力，陈筱. 户籍改革进程的障碍：基于城市落户门槛的分析. 中国人口科学，2010（1）.

④ 温家宝总理在2009年12月27日接受新华社专访时提到：近期中央基于整体考虑所做出的稳妥地推进户籍制度改革的思路。第一，要解决那些常年在城里打工，有固定工作和固定住所而又没有户籍的群体，让他们融入城市，和城里人一样工作和生活，享受同样的权利和待遇。第二，由于我国人多地少，还要考虑大城市的承载能力，首要的是引导农民工在中小城市安家落户（新华网，2009年12月28日）。

用于界定公共服务对象，成为有选择性的配置公共资源的简单、直接的筛选机制，助力地方政府实现地方利益。第二是公众期望的改革愿景与城市落户改革的现实取向相矛盾。公众的要求是一国之下"公民平权"、全国范围迁徙自由；而地方的落户改革努力，更多地倾向户口门槛化、货币化、利益化。地方的落户政策强调的价值不是平等、融合，而似乎在于调整和优化当地人口结构，是基于地区发展、吸引人才和提升城市竞争力的考量，给公众留下只向少数"有才"（通常是受过良好教育并拥有学位或是专业资格）或向"有钱"（能够在市场上购买高档公寓或是进行大笔投资开办公司）者开户籍口子的印象。第三是城市落户的开放面和开放对象与现实需求偏离。改革思路是提出开放50万人口以下的二线、三线小城市；但人口普查资料和专项调查却显示，大部分的城市非户籍人口（流动人口）集中在一线大城市。小城市对大多数流动人口缺乏吸引力，因为与主要的大城市相比，小城市的工作机会、社会福利和生活设施相对缺乏。此外，目前部分大城市实施的流动人口落户制度，仅允许本辖区内（通常是同一城市的行政范围）的非常住户籍人口在满足一定条件后转为常住户口，超过一个特定的行政辖区就不适用。但大部分流动人口却是跨市、跨省就业和居住。概括而言，建立在"本地人口"和"外来人口"区分基础上的城乡分割仍然存在，时至今日，中国的城市并没有出现对大多数流动人口而言有实质意义的废除落户限制的破冰举措。

  上述困惑和矛盾反映出城市落户的现实门槛与彻底拆除城乡户籍藩篱的复杂状况。对此现象的理性反思，有助于客观认识城市自由落户改革面临的障碍所在，以更加准确地理解以城市落户条件为圆心的户籍制度改革的方向和路径。现有的分析户籍制度改革障碍的文献不少，提供了众多的分析向度和定性判断，但基于实证考察的定量探讨尚不多见。我们认为，在城市落户呈现出由中央纵向管制转为地方横向自治的现实背景下，城市政府拥有很大的自由裁量权，可以根据自身利益决定城市落户的具体条件，各城市落户改革的进程客观上必然受局部利益左右，地方政府设定的落户门槛的高低和对落户对象的筛选是认识阻碍城市户籍制度改革实际进程的重要风向标。

  本章首先构造城市落户门槛指数以量化比较各地城市落户条件，然后把地方政府职能作为观察户籍制度改革进程的一个重要视角，探究地方政府在考虑城市落户政策时究竟有着怎样的行为逻辑。透过缓慢的城市落户改革表象，对地方政府设置落户门槛的逻辑进行深层次的体制追问。

二、转型时期地方政府职能与城市落户门槛

政府职能体现着政府的执政观念,地方政府的职能定位和变化(包括政治职能、经济职能和公共职能)在很大程度上联系着社会经济发展和体制变动趋势下的地方利益。① 在缺乏市场政治的前提下(即选民不能自由地从不同的政策销售商那里选取政治产品及服务团队),地方政府的具体职能重点和实现方式受行政权力结构、政治经济资源的行政动员能力、当地经济社会发展需求、地方决策者偏好、公共财政体制和状况、政府绩效评价方式等一系列外部和内部条件约束(周平②,2007;周黎安③,2008;马斌④,2009)。中国的行政权力结构实际上是分割型的,不同级别的政府有着不同的权力范围和相应的职责。一方面,随着中国融入全球经济体系程度的加深和转型时期中央—地方关系的调整,地方政府促进经济增长、调节社会分配、提供公共产品和服务的职能被不断强化和放大。另一方面,随着行政性放权和分税制的实施,为地方政府的职能定位和行为边界提供了一个充满弹性的自主性选择空间。在发展资源相对短缺、区域经济竞争日趋激烈的年代,地方政府基于内外部约束条件,总是倾向于最大限度地利用和扩充这种自主性空间,强化作为"经济人"的自利趋势,以实现能被政绩显示的各种地方目标(张军、周黎安,2008)。当地方政府的这种行为取向带有普遍性时,即使各自为政和发展环境各异,也在某种程度上模糊了地方经济发展模式的区域性和个性化差异,同时让自上而下推行的预设政策目标在执行中变得似是而非。

政府职能的落实有赖于公共支出。从公共财政支出中看到的不仅是经济发展的特点,而且是社会结构和公平正义的塑造。从这一角度探讨政府职能和公共财政的文献指出,如果政府职能主要体现在稳定宏观经济、配置资源和调节收入分配上,相应的公共支出(包括公共投资支出、公共消费支出和转移性支出3大类别)需求针对不同的社会经济发展阶段的主要制约因素呈现出不同的规模和

---

① 相关的研究有:黄佩华(Wong,1991)讨论了财政改革背景下地方政府的角色及其与中央政府的关系;戴慕珍(Oi,1992)提出了"地方国家法团主义"的概念认识地方政府在新激励机制下的职能转变;白苏珊(Whiting,2000)分析了乡镇政府对乡镇企业发展的作用;丘海雄和徐建牛(2004)对有关地方政府在经济社会转型中所扮演的各种角色的研究作了较为系统的总结和比较。
② 周平. 当代中国地方政府 [M]. 北京:人民出版社,2007.
③ 周黎安. 转型中的地方政府:官员激励与治理 [M]. 上海:格致出版社,2008.
④ 马斌. 政府间关系:权力配置与地方治理——基于省、市、县政府间关系的研究 [M]. 杭州:浙江大学出版社,2009.

结构特征①②③。从政府所面临的管制环境看,处于经济发展早期阶段的地方,生产性投资不足是制约发展的主要因素,为了改善投资环境,基础设施建设和基础产业发展等方面的公共投资支出在总支出中所占的比重较高。处于经济发展中期阶段的地方,政府主要面对的是维持经济起飞的基础和减弱日益显露的市场经济外部性(市场失灵)的矛盾,导致用于弥补市场缺陷等方面的公共支出(例如社会保障支出和公共产品支出)大幅度增加。在经济发展成熟阶段的地方,随着人均收入的增加,政府面对的是除衣、食、住、行等基本生活消费以外的日益增长的高层次社会人文需求,以及日益多元的社会关系和社会利益,公共资源更多地被用于提供服务的公共事业支出和调节利益的社会保障支出。上述观点对中国不同发展水平区域的公共支出需求有相同的启示意义:要有巨大的可供支持的资本才能满足政府职能的实现。在中国的政治经济语境中,如果结合考虑广义概念上的地方宏观税负水平,④ 地方政府职能的实现无可避免地要回应财政体制约束下公共财政缺口的压力,塑造出开源节流的公共资源调配逻辑。⑤

伴随对开源节流的落实是培育了政府"发展主义"的经济运行形态以及催生了一个市场化的社会。发展主义的理论预设认为经济增长是社会进步的先决条件,相应的发展理念内核是将各种发展统归为以经济增长为主。就中国而言,不难观察到转型时期的发展主义的表现形式是过度强调政商合作,政府间比拼投资扩张,追逐财政收入的最大化,增长顺理成章地演绎成压倒一切的政府工作重

---

① Musgrave, Richard A. 1959, The Theory of Public Finance: A Study in Public Economy. New York: McGraw-Hill Book Company.
——1986a, Public Finance in A Democratic Society, Vol. 1, Social Goods, Taxation and Fiscal Policy. Sussex: Harvester Press.
——1986b, Public Finance in A Democratic Society, Vol. 2; Fiscal Doctrine, Growth and Institutions. New York: New York University Press.
② Musgrave, Richard A. & Peggy B. Musgrave 1989, Public Finance in Theory and Practice (Fifth edition). New York: McGraw Hill Book Company.
③ Buchanan, James M. & Richard Musgrave A. 1999, Public Finance and Public Choice: Two Contrasting Visions of the State. Cambridge, Mass: MIT Press.
④ 地方宏观税负水平在这里被定义为一定时期内地方政府总收入(包括预算内和预算外、税收和非税收等收入)占同期 GDP 的比重。
⑤ 1994 年实施的从财政包干制向分税制转变的整体趋势是税收权集中而支出责任分权化,表现为中央政府的收入占财政总收入的比重上升,而财政支出占总支出的比例基本维持不变。《中国统计年鉴》公布的中央和地方财政支出比例的统计数据显示,分税制实行以后超过 70% 的支出都发生在省级及其以下政府。在现行的财权、事权的划分之下,财政缺口被压到省级以下政府。由于中央的财政转移支付不足,使得富裕地区的政府较以往取得了更大的独立性,而贫困地区的政府在提供公共物品和服务时则显得力不从心(Whiting, 2007)。

点,并与各种形式的政绩考核挂钩①②③。市场化的社会指的是市场吞并社会④⑤。不但生产要素(土地、资金和劳动力)的属性和配置,甚至政府调节利益格局、社会分配的职责都被过分地让渡给市场去定义而束缚于"市场体制"之中,地方政府唯市场马首是瞻,借"市场调节"之名,把市场凌驾于社会公平之上。"发展主义"加大了地方政府对当地经济发展的热情和"投资饥渴",而市场化的社会弱化了地方政府对本区域公共事业的关心和承担力度,相关的开支在公共财政中处于弱势地位。一言以蔽之是在经济和社会转型下对服务于经济增长的投入(例如能改善本地投资环境的基础设施)远远高于对服务于公民权益平等的社会管理体系建设的投入。

地方性的公共政策需要匹配发展主义的逻辑,是地方政府采取的调控公共资源配置的制度指引。在市场当道的时代,以政府为主导的公共政策领域发生了许多变化。在价值上,从理想主义转向了实用主义;在政策目标上,从关注社会公平转向了关心经济效率;在社会保障的提供主体上,社会福利的主要提供者从国家/单位转向了个人和家庭;在社会保障提供的机制上,从国家计划转向了市场主导⑥。公共政策目标的选择涉及政府职能实现的成本和收益预期。分税制下财权与事权的不对等使得上级政府能将一些公共责任以缺乏资金配套的命令形式转移到下级政府。虽然地方政府的职能配置和行为边界受上级政府决策的约束,但由于转型时期地方政府利益的客观存在,事实上难以要求地方政府在决策贯彻中漠视对本位利益的实质损害。如果上级政府的决策与地方利益发生冲突,地方政府在整体利益和局部利益的博弈中会通过基层权力运作和地方政策修正上级既定决策的内容使决策的执行效果偏向自身的利益取向,过分者会导致权力寻租。在一个人口大国快速工业化、城市化的发展阶段,站在地方政府的施政立场来看,城市落户政策更多的是资金、人才这些有限"核心资源"制度化的竞争机制和社会服务、社会保障这些主要受地方财政约束的公共物品的理财工具。政府更关心把城市人口分类并置于不同的权利范畴。而站在社会大众的立场,落户门槛可能是一代人或完成身份跳跃或陷入无止境漂泊的命运分界线,他们更为关心利益待遇的差别能否被"清零"。从这个角度看,转型时期的城市落户门槛或许是一种体制上的必然产品。探讨户籍制度改革的障碍,需要更好地认识在政府职能和

---

① 汪大海,唐德龙.从"发展主义"到"以人为本"——双重转型背景下中国公共管理的路径转变 [J].中国行政管理,2005 (4).
② 张军,周黎安.为增长而竞争——中国增长的政治经济学 [M].上海:上海人民出版社,2008.
③ 政绩考核指标通常包括 GDP 增长率、出口总量、引进和利用外资程度等。
④ 熊培云.重新发现社会 [M].北京:新星出版社,2010.
⑤ 迟福林.第二次改革:中国未来 30 年的强国之路 [M].北京:中国经济出版社,2010.
⑥ 岳经纶.和谐社会与政府职能转变:社会政策的视角 [J].武汉大学学报(哲学社会科学版),2007.

财政体制的约束下,城市落户条件在地方经济社会发展中被赋予哪些特定的功能。以下关于城市落户门槛特征和影响因素的实证分析提供了这方面的启示。

三、数据、指标和方法

为了从实证上回答城市存在着何种落户门槛以及落户门槛与哪些因素相关,我们首先采用投影寻踪模型(Projection pursuit model)构造城市落户门槛指数对不同城市落户门槛的高低进行排序,然后采用因子分析方法对多个指标对落户门槛的影响力度进行分析,最后用聚类分析方法对不同城市之间落户门槛影响因子的作用强度和结构属性进行探讨。

(一)样本城市选取与数据来源

实证分析中样本城市的选取主要考虑城市吸引力和样本覆盖面两大因素。一般认为,经济越发达、发展机会越多的城市更受外来人口青睐,落户刚性需求也越大。因此,样本城市的选取依据两个条件:(1)覆盖全国所有省区和所有城市行政级别;(2)在中国社会科学院编著的《2009年中国城市竞争力蓝皮书:中国城市竞争力报告》中综合竞争力处于前100名。同时满足这两个条件的城市共有46个,覆盖了4个直辖市、27个省会城市、15个其他级别城市。从地域分布看,18个样本位于东部地区,占样本总体的39%;15个位于西部地区,占样本总体的33%;13个样本位于中部地区,占样本总体的28%。落户门槛指数构建的原始数据采集于样本城市现行的落户政策文件,因子分析的原始数据来源于《中国城市统计年鉴》和《中国城市建设统计年鉴》中样本城市的市辖区数据或据此整理的数据。由于拉萨市的相关统计数据缺失,剔除拉萨市后得到因子分析和聚类分析的样本城市数为45个。

(二)落户门槛指数构建

根据中央和各地政府现行有关城市落户的政策法规,城市落户渠道大致可归纳为投资、就业、家庭团聚、特殊贡献和其他5个一级渠道。一级渠道下又可划分出若干个二级渠道。相应,每个渠道都有具体的规定细则。这些细则构成了评价落户准入条件高低的多维变量和系列指标(见图7-1)。

城市落户的开放程度很大程度上取决于城市政府对新增城市人口数量和质量的控制,对城市落户政策改革的研究有必要关注城市政府在制订落户条件时的倾向性。图7-1所列的五类一级落户渠道中,"特殊贡献"和"其他"两类涉及的人群面狭窄,样板意义大于普遍意义。"家庭团聚"条件在《国务院批转公安部关于解决当前户口管理工作中问题意见的通知》（国发〔1998〕24 号）中有明确规定，地方政府调控的余地不大。由于以上三类渠道对于绝大部分拟落户城市的人口仅具有典型意义，因此在比较各城市落户门槛时，只重点关注投资和就业这两大渠道的落户操作条件。

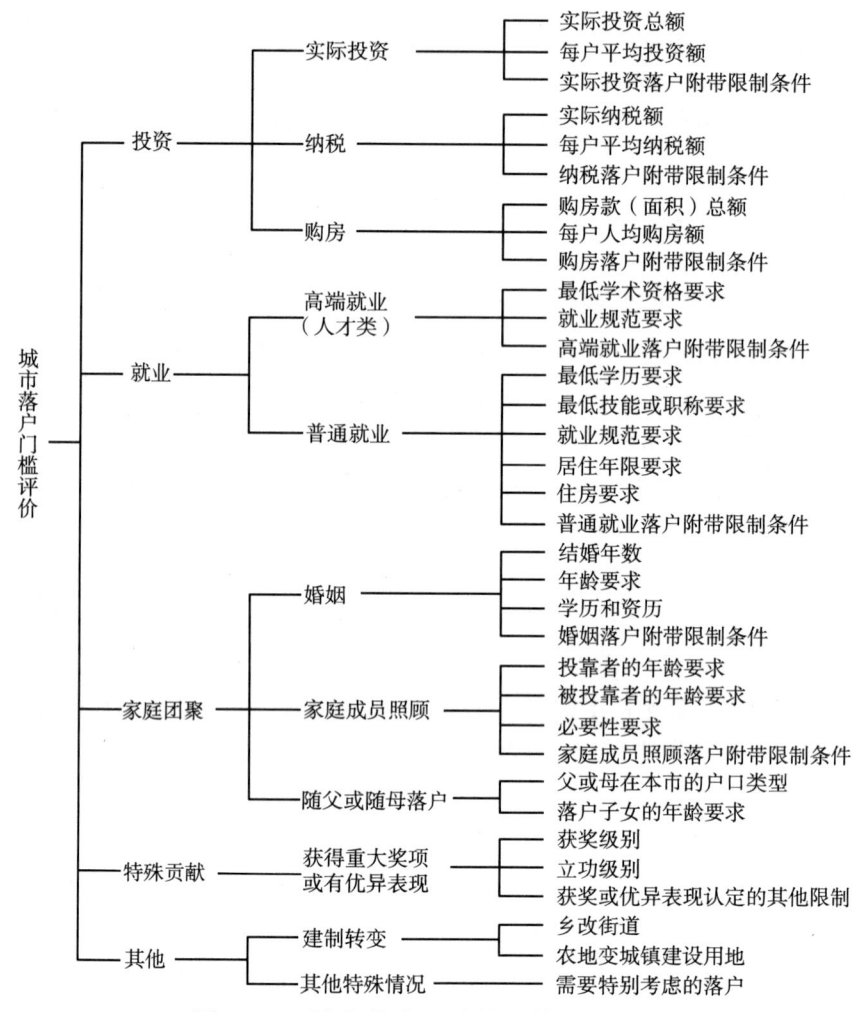

```
                                       ┌─ 实际投资总额
                         ┌─ 实际投资 ───┼─ 每户平均投资额
                         │              └─ 实际投资落户附带限制条件
                         │              ┌─ 实际纳税额
              ┌─ 投资 ───┼─ 纳税 ───────┼─ 每户平均纳税额
              │          │              └─ 纳税落户附带限制条件
              │          │              ┌─ 购房款（面积）总额
              │          └─ 购房 ───────┼─ 每户人均购房额
              │                         └─ 购房落户附带限制条件
              │                         ┌─ 最低学术资格要求
              │          ┌─ 高端就业 ───┼─ 就业规范要求
              │          │  （人才类）   └─ 高端就业落户附带限制条件
              │          │              ┌─ 最低学历要求
              ├─ 就业 ───┤              ├─ 最低技能或职称要求
城市           │          │              ├─ 就业规范要求
落户 ──────────┤          └─ 普通就业 ───┼─ 居住年限要求
门槛           │                         ├─ 住房要求
评价           │                         └─ 普通就业落户附带限制条件
              │                         ┌─ 结婚年数
              │          ┌─ 婚姻 ───────┼─ 年龄要求
              │          │              ├─ 学历和资历
              │          │              └─ 婚姻落户附带限制条件
              │          │              ┌─ 投靠者的年龄要求
              ├─ 家庭团聚┼─ 家庭成员照顾┼─ 被投靠者的年龄要求
              │          │              ├─ 必要性要求
              │          │              └─ 家庭成员照顾落户附带限制条件
              │          │              ┌─ 父或母在本市的户口类型
              │          └─ 随父或随母落户┴─ 落户子女的年龄要求
              │                         ┌─ 获奖级别
              ├─ 特殊贡献 ─ 获得重大奖项 ┼─ 立功级别
              │             或有优异表现 └─ 获奖或优异表现认定的其他限制
              │          ┌─ 建制转变 ───┬─ 乡改街道
              └─ 其他 ───┤              └─ 农地变城镇建设用地
                         └─ 其他特殊情况 ─ 需要特别考虑的落户
```

图 7-1 城市落户门槛的评价指标体系

注：1）就业规范要求是指受雇人员与用人单位签订经政府劳动主管部门认可的劳动合同或自雇人士认可的营业证照。2）实际投资和纳税落户渠道中，附带限制条件包括有无投资行业类型的限制、有无社保交纳的限制、有无当地住房条件的限制等。3）购房落户渠道中，附带限制条件包括有无购房类型的限制、有无购房区位的限制、有无购房年限的限制、有无社保缴纳的限制等。4）就业落户渠道中的附带限制条件包括有否行业的限制、有否合同年限的限制、有否社保缴纳的限制、有无指标的限制等。

针对城市落户渠道的多维和多变量、落户条件之间的相对重要性及评价标准容易受主观干扰等特性，为了客观地比较各城市的落户门槛，我们选用直接由原始样本数据驱动、被广泛应用于处理由非线性、非正态多维数据构成的评价问题的投影寻踪模型，求解反映各城市落户条件综合特征的落户门槛指数，以落户门槛指数的差异水平进行不同城市之间落户门槛的评价和比较。其基本思想是把高维数据投影（转换）到低维空间上，采用投影目标函数来衡量投影数据在低维空间的散布结构，优化投影方向，寻找使该目标函数达到极大（或极小）的投影值，然后根据该投影值进行高维数据的特性分析[①]。在对样本城市落户门槛各评价指标的原始数据进行标准化处理，以消除各指标单位的不同和指标数据量纲大小差异的基础上，我们构造投影指标函数和投影目标函数，优化最佳投影方向，求解出各样本指标的投影值。由于该值反映了各城市落户条件的综合特征，因此可被定义为城市落户门槛指数。落户门槛指数值越大，说明城市落户门槛越高。落户门槛指数构建的基本步骤如下：

1. 落户门槛数据标准化

设第 i 个样本城市的第 j 个落户指标为：x_{ij}（$i=1,2,\cdots,n$；$j=1,2,\cdots,m$），n 表示样本城市总个数，m 表示落户指标总个数。采用式（7.1）、式（7.2）对城市落户门槛各评价指标的样本数据进行正向标准化处理，以消除各指标单位的不同和指标数据量纲大小的差异。

$$y_{ij} = \frac{x_{ij} - \min x_{ij}}{\max x_{ij} - \min x_{ij}} \qquad (7.1)$$

$$y_{ij} = \frac{\max x_{ij} - x_{ij}}{\max x_{ij} - \min x_{ij}} \qquad (7.2)$$

2. 构造投影指标函数

实质是把 m 维数据 y_{ij} 综合成以 $\vec{\alpha} = (\alpha_1, \alpha_2, \cdots, \alpha_m)$ 为投影方向的一维投影特征值，第 i 个样本城市的投影特征值 z_i 为：

$$z_i = \sum_{j=1}^{m} \alpha_j y_{ij} \qquad (7.3)$$

定义投影指标 Q 为：

$$Q = s(\alpha) d(\alpha) \qquad (7.4)$$

式（7.4）中，$s(\alpha)$ 为类间距离，用样本序列的投影特征值的均方差表示为：

---

① 金菊良，王淑娟，魏一鸣．动态多指标决策问题的投影寻踪模型．中国管理科学，2004（1）．

$$s(\alpha) = \left[\frac{1}{n}\sum_{i=1}^{n}(z_i - \bar{z})^2\right]^{\frac{1}{2}} \quad (\bar{z}\text{为投影特征值均值}) \tag{7.5}$$

$d(\alpha)$ 为类内密度,用投影特征值的两两距离 $r_{i_1 i_2} = |z_{i_1} - z_{i_2}|$ 表示为:

$$d(\alpha) = \sum_{i_1=1}^{n}\sum_{i_2=1}^{n} f(R - r_{i_1 i_2}) \quad I(R - r_{i_1 i_2}) \tag{7.6}$$

式 (7.6) 中,R 为估计局部散点密度的宽度指标,与具体问题的数据特性有关,研究表明其取值范围为 $R \in \left[\max(r_{i_1 i_2}) + \frac{m}{2}, 2m\right]$,通常可取 $R = m$;$f(R - r_{i_1 i_2})$ 为单位阶跃函数,可简单令 $f(R - r_{i_1 i_2}) = R - r_{i_1 i_2}$;当 $R > r_{i_1 i_2}$ 时,$I(R - r_{i_1 i_2}) = 1$,反之为 0。

3. 构造投影目标函数

通过求解投影目标函数最大化以寻找能反映各落户指标数据特征的最优投影方向,当式 (7.4) 取最大值时,所对应的 $\vec{\alpha}$ 为最优投影方向向量。此问题转化为如下优化问题:

$$\begin{cases} \max Q(\alpha) \\ \|\alpha\| = 1 \end{cases} \tag{7.7}$$

这是一个非线性优化问题,采用加速遗传算法对其进行优化,通过计算得最优投影方向 $\vec{\alpha} = (\alpha_1, \alpha_2, \cdots, \alpha_n)$。

4. 构造城市落户门槛指数

由上述求得的最佳投影方向 $\vec{\alpha}$ 值,将统一标准化后的评价指标代入式 (7.3) 式,得到各样本城市的投影值 z_i。由于该值反映了各城市落户条件的综合特征,因此被定义为城市落户门槛指数,z_i 值越大,说明城市落户门槛越高。通过对城市落户门槛指数值差异化的比较,可对各城市落户门槛进行排序和分类。

(三) 影响落户门槛高度的因素分析

城市落户门槛高度的影响因素采用图 7-2 中的指标体系进行量化分析。在指标选取上,我们既考虑了现有文献对落户改革障碍分析的研究维度,也考虑了政府职能、提供公共物品能力与落户门槛设置的关系。鉴于该指标体系是一个多维指标交集且部分指标所反映的内涵存在重叠,采用因子分析法降低指标数据空间的维数和去除指标之间重叠的信息,找出基于原始数据的基本特性对城市落户门槛高低做出显著贡献的若干主因子。具体包括指标数据标准化、确定主因子个数和计算综合因子得分 3 个步骤[①]。

[①] 张刚,徐贤春,刘蕾. 长江三角洲 16 个城市政府能力的比较研究,管理世界,2004(8).

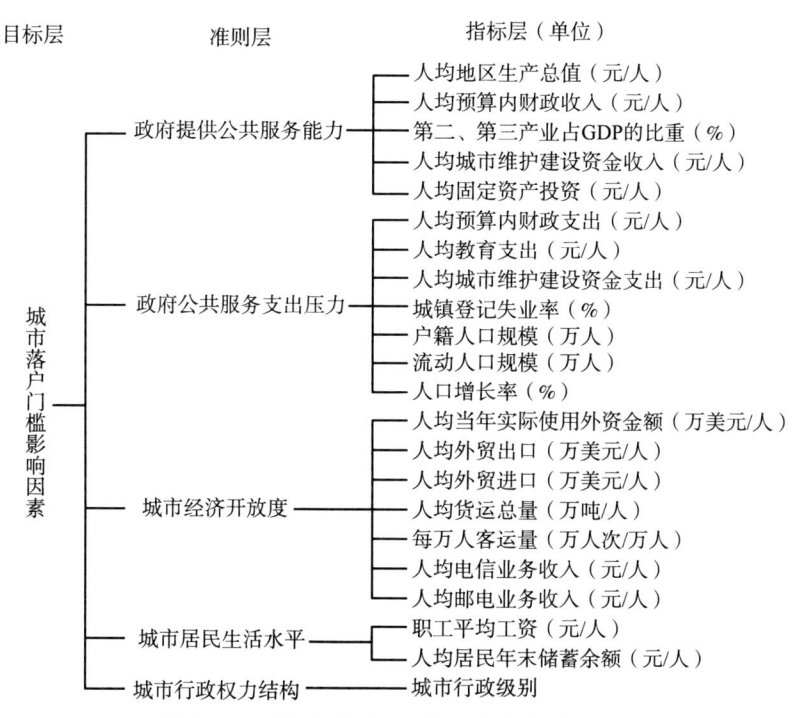

```
目标层          准则层              指标层（单位）
                                 ┌─ 人均地区生产总值（元/人）
                                 ├─ 人均预算内财政收入（元/人）
                 ┌─ 政府提供公共服务能力 ─┼─ 第二、第三产业占GDP的比重（%）
                 │                ├─ 人均城市维护建设资金收入（元/人）
                 │                └─ 人均固定资产投资（元/人）
                 │
                 │                ┌─ 人均预算内财政支出（元/人）
                 │                ├─ 人均教育支出（元/人）
                 │                ├─ 人均城市维护建设资金支出（元/人）
  城             ├─ 政府公共服务支出压力 ─┼─ 城镇登记失业率（%）
  市             │                ├─ 户籍人口规模（万人）
  落             │                ├─ 流动人口规模（万人）
  户             │                └─ 人口增长率（%）
  门
  槛             │                ┌─ 人均当年实际使用外资金额（万美元/人）
  影             │                ├─ 人均外贸出口（万美元/人）
  响             │                ├─ 人均外贸进口（万美元/人）
  因             ├─ 城市经济开放度 ────┼─ 人均货运总量（万吨/人）
  素             │                ├─ 每万人客运量（万人次/万人）
                 │                ├─ 人均电信业务收入（元/人）
                 │                └─ 人均邮电业务收入（元/人）
                 │
                 ├─ 城市居民生活水平 ──┬─ 职工平均工资（元/人）
                 │                └─ 人均居民年末储蓄余额（元/人）
                 │
                 └─ 城市行政权力结构 ── 城市行政级别
```

图 7-2 城市落户门槛高度的影响因素

注：1）由于样本城市的规模差异较大，在分析影响因素时尽可能选取相对指标，以减少人口总量带来的统计意义上的影响。2）除了"城市行政级别"外，所有指标的取值为实际统计值。"城市行政级别"则是根据样本城市所依附的三个行政等级（直辖市、副省级市和地级市）分别赋值 3、2、1。

1. 落户门槛影响指标数据标准化

与前文有关落户门槛数据标准化的处理方法类似，设第 i 个样本城市的第 j 个落户门槛影响指标为 $x_{ij}(i=1, 2, \cdots, n; j=1, 2, \cdots, m)$，$n$ 表示样本城市的总个数，m 表示落户门槛影响指标的总个数。图 7-2 中共包含 22 个指标，采用式（7.1）、式（7.2）进行正向标准化处理，得到的数据矩阵记为 $Y=[y_{ij}]_{n \times m}$。为了使用于因子分析过程的数据具备更强的可比性且变量渐进遵从正态分布 $N(0, 1)$，采用式（7.8）对正向标准化数据 y_{ij} 进行统一标准化，得到新的数据矩阵 $Z=[z_{ij}]_{n \times m}$，变换公式为：

$$z_{ij} = \frac{y_{ij} - \bar{y}_j}{s_j} \qquad (7.8)$$

式中，z_{ij} 为统一标准化数据；$\bar{y}_j$ 为第 j 个指标的均值；s_j 为第 j 个指标的标准差。

2. 确定主因子个数

用公式（7.9）确定 45 个样本城市的 22 个测量指标与综合包含各指标信息

的公共因子之间的关系（g 个公因子）：

$$u_j = a_{j1}f_1 + a_{j2}f_2 + \cdots + a_{jg}f_g + \varepsilon_j (j=1, 2, \cdots, m) \quad (7.9)$$

写成因子模型的矩阵形式：

$$U = A \cdot F + \varepsilon \quad (7.10)$$

式中，$U = (u_1, u_2, \cdots, u_m)^T$，$u_j$ 为第 j 个指标的因子得分；$A = (a_{jk})_{m \times g}$ 为因子载荷矩阵，其元素 a_{jk} 反映了公共因子 f_k 对于指标 u_j 的载荷量；$F = (f_1, f_2, \cdots, f_g)^T$；$\varepsilon$ 为与公因子相对的特殊因子，$\varepsilon = (\varepsilon_1, \varepsilon_2, \cdots, \varepsilon_m)^T$，$\varepsilon_j$ 只对相应的 u_j 起作用。

主因子个数的确定通过计算标准化数据矩阵 $(z_{ij})_{n \times m}$ 的相关系数矩阵 $R = (r_{ij})_{n \times m}$，进一步求解相关矩阵 R 的特征值 $\lambda_1 > \lambda_2 > \cdots > \lambda_m > 0$ 和对应的特征向量 β_1、β_2、$\cdots$、β_m。特征值 λ_j 表示各公共因子在解释城市落户门槛上的作用大小，对应的特征向量 β_j 就是统一标准化向量 z_j 在新坐标下各公共因子上的系数。选择 g 个特征值 $\lambda_1 > \lambda_2 > \cdots > \lambda_g > 1$ 的主因子代替全部指标综合解释其对城市落户门槛的影响。

令 $\delta_k = \lambda_k \bigg/ \sum_{k=1}^{g} \lambda_k (k=1, 2, \cdots, g)$，表示每个公共因子包含影响落户门槛的原始指标的信息量（即方差贡献率）。选择用作数据浓缩的主因子满足 $\sum_{k=1}^{g} \delta_k \geq 80\%$，即提取 g 个主因子可解释 80% 以上的全部影响。

由于初始因子的综合性太强，为了更为清晰地识别因子含义，通过因子旋转，使载荷尽可能向 ±1、0 的方向靠近，从而降低因子综合性，凸显其实际意义（见表 7 – 1）。

表 7 – 1　　　城市落户门槛影响因子的方差贡献

主因子	初始解			旋转后		
	特征值	方差贡献率（%）	累计方差贡献率（%）	特征值	方差贡献率（%）	累计方差贡献率（%）
财力总量	9.443	42.921	42.921	7.745	35.203	35.203
消费水平	3.510	15.956	58.877	3.985	18.113	53.317
城市建设物化度	2.206	10.027	68.904	2.375	10.795	64.112
城市对外依赖度	1.432	6.507	75.411	2.254	10.247	74.359
经济结构和就业水平	1.118	5.399	80.809	1.419	6.451	80.809

注：1) KMO 检验（统计量值为 0.765）和 Bartlett 球形检验（χ^2 统计值的显著性概率为 0.000，小于 1%）均表明数据适合做因子分析。2) 因子的纳入标准为因子特征值大于 1，累计方差贡献率大于 80%。

3. 计算综合因子得分

因子得分函数表达式为：

$$F_{n \times g} = (f_{ik})_{n \times g} = Z_{n \times m} \cdot B_{m \times g} \qquad (7.11)$$

式中，f_{ik} 表示主因子的因子得分；$f_{ik} = \sum_{j=1}^{m} z_{ij} \cdot b_{jk}$；$Z_{n \times m}$ 为标准化数据；$B_{m \times g}$ 为因子得分系数矩阵。

由式（7.12）构造综合因子值 F_i：

$$F_i = \sum_{k=1}^{g} \delta_k f_{ik} \qquad (7.12)$$

式中，F_i 为综合因子得分；α_k 为公共因子的方差贡献率；f_{ik} 为因子得分。

根据综合因子得分 F_i 可以对影响样本城市落户门槛的主因子进行综合排序。

（四）城市落户门槛影响因子的作用强度和结构属性的聚类分析

为了进一步认识落户门槛影响因素在不同城市的特点，有必要根据影响因子的作用强度以及结构属性的相似度对样本城市进行分类。具体采用组间连接层次聚类法进行聚类分析，以克服简单地根据综合因子 F_i 得分值的大小将样本城市分类的主观性和随意性。其基本思路是从 45 个样本城市的 5 个影响落户门槛的主因子中，找出度量指标之间相似程度的统计量，按相似程度的大小来分类。主要步骤如下。

1. 把每个样本城市看作 g 维空间（g 为因子个数）中的一个点，由式（7.13）（平方欧式距离法）计算各样本间的距离。先把每一个样本城市视为一类，找出距离最小的两个样本城市合并为一个新类。

$$d_{ij}^2 = \sum_{k=1}^{g} (f_{ik} - f_{jk})^2 \qquad (7.13)$$

式（7.13）中，d_{ij} 表示样本城市 i 和样本城市 j 之间的距离；f_{ik}、f_{jk} 表示第 i、j 个样本城市在第 k 个主因子上的值。

2. 由式（7.14）逐步计算新类与其他剩余类之间的距离，取类间距离最小的两类合并为另一个新类（该距离恰是两个合并类的离差平方和增加值的两倍），即把离差平方和增加最小的类合并，直到所有样本城市都被归入合适的类。在同一类别内，各样本城市的离差平法和（方差）较小，而不同类别的样本城市之间的离差平方和较大。

设 n 个样本城市分为 s 类 G_1，G_2，…，G_s，类 G_p 与类 G_q 合并为类 G_r，则类 G_r 与任意一类 G_s 的距离 D_{sr} 为：

$$D_{sr}^2 = \frac{n_p + n_s}{n_r + n_s} D_{sp}^2 + \frac{n_q + n_s}{n_r + n_s} D_{sq}^2 - \frac{n_s}{n_r + n_s} D_{pq}^2 \qquad (7.14)$$

式 (7.14) 中，p、q、r、s 分别为类 G_p、G_q、G_r、G_s 的样本城市数；D_{sp}、D_{sq} 和 D_{pq} 分别为类 G_s 与类 G_p、类 G_s 与类 G_q、类 G_p 与类 G_q 间的距离。

45 个样本城市落户门槛影响因子的作用强度和结构属性相似度的聚类过程如图 7-3 所示。

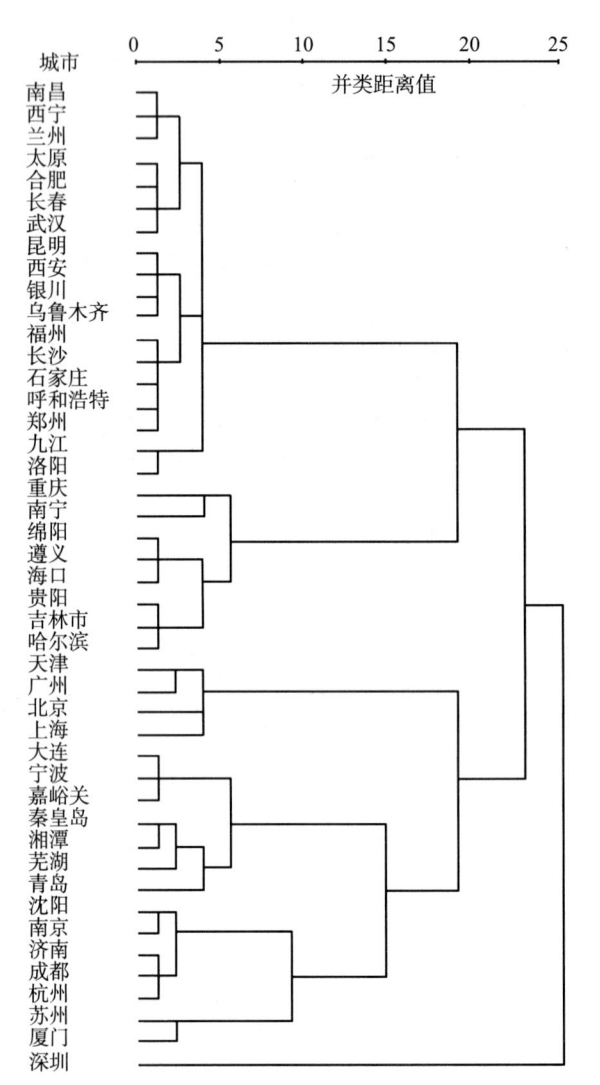

图 7-3 基于落户门槛影响因子作用强度和结构属性相似度的城市谱系图

四、城市落户门槛特征及其影响因素

根据投影寻踪模型得出的各城市综合落户门槛指数分布格局。对比表 7-4

中的落户门槛指数值，如果对一些非关键性的结果存而不论，一个最显著的发现是各地城市落户门槛只有程度上的差距而没有本质上的不同，折射出转型过程中地方政府利益的共同性和各地发展条件的不同性。一方面，从全国来看，地方"自为"的城市落户门槛是多维的、常态的，带有普遍性，构成了人口流动障碍的制度和体制基础。从政策的"聚焦点"和"发力点"看，无一例外地指向财富和人才，目标都是为了吸引实现辖区经济增长所需的生产要素。从落户门槛实施时间的纵向比较看，位于落户门槛指数前列的北京、上海、广州等城市早在20世纪90年代就已设置落户门槛，其经济发展的相对成功成为其他城市效仿的参照，昔日的领跑者在户籍制度上的改革定位和预期的"政策红利"也被视为成功经验的组成部分而为其他后进城市树立了里程碑式的标杆效应。在当前GDP挂帅的考核体系下，在福利资源尚稀缺并且地区不平衡的情况下，面对GDP增速与依赖地方财政收入的公共物品提供之间，为了不在竞争中落伍，作为某个单独个体的城市政府难以做出与其他城市政府截然不同的选择。另一方面，以城市为单位的落户门槛高低有异，反映出各地发展条件的不均衡和城市吸引力的差别。综合来看，落户门槛高的城市一般是综合实力强、落户需求大的经济发展一线城市。从地域分布看，落户门槛指数居高的城市主要位于东部沿海地区，落户门槛低的城市则相对集中在中西部地区，反映出经济的发展水平和开放度并不必然与户籍的开放度成正比。从人口结构看，流动人口比例越高的城市，城市落户准入条件越高，折射出城市政府在无法有效控制城市实际常住人口不断增加的同时，不向外来人口开放需要动用本地资源的公共服务项目。城市落户门槛"度"的差别也反映出广泛存在的资源越来越不公平地向更高权力中心集中、落户规定与行政权力左右下的城市综合发展条件相互共振的现状。

　　基于因子载荷分析提取的影响城市落户门槛高度的主因子（见表7-2）显示，影响落户门槛高度的指标遍布经济社会的多个层面，展示了盘根错节的落户障碍构成。其中，城市落户门槛高度与地方经济发展生态"重增长"的关系最值得关注。一方面，城市财力对落户门槛影响力明显（占总体贡献率的35%）。贡献率高的指标都指向经济总量，昭示财经总量越大的城市其落户门槛倾向越高。另一方面，落户门槛与城市经济结构的相关性远较财力的相关性小（因子载荷值仅为"财政经济实力"因子的18%）。随着改革开放的深入，各地经济发展条件有异，城市间发展差距的分野明显。但这种差距更多地表现为总量水平，而不是经济结构优化程度的差距。事实上，各地方政府财政收入高度依赖的经济增长点类似（如制造业、房地产业）。总量增长和结构调整是经济发展的两个方面，但带出的警示是，每个城市都重视依靠廉价劳动力扩充经济总量以掌控更多的资源，但落户门槛高度的降低并不必然与财经总量的增长"对接"。各城市似乎缺乏通过优化经济结构提高竞争力的应有热情，也普遍缺乏为推进户籍制度改革付出成本的动力。

表7-2 影响城市落户门槛高度的因子载荷分析结果

主因子意义	对落户门槛高度的贡献率（%）	载荷较大指标
财力总量	35.203	人均地区生产总值；人均预算内财政收入；人均城市建设维护资金（财政性资金）收入；人均固定资产投资；人均预算内财政支出；人均教育支出；流动人口规模；人均实际使用外资金额；人均外贸出口；人均电信业务收入；人均邮电业务收入
消费水平	18.113	户籍人口规模；人口增长率；人均外贸进口；职工平均工资；人均居民储蓄余额；城市行政级别
城市建设物化度	10.795	人均城市建设维护资金（财政性资金）收入；人均城市维护建设资金（财政性资金）支出
城市对外依赖度	10.247	人均货运总量；每万人客运量；城市行政级别
经济结构和就业水平	6.451	第二、第三产业占GDP的比重；城镇登记失业率

注：1）因子载荷的绝对值越大，在解释因子时越重要。统计上一般认为绝对值大于0.3的因子载荷属于显著，因为变量能被该因子解释的部分超过10%。表中的主要影响指标的主因子载荷取值为绝对值大于0.5。5个主因子的累计影响率为80.809%。2）影响因子与落户门槛的高度具有一致的指向关联，即因子载荷越大，落户门槛越高。

落户门槛高度的降低不与总量经济的增加"对接"还体现在城市建设物化度和城市对外依赖度这两个因子对落户门槛的影响强度上。从统计数据上看，城市建设物化度和城市对外依赖度对落户门槛高度的总和影响力度虽然不如经济总量那么显著，但作为认识落户门槛高度的参照却不可忽视，因其背后连接着区域竞争的生态和地方财政的使用。如果比对各城市的经济总量、对外依赖度和外来人口规模的统计数据，可以发现对外依赖度越高的城市一般都是在城市竞争力排名中靠前的城市，也是人口流入的热点城市，其经济总量的增加更加依赖外来廉价劳动力。表7-2的分析结果包含这样的含义，落户门槛高的城市往往是那些有更强基础设施投资能力、对外有更多依赖的城市。提供公共服务产品能力高、利用外部资源多的城市并不热衷于为户籍制度改革的可能受益者调动财政积累，财政增量部分（包括预算和非预算收入）并非主要用于扩大公共服务面。① 这进一步说明，在经济增长的成果和社会成员的利益分配之间出现了某些断裂。逻辑上，这是投资依赖型的地方经济发展模式的必然延伸：为了在区域竞争中抢占有利地位，有发展冲动的政府的投资重点更多地指向对经济增长起支撑和先导作用的基础设施，而非导向民生利益调节和公共物品更公平的配置。与此对应的思考是，以某些城市的实力，扩大落户面、推动户籍制度改革已不是能不能做，而是愿不愿做的既得利益问题。

消费水平是影响落户门槛高度的另一重要因子，其对落户门槛高度的影响力仅次于财力总量。消费水平是城市吸引力在生活领域的引信，既映衬出城市富裕程度，又蕴含满足社会公共需求的压力的存在。社会保障支出和民生事业的摊子越来越大，意味着政府需要聚集更多的资源。消费水平高的城市不仅有体量比较大的经济，还有来自常住人口（户籍人口和外来人口）不断扩大的公共物品和公共服务的需求，存在着扩大财力、使之与事权相匹配的现实要求，而准入制度成为城市政府应对的普遍思维和地方机制。城市户口从来就不单纯是一种居住登记，在城乡二元结构下还涵盖有一套价值和福利意蕴。源于社会管理需求的户籍制度在转型时期被城市政府异化为竞争资金人才、增加本级财政和缓解对公共产品冲击的政策工具。落户条件的背后是强调根据外来人口群体中社会经济状况的异质性，制度化地整合其中小部分，排他大部分。当地方政府珍视的资源和竞争的对象是资金和精英而非低端的外来普通工人时，地方政府既无可能也无必要物化户籍制度改革。

城市落户门槛影响因子的作用强度和结构属性相似度的聚集结果显示，各主因子对落户门槛高度的影响并非是独立简单的线性对应。结合评价指标对主因子的作用强度（见表7-3）可看出，同一指标对不同主因子的作用力度不但强弱不均（表现为因子分值大小的差别上）而且或相互加强或相互分离（表现在因子分值的符号差别上），使得同时考虑作用强度和结构属性相似度的城市聚类结果与仅基于综合因子 F_i 的得分值大小划分的城市分类不完全一致。从类别趋同性看以及比照城市落户门槛指数的大小，高落户门槛中的少数一线城市自成一类（类规模为4），其落户门槛高度受综合因子 F_i 的影响程度十分显著。除深圳外②，有40个样本城市落入另外两类（类规模分别为26和14）。这两类的城市

---

① 其他学者的研究也得出类似的结论。例如平新乔（2006）的研究发现，政府新增非预算资金大部分用于基础设施建设和行政管理支出，很少用于公共物品的支出。
② 尽管聚类分析的结果表明，深圳是一个自成一类的特殊城市，但从因子分析的角度来看，其落户门槛影响因子的作用强度最低。为便于比较，这里仍将深圳和另外14个城市归并为低作用强度类型。后文我们将对深圳的这种极端情况进行统计上的解释。

既有省会级别、实力比较雄厚的大城市,也有后发的地级二线城市,经济总量和发展速度存在着较大差异,城市落户门槛指数既有高序位也有中、低序位,但共同的特征是综合因子 F_i 对落户门槛高度的作用力度会受到5个主因子中的其中某个因子的影响指向的不同而呈现出相对减弱的情况。这里聚类分析结果的表征意义有两种:第一,由于分析城市落户门槛高度和影响因素的指标体系同是多维多层的社会经济度量标尺,城市社会经济不同侧面的结构属性会对城市落户门槛的设置构成多向的、基于经验观察不容易判断的复杂影响。第二,不同类别"类规模"的差别显示,除了少数城市之外,大部分城市的落户门槛高度相同性和影响因素同质化的倾向明显(见表7-4)。

表7-3　　　　　　　　各指标对主因子的作用强度

影响指标	主因子意义				
	财力总量	消费水平	城市建设物化度	城市对外依赖度	经济结构和就业水平
人均地区生产总值	0.525	-0.410	0.431	0.439	0.168
人均预算内财政收入	0.925	-0.282	0.155	0.032	0.073
第二、三产业占GDP的比重	0.352	-0.062	0.203	0.029	0.765
人均城市维护建设资金收入	0.091	-0.123	0.863	0.076	0.136
人均固定资产投资	0.629	-0.153	0.400	0.168	0.223
人均预算内财政支出	-0.934	0.253	-0.104	-0.033	-0.099
人均教育经费支出	-0.912	0.319	-0.199	-0.002	-0.057
人均城市维护建设资金支出	-0.188	-0.057	-0.922	-0.053	0.076
城镇登记失业率	0.418	-0.295	0.274	-0.193	-0.506
户籍人口规模	-0.004	0.810	-0.017	0.358	0.176
流动人口规模	-0.600	0.354	0.001	0.046	-0.291
人口增长率	-0.471	-0.588	0.127	0.266	0.193
人均当年实际使用外资金额	0.752	-0.157	0.378	0.231	0.085
人均外贸出口	0.902	0.081	0.191	0.161	-0.117
人均外贸进口	0.417	-0.766	0.061	0.211	0.100

续表

影响指标	主因子意义				
	财力总量	消费水平	城市建设物化度	城市对外依赖度	经济结构和就业水平
人均货运总量	0.062	-0.075	0.107	0.764	0.308
每万人客运量	0.150	0.193	0.008	0.742	-0.411
人均电信业务收入	0.938	0.048	-0.032	-0.002	-0.056
人均邮电业务收入	0.864	-0.061	0.069	0.151	0.043
职工平均工资	-0.474	0.773	-0.197	-0.030	-0.029
人均居民年末储蓄余额	-0.370	0.848	0.011	0.227	-0.050
城市行政级别	0.148	0.574	0.118	0.670	0.048

注：1）统计意义上，此表为旋转后主因子的载荷矩阵。2）由于经过标准化处理，在统计分析过程中各项指标的数据渐进演变均遵从正态分布 $N(0,1)$。因子荷载为正值表示该主因子与其对应的指标为正相关关系；相应的，负值表示与其对应的指标为负相关关系。

表7-4 各城市主因子得分、聚类结果与落户门槛指数

城市	主因子 F_1	主因子 F_2	主因子 F_3	主因子 F_4	主因子 F_5	综合因子 F	城市聚类	落户门槛指数
重庆	0.9554	0.9799	0.3448	1.1663	2.9370	0.8600	2	0.5515
哈尔滨	0.6355	0.3700	0.5786	0.4713	1.1993	0.4788	2	0.4116
上海	-0.7825	3.5216	1.1069	0.3888	-1.2696	0.4398	1	3.1762
西安	0.6144	-0.0146	-0.0377	1.0501	0.1276	0.3254	2	1.4160
北京	-0.9276	2.9789	-0.5374	1.4576	0.1622	0.3148	1	2.4563
成都	0.6240	0.5209	-0.4928	-0.1862	0.6437	0.2833	3	1.0010
天津	-0.1338	1.3195	0.3248	0.7290	-0.4855	0.2703	1	1.3316
绵阳	0.5597	-0.6363	1.1693	-0.5160	1.4933	0.2515	2	0.2158
贵阳	0.3333	-0.3028	0.9056	-0.0569	0.8808	0.2112	2	0.3229
乌鲁木齐	0.3807	-0.2288	0.5127	0.7619	-0.2447	0.2102	2	0.3718
广州	-0.2982	1.7896	0.2696	-0.7028	0.4013	0.2022	1	2.0549
济南	0.5310	0.1342	-0.7120	0.3052	0.2382	0.1810	3	1.1956
吉林市	0.4205	-0.2734	0.5753	-0.0539	0.2697	0.1725	2	0.5349
长春	0.4026	-0.0850	0.4474	0.5733	-1.0071	0.1684	2	0.9545

续表

城市	主因子 F_1	主因子 F_2	主因子 F_3	主因子 F_4	主因子 F_5	综合因子 F	城市聚类	落户门槛指数
兰州	0.3983	-0.5742	0.5228	1.0043	-0.4900	0.1639	2	0.4749
海口	0.1243	-0.4948	0.6949	-0.1191	2.1028	0.1526	2	1.0084
南宁	0.4312	-0.6715	-0.8734	1.0395	1.6945	0.1517	2	1.0414
南京	0.4379	0.6288	-1.6686	0.4400	0.0029	0.1332	3	1.0646
武汉	0.0539	0.4617	0.7195	0.4802	-1.6021	0.1261	2	1.0006
昆明	0.3257	-0.1789	-0.2464	0.5536	0.0300	0.1143	2	0.5517
西宁	0.3920	-0.8437	0.5802	1.0660	-0.7226	0.1104	2	0.6822
遵义	0.2318	-0.7645	1.2919	-1.1477	2.0632	0.0981	2	0.2045
杭州	-0.0054	1.0576	-0.8945	-0.2843	0.5078	0.0967	3	1.5427
银川	0.1207	-0.5384	0.4804	0.6737	0.2738	0.0835	2	0.3317
沈阳	0.4883	0.3550	-1.3501	0.4345	-0.8356	0.0811	3	0.5801
太原	0.4151	-0.3817	-0.1773	0.5686	-1.0874	0.0460	2	0.5374
南昌	0.1441	-0.7212	0.4998	0.8721	-0.8013	0.0117	2	0.5352
湘潭	0.5582	-0.7288	0.2512	-0.4107	-0.6904	0.0050	3	0.2771
石家庄	0.1626	-0.5177	0.2786	0.2407	-0.3440	-0.0040	2	0.5773
洛阳	0.2582	-0.8307	1.0182	-0.3873	-0.6962	-0.0343	2	0.5786
福州	-0.1499	0.0437	0.3031	-0.2630	-0.2662	-0.0562	2	1.0055
大连	-0.1435	0.8576	0.0180	-1.7385	0.1226	-0.0635	3	1.4216
嘉峪关	0.3781	-0.1398	0.7303	-2.5293	-0.4256	-0.1000	3	0.0804
呼和浩特	-0.2309	-0.5534	0.5332	0.2395	-0.5063	-0.1321	2	0.3555
合肥	-0.1012	-0.4491	0.1215	0.3787	-1.0744	-0.1344	2	0.5868
郑州	-0.1903	-0.7833	-0.0469	0.8420	-0.3105	-0.1477	2	0.3289
秦皇岛	0.3657	-0.4780	-0.6413	-1.0974	-0.3836	-0.1643	3	1.2816
长沙	-0.2894	-0.2376	-0.2771	0.0873	-0.2096	-0.1794	2	0.4740
芜湖	0.7673	-0.7820	-1.1359	-1.1369	-1.6248	-0.2154	3	0.4482
青岛	0.2363	0.6276	-1.5331	-2.0397	-0.8006	-0.2293	3	1.6751
九江	0.0334	-1.4358	1.2223	-0.4536	-1.0763	-0.2323	2	0.3897
宁波	-0.7195	0.8755	0.4199	-2.7982	0.0330	-0.3340	3	1.2651
厦门	-0.7957	-1.2651	-3.5587	1.1970	0.0530	-0.7673	3	1.5515

续表

城市	主因子 F_1	主因子 F_2	主因子 F_3	主因子 F_4	主因子 F_5	综合因子 F	城市聚类	落户门槛指数
苏州	-1.2102	-0.4752	-2.6041	-1.5736	1.3894	-0.8648	3	1.4509
深圳	-5.8020	-1.1356	0.8667	0.4739	0.3283	-2.0849	4	2.5035

注：1）各主因子的解释含义：F_1 为财政经济总量实力；F_2 为消费水平；F_3 为城市建设的物化能力和压力；F_4 为城市对外依赖程度；F_5 为城市经济结构和就业压力。2）由于经过标准化处理，在统计分析过程中各项指标的数据渐进演变均遵从正态分布 $N(0,1)$，0 分值意味着该因子对落户门槛的影响度处于平均水平，因子得分的正值和负值可理解为该因子对落户门槛的影响度高于或低于相对于平均水平。

影响公因子的结构属性对落户门槛的复杂影响可以通过深圳案例做进一步注解。聚类过程揭示，深圳是一个可以自成一类的特殊的城市标本（见图7-3）。深圳的落户门槛指数在所有样本城市中排名第2，而影响落户门槛的综合因子 F_i 的分值在所有样本城市中最低（见表7-4）。统计上对此的解释是，虽然通过因子分析提取的影响落户门槛的 5 个公因子都满足统计意义上的显著性水平，但由于各公因子相互渗透且影响方向不尽一致，当复合成综合因子时，此消彼长下总体影响力被分解。与其他样本城市相比，深圳的经济总量和消费水平因子对落户门槛高度的正向影响力处于很弱的水平，而其他因子的正向影响力偏强。由于影响落户门槛的 5 个公因子的作用力因强度指向相反而互相抵消影响力度，导致综合因子 F_i 的影响度下降。表7-4 的结果显示，深圳的情况比较极端但也不能视为仅有的孤立点。在很多样本城市中，5 个公因子的各自影响并非为单一导向，在不同程度上降低了综合因子的影响度。限于篇幅，本章未能对公因子结构属性对落户门槛的影响展开更详尽的分析。在后续研究中，我们将通过通径分析（Path analysis）这一多元统计分析方法进一步探讨各公因子对城市落户门槛的直接影响力和间接影响力，以刻画出公因子结构属性统计解释背后所指代的政治经济生态。

上述落户门槛高度及其影响因素的量化分析表明，城市落户门槛是佐证"发展主义"政府的标本切片。城市落户门槛普遍存在且在设置上基本相同；高的落户门槛往往不是设立在经济落后的城市，而是存在于经历了经济增长、经济实力强大的城市之中。不管是资源吸取能力强的城市还是财政收入不足、公共物品供应压力大的城市，地方政府都缺乏推动自由落户、让落户门槛归零的天然激励。户籍制度改革进程在经过多轮起伏后似乎仍然停留在原点。

五、结论和政策含义

推进契合民意的户籍制度改革是当前构建和谐社会、调整收入分配的重要一步。对于城市落户改革的走向，强调公平正义、发展共享是主流思想。大量研究（张数义、杜纲建，2001；黄仁宗，2002；王太元，2005）表明，改革的最大障碍在于户口类型隐含着各种各样的不同权益。深化改革的关键，在于把挂靠在户口之上的教育、医疗、社会保障等诸多公共服务和福利与户口类型剥离。彭希哲[①]等提出，城市落户改革的本质是决策者放弃以限制人口自由迁移的权利及其相关的社会福利来实现经济发展与社会稳定的工具性目标，将农村进城人口的权利保障及其正义性置于政策目标序中的优先地位。这些看法隐含的对户籍制度改革终极目标的政治经济诉求是城市政府向外来人口开放城市公共资源，在经济社会活动中扮演相对超然的角色，但同时地方政府需要扩大公共支出规模。因此，也有研究指出这种公平性导向的改革导致地方政府面临公共资源供给的压力，协调公共资源地区之间的配置是推进城市落户改革的关键[②]。

本章构建的城市落户门槛指数如果理解为户籍制度开放性的表征，反映已有的户籍制度改革远未形成社会乐观其成的善制，而对落户门槛影响因素的阐释试图从转型时期地方政府职能嬗变的角度体悟户籍制度改革的病理。我们认为，政府职能应当是观察户籍制度改革的一个重要视角。从政府职能出发构成的发展主义的影响，显然不应排除在视野之外。本章的实证分析表明，地方财力的提升并不会必然降低城市落户门槛。在财权上移、事权下沉的制度大背景下，当地方政府以追求经济增长为主要目标、以扩大投资规模为主要任务、以行政手段竞争发展资源时，就为城市落户门槛的设置提供了存在的政治经济土壤，决定了户籍制度改革的曲折性和不稳定性。从这个意义上说，户籍制度改革延伸内涵的深度需要涉及权利之外的更广泛的政治、经济、社会的现实运作格局和多个领域改革的互动，这些领域包括发展模式、政府职能、公共财政、收入分配、民众权利，等等。户籍制度不可能跨越式地孤军挺进到公平境地。如果向政府职能的现实溯源，户籍制度改革的难点在于城市发展过程中，政府有做大做强经济蛋糕的动力，但无切好这块蛋糕的激励和问责机制，"分好蛋糕"的压力要大大小于"做好蛋糕"的压力。对于弱势群体而言，户籍制度改革的困境在于无利益的蛋糕

---

① 彭希哲，赵德余，郭秀云. 户籍制度改革的政治经济学思考 [J]. 复旦学报（社会科学版），2009（3）.

② 陶然，汪晖. 协调公关资源配置是推进户籍改革关键 [J]. 第一财经日报，2009.

自然缺乏公平的权利，但分摊利益蛋糕又要从落户开始。与其说落户门槛漠视外来人口权益和政府职能缺位，倒不如理解为现行利益格局下地方政府把权利制度化的权力寻租。现有研究提出的户籍制度改革目标固然理想，但遗憾的是与地方政府利益冲突，短期内可能无助于现实的改变。在地方利益已普遍合法化、地方自由裁量权越来越大之时，户籍制度改革考问的不是改革目标的公平愿景，考的是地方政府层面切好经济蛋糕的自觉和更高层面上制约切好蛋糕的外力。

我国转型时期政府与市场关系变化的轨迹，既不是完全否定市场的作用，也不是进一步压缩政府作用的空间，而是市场经济进一步发展的同时，政府的作用仍然强大。也就是说，在民生领域达成社会平等的努力，目前主要并非依赖市场自动调节的方式落实，而是靠政府之手来平衡和对冲市场发展所带来的分配不均。市场化下由地方政府主导的户籍制度已经难以发挥对人口迁移的调控作用，但在生成社会阶层差别上依然强势。本章对落户门槛的普遍性和影响因素的分析表明，市场化的中国做大蛋糕与改变分配蛋糕并无必然关联，只靠做大蛋糕难以解决发展中的公平问题。无可否认，每个人虽然有能力上的区别，但都在不同程度上为城市的发展贡献了面粉和鸡蛋，应该获得公平的资源与发展机会。可以让身处变革时代的每个个体都能自由选择自己生存和生活的方式，是实现现代化国家转型的应有之义。但是，城市落户门槛的案例提醒我们，这种转型涉及的每一步改革都可能步履维艰。社会对户籍制度改革的必要性其实并无太多的异议，但对如何改革尚未达成共识和时间表。从操作层面上看，只有对政府职能界定做出变革和突破才是改善财政收入和分配关系更有效地改革户籍制度的路径。

第八章

城市户籍限制最优水平的经济学分析

我国现行的城乡二元制户籍制度是特定历史条件下的产物,曾经为我国社会主义现代化建设做出了不可否认的贡献。但是,随着我国市场经济的发展,传统的户籍管理制度弊端越来越明显,已经成了束缚城乡区域协调发展的体制性障碍,因此急需对我国户籍制度进行适当改革。而户籍制度改革的主要障碍主要有以下两方面:一是城市和发达地区居民的既得利益问题;二是地方政府局部最优和中央政府全社会最优的户籍限制水平的不一致性问题。这就需要对地方政府和中央政府分别进行分析,建立对应的理论框架,以展开后续的研究。

一、地方城市政府局部最优模型

目前我国城市特别是大中城市(直辖市与省会城市)对外来人口仍然采取户籍限制的政策,即外来人口申请入户仍需经过城市政府种种限制性的审核。这样一种制度安排最早发源于新中国成立后的计划经济时期。

新中国成立后首先面临的是农业国工业化的发展任务,为此,国家建立了计划经济体制,并实施了一项高积累和重工业优先的发展战略(林毅夫等,1994),相应地也就逐步建立了全国统一的限制人口迁徙、特别是限制劳动人口向城市迁徙的户籍管理制度。这一方面是为了实现对劳动力流动和配置的计划管理,另一方面更重要的是为了防止因大量农村剩余劳动力自发向城市转移而给国家造成的财政负担(解决城市扩张所伴随的种种问题:提供城市公共产品与服务),确保高积累优先发展重工业战略的实施。

上述背景构成了独特的初始条件,导致我国走上了在世界各国经济发展史中相对特殊的户籍制度变迁路径。首先,上述全国性的城市户籍限入制度在工业化的经济发展大背景下使得城乡居民福利差距得以形成、巩固和扩大;其次,这种福利差距又使得城市居民成为一个相对独立的既得利益群体,后者反过来又成为维护这种制度安排的力量。这一相互强化的"正反馈"机制某种程度上构成了今天户籍制度改革的阻力。因此,即使改革开放后我国明确了市场化的经济体制改革方向,但为建立全国统一的人口自由流动的劳动力市场而必须进行的户籍制度改革只能沿着渐进而缓慢的路径行进。

改革开放以来,在市场化改革背景下中央与地方的责权利关系也相应地进行了调整,集中表现为1994年的分税制改革及相应的中央与地方在事权上相对明确的划分。而作为与地方公共福利相关的城市户籍政策也就开始由城市地方政府来主导。

在我国目前特定的体制背景下,城市地方政府的行为受到两方面因素的约束或引导:一是上一级政府对其的考核机制;二是地方民主选举与监督的制约。就前一方面因素来说,改革开放以来以经济建设为中心的基本国策引致了对各级政府以 GDP 增长为核心的考核机制;就后一方面而言,地方民主选举与监督机制一直在不断完善,同时,地方民意支持度也是上级政府对地方政府考核的重要参考因素,这些均使得地方政府也越来越重视当地的民生问题。

具体到城市户籍政策的制定(其实质是如何设定户籍门槛)而言,城市地方政府决策时考虑的同样也是两方面因素:一是城市 GDP 增长率;二是城市户籍居民人均公共福利增长率。即户籍门槛的确定最终取决于城市政府对增长与民生的权衡:一方面,接纳高人力资本的外来人口入籍,有利于提高 GDP 增长率,同时还可增加个人所得税的收入以分摊城市公共产品之成本;但另一方面这又会使城市原有户籍居民承受"拥挤成本"[①] 的增加,因为城市户籍居民所享有的多数公共福利属于具有使用"竞争性"的公共资源。因此,城市政府会权衡两方面影响,确定一个最优的户籍"门槛"。

本部分主要是沿着上述对我国城市政府户籍政策行为的理解思路,通过模型化的方法更精细地分析城市户籍政策的影响因素,以获得对城市政府户籍政策行为的更完善的解释。

本部分接下来将首先构建一个基于城市政府目标函数的最优户籍政策模

---

① 参见布坎南的俱乐部理论,James M. Buchanan,"An Economic Theory of Clubs",*Economica*,Vol. 32,Issue125(Feb. 1965),pp. 1 – 14.

型，并将这一基本模型扩展为城市政府与外来人口之间的博弈均衡模型，以精确分析各主要影响变量如何影响城市户籍门槛的设定；然后本部分将运用各种实证数据与资料对上述模型的基本推论进行计量或统计检验；最后，虽然本部分的主要任务是对城市政府户籍政策行为的理论与经验的实证分析和解释，而不是进行价值判断，但在本部分的最后部分，将依据实证分析的推断，尝试提出一些政策建议，即为旨在减少城市户籍限制的户籍制度改革寻找一些"杠杆解"。

（一）基本模型

我们设某市地方政府决策户籍门槛时的目标函数为：

$$U = g + \lambda \omega \tag{8.1}$$

其中 g 为该市 GDP 增长率；ω 为该市户籍居民人均公共福利增长率；$\lambda = \frac{\partial U}{\partial \omega}$，表示在地方政府目标函数中，本地居民福利之增长所占的权重。

我们用 L 表示该市户籍居民人数，其人均公共福利用 w 表示。设某初始年度该市已有户籍居民人数为 L_0，其人均人力资本水平标准化为 1，人均公共福利水平为 w_0，因此总的公共福利为 $W_0 = w_0 L_0$。

设该年外来流动人口中拟申请户籍的人数按人力资本 k 分布的密度函数为 $l(k)$，并设其按人力资本 k 的大小呈负相关分布，即：$l'(k) < 0$。

依照 C—D 生产函数，该市 GDP 增长率 g 可表达为：

$$g = \frac{\dot{A}}{A} + \alpha \frac{\dot{K}}{K} + \beta \frac{\dot{L}}{L} = d + \beta \frac{\dot{L}}{L}$$

这里技术进步和资本增长因素是外生变量，综合为常数。

而就该年度而言，$\frac{\dot{L}}{L} = \frac{n \times L_0 + \int_{\bar{k}}^{\infty} l(k) k \mathrm{d}k}{L_0}$

其中 n 为该市原户籍人口的自然增长率，$\bar{k}$ 为地方政府户籍限制政策所规定的接受外来劳动力申请户籍时要求其人力资本须达到的标准，即本模型中的控制变量。我们假定 $\bar{k} > 1$，因为出于经济增长和本地居民福利的考虑，地方政府一般只愿意接受人力资本高于该城市平均水平的劳动力入籍。执行该政策 $\bar{k}$ 后，拟接受的新入户的自然人口数为：$\int_{\bar{k}}^{\infty} l(k) \mathrm{d}k$，而折合成该市平均人力资本水平的"有效"劳动力数量为 $\int_{\bar{k}}^{\infty} l(k) k \mathrm{d}k$。

根据以上各式，有：

$$\frac{\partial g}{\partial \bar{k}} = -\frac{\beta}{L_0} l(\bar{k})\bar{k} \tag{8.2}$$

外来人口入籍后将向地方政府上缴税收，我们可设这一税收收入＝个人收入×税率＝人力资本×人力资本回报率×税率＝$k \cdot r \cdot \tau$。因此，全部入籍的外来人口给该市所带来的总的公共收入是：

$$R = \int_{\bar{k}}^{\infty} l(k) k \cdot r \cdot \tau \mathrm{d}k \tag{8.3}$$

另一方面，外来人口入籍给原有户籍居民带来了"拥挤成本"的增加。这是因为，作为城市公共福利所凭借的物质基础——如教育、医疗卫生、交通、生活服务公共设施、居住环境等等物质条件——大多是具有使用"竞争性"的公共资源，随着城市人口的增加，城市居民享用这些公共资源的"拥挤"程度会增加，并因之感到效用的损失，而且这一"拥挤成本"随城市人口的膨胀而边际递增。不仅如此，而且城市人均公共福利水平越高，增加一名户籍人口其占用的城市公共资源就越多，所产生的边际拥挤成本也越高。因此，设增加一位外来人口入籍所产生边际拥挤成本为 $MC(L, w)$，有 $\frac{\partial MC}{\partial L} > 0$，$\frac{\partial MC}{\partial w} > 0$。而该年全部入籍的外来人口给该市原户籍居民所带来的总的拥挤成本是：

$$C = \int_{\bar{k}}^{\infty} l(k) \cdot MC\left[L_0 + \int_{\bar{k}}^{k} l(k)\mathrm{d}k\right]\mathrm{d}k \tag{8.4}$$

而随着外来人口的入籍，该市户籍居民人均公共福利本期增长率为：

$$\omega = \frac{w_1}{w_0} - 1 = \frac{1}{w_0}w_1 - 1 = \frac{1}{w_0} \times \frac{w_0 L_0 + R - C}{L_0 + \int_{\bar{k}}^{\infty} l(k)\mathrm{d}k} - 1$$

$$\approx \frac{1}{w_0} \times \frac{w_0 L_0 + R - C}{L_0} - 1 = \frac{R - C}{w_0 L_0}$$

此处为了简化运算，我们假定新入户人口数 $\int_{\bar{k}}^{\infty} l(k)\mathrm{d}k \ll L_0$。为说明这一假定的合理性，我们以北京、上海两城市的数据为例，见表 8-1。

表 8-1 中我们可以看出，近十年来，无论北京还是上海，其户籍迁入数占当地户籍人口总数的比例都在 2% 以内，因此以上新入户人口数远小于原户籍人数的假设是可以接受的。

因此：

$$\frac{\partial \omega}{\partial \bar{k}} = \frac{1}{w_0 L_0}\left(\frac{\partial R}{\partial \bar{k}} - \frac{\partial C}{\partial \bar{k}}\right) = \frac{-l(\bar{k})\bar{k} \cdot r \cdot \tau + l(\bar{k}) \cdot MC(L_0)}{w_0 L_0} \tag{8.5}$$

表 8 – 1　　近年来北京、上海新入户人口数与户籍人口总数对比（人口单位：万人）

年份	北京			上海		
	户籍迁入数	户籍人口总数	百分比	户籍迁入数	户籍人口总数	百分比
1998	10.28	1 091.5	0.94	11.73	1 306.58	0.90
1999	11.34	1 099.8	1.03	14.06	1 313.12	1.07
2000	14.15	1 107.5	1.28	15.16	1 321.63	1.15
2001	15.86	1 122.3	1.41	14.63	1 327.14	1.10
2002	15.57	1 136.3	1.37	15.41	1 334.23	1.15
2003	17.49	1 148.8	1.52	14.92	1 341.77	1.11
2004	18.97	1 162.9	1.63	13.93	1 352.39	1.03
2005	21.60	1 180.7	1.83	12.96	1 360.26	0.95
2006	20.30	1 197.6	1.70	12.86	1 368.08	0.94
2007	17.55	1 213.3	1.45	14.69	1 378.86	1.07

北京市资料来源：《北京市统计年鉴》1996～2008 年卷。

上海市资料来源：户籍迁入数取自 2008 年上海统计年鉴，外来常住人口数根据《中国人口和就业统计年鉴（2008）》相关数据计算得出。

由（8.1）、（8.2）、（8.5）式可求解该市地方政府目标函数最大值的一阶条件。

根据一阶条件：$\frac{\partial U}{\partial \bar{k}} = \frac{\partial g}{\partial \bar{k}} + \lambda \frac{\partial \omega}{\partial \bar{k}} = 0$

可得：

$$MC(L_0, w_0) = \left(r\tau + \frac{w_0 \beta}{\lambda}\right) \bar{k} \qquad (8.6)$$

由上式所确定的 $\bar{k}^*$ 值即为该市地方政府的最优户籍限制政策：

$$\bar{k}^* = MC(L_0, w_0) \bigg/ \left(r\tau + \frac{w_0 \beta}{\lambda}\right) \qquad (8.7)$$

以上所求解出的是一个静态均衡的结果，我们可以进一步将其推广到动态均衡的结果。在（8.6）式中作为该市户籍居民基数的 L_0 从动态角度看是每年都在变化的，且显然与户籍门槛 $\bar{k}$ 负相关，因此为获得动态均衡结果，可用 $L(\bar{k})$ 替代（8.6）式中的 L_0，且有 $L'(\bar{k}) < 0$。这样（8.6）式可推广为：

$$MC[L(\bar{k}), w_0] = \left(r\tau + \frac{w_0 \beta}{\lambda}\right) \bar{k} \qquad (8.8)$$

（8.8）式即为本模型的基本方程式，由该式所确定的 $\bar{k}^*$ 值可视为关于该市政府最优户籍限制政策的一个动态均衡结果。

由于 $\frac{\partial MC}{\partial \bar{k}} = \frac{\partial MC}{\partial L} \cdot \frac{\partial L}{\partial \bar{k}} < 0$，因此可通过图 8-1 来说明 $\bar{k}^*$ 值的确定：

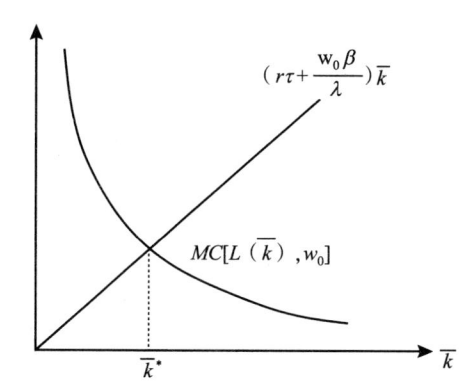

图 8-1　最优户籍限制政策 $\bar{k}^*$ 的确定

容易证明：$\frac{\partial \bar{k}^*}{\partial r} < 0$，$\frac{\partial \bar{k}^*}{\partial \tau} < 0$，$\frac{\partial \bar{k}^*}{\partial \beta} < 0$，$\frac{\partial \bar{k}^*}{\partial \lambda} > 0$，而 $\bar{k}^*$ 与 w_0 之间的相关性则不能立即确定：

如果 $\frac{\partial MC}{\partial w_0} < \frac{\beta}{\lambda} \bar{k}^*$，则 $\frac{\partial \bar{k}^*}{\partial w_0} < 0$，反之则 $\frac{\partial \bar{k}^*}{\partial w_0} > 0$。

（二）模型若干基本推论的含义

第一，$\frac{\partial \bar{k}^*}{\partial r} < 0$。表示在其他条件给定的情况下，城市人力资本回报率越高，当地政府越会放宽户籍限制，以扩大个人所得税税源，充分利用外来人口对提高本地公共福利的税收贡献。

第二，$\frac{\partial \bar{k}^*}{\partial \tau} < 0$。表示地方政府如能提高本地市民所得税税率，则政府也有动力降低户籍门槛以接收更多人入籍。因为对这部分人员的征税收入可能会抵消其导致的城市拥挤成本。

第三，$\frac{\partial \bar{k}^*}{\partial \beta} < 0$。表示劳动力的产出弹性 β 越大，即 GDP 增长中人力资本贡献比例越大，则地方政府的户籍限制会越宽松，以吸引更多的劳动力来促进本市的经济增长。

第四，$\frac{\partial \bar{k}^*}{\partial \lambda} > 0$。表示地方政府越是重视当地市民的福利水平，就越会提高户籍限制，以减少外来人口的涌入给本地居民所带来的拥挤成本。

第五，如果 $\frac{\partial MC}{\partial w_0} < \frac{\beta}{\lambda} \bar{k}^*$，则 $\frac{\partial \bar{k}^*}{\partial w_0} < 0$，反之则 $\frac{\partial \bar{k}^*}{\partial w_0} > 0$。表示虽然增加一名户籍人口所产生的边际拥挤成本随城市人均公共福利水平 w_0 的提高而提高，但当 w_0 的边际贡献值 $\frac{\partial MC}{\partial w_0}$ 低于某一临界值时，则随着 w_0 的增加，城市政府经过权衡会降低户籍门槛以引进更多劳动力，从而获得促进经济增长的好处。

进一步地，我们还可以合理假定：$\frac{\partial^2 MC}{\partial w_0^2} < 0$，这是因为随着人均公共福利水平 w_0 的提高，城市公共资源使用的竞争性有所降低，这样 w_0 对户籍人口边际拥挤成本 MC 的边际贡献值 $\frac{\partial MC}{\partial w_0}$ 也会下降。这样作为本模型基本方程的（8.8）式也可通过图 8-2 来表现。

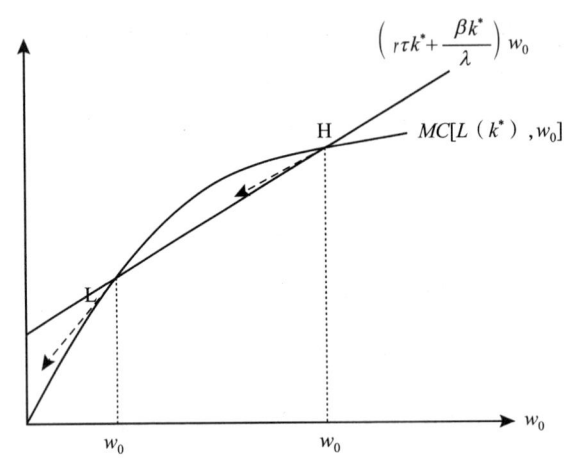

图 8-2　满足最优户籍政策条件的不同均衡点

在图 8-2 中，L、H 点均为满足（8.8）式（即最优户籍政策条件）的点，其中在 L 点 $\frac{\partial MC}{\partial w_0} > \frac{\beta}{\lambda} \bar{k}^*$，而在 H 点 $\frac{\partial MC}{\partial w_0} < \frac{\beta}{\lambda} \bar{k}^*$。可以合理地认为，直接附着于城市户籍上的公共福利大多具有享用的"竞争性"，否则城市政府没有必要进行户籍限制。因此，城市人均公共福利水平 w_0 随着城市户籍人口的扩张最终会趋于下降。而随着 w_0 的下降，如果城市处于 L 点附近，按前面的分析结果 $\frac{\partial \bar{k}^*}{\partial w_0} > 0$，则城市政府会趋于降低户籍门槛；如果城市处于 H 点附近，则城市政府会趋于抬高户籍门槛。分别见图 8-2 中虚线箭头表示的方向。

具体到我国背景下的推论就是：随着城市地方政府开始主导城市户籍政策，中小城市因其户籍含金量较低（即 w_0 较低），其政府最终将趋于不断降低户门槛;相反,户籍含金量较高的大中城市最终则趋于不断提高户籍门槛。上述两种相反的户籍政策变化趋势会一直运行到以下动态平衡状态时才会稳定,这个平衡状态就是户籍政策所致的人口流入不再使城市人均公共福利下降。

(三) 基本模型的扩展:地方政府与外来人口之间的博弈均衡

以上基本模型只是从地方政府目标函数出发,求解最大化政府效用的户籍限制政策,但并未考虑外来人口对地方政府户籍政策的反应。如果引入这一考虑,则可将上述基本模型扩展为地方政府与外来流动人口的博弈均衡模型。

为简化起见,设该市户籍居民人数 L 关于户籍门槛 $\bar{k}$ 的函数 $L(\bar{k})$ 为线性函数:

$$L(\bar{k}) = a - b\bar{k} \tag{8.9}$$

显然该函数与外来申请入户的人口按人力资本分布的密度函数 $l(k)$ 相关。

同时,将边际拥挤成本函数也设定为线性的:

$$MC(L) = e + f \times L \tag{8.10}$$

再引入外来人口的选择性行为即可求解地方政府与外来人口之间的博弈均衡。假定本市政府提高门槛 $\bar{k}$ 将导致一部分高人力资本的劳动力放弃申请入户而转投其他门槛较低地区寻求就业,从而使得外来申请入户的人口按人力资本分布的密度函数发生变化,并进而导致本市户籍居民人数关于户籍门槛的函数 $L(\bar{k})$ 发生变化。因此可将函数 $L(\bar{k})$ 中的系数 b 假定为关于 $\bar{k}$ 的正相关函数,例如:

$$b = \eta \bar{k} \tag{8.11}$$

将(8.9)、(8.10)、(8.11)式代入前面基本模型中的基本方程式(8.8),即可求出博弈均衡解:

$$\bar{k}^* = \frac{-P + \sqrt{P^2 + 4\eta f Q}}{2\eta f} \tag{8.12}$$

其中:$P = r\tau + \dfrac{w_0 \beta}{\lambda}$,$Q = e + a \times f$

容易证明:$\dfrac{\partial \bar{k}^*}{\partial P} < 0$,因此以下式子仍然成立:

$$\frac{\partial \bar{k}^*}{\partial r} < 0, \quad \frac{\partial \bar{k}^*}{\partial \tau} < 0, \quad \frac{\partial \bar{k}^*}{\partial \beta} < 0, \quad \frac{\partial \bar{k}^*}{\partial \lambda} > 0$$

同时还容易证明:$\dfrac{\partial \bar{k}^*}{\partial \eta} < 0$

η 可视为周边城市对本城市在吸引人才方面的竞争力度,或者说是外来人口的流动相对于本城市户籍政策的敏感程度。上一推论的含义是:随着周边城市在吸引劳动力方面的竞争强度的提高,本城市将会降低户籍门槛。

(四) 模型推论含义的实证检验

1. 人力资本回报率 r 与人力资本贡献率 β 对户籍限制的影响：$\frac{\partial \bar{k}^*}{\partial r} < 0$，$\frac{\partial \bar{k}^*}{\partial \beta} < 0$

现实中的我国城市户籍限制政策比理论上的假定要复杂，有时政策并非直接表现为设定具体明确的准入条件，而是通过指标限制来体现。如在计划经济体制占主导的时期，外来人口要取得某一城市的户口，首先要落实一家国有接收单位（机关、事业单位、国企），这些单位有政府配给的户口指标或进人指标，没有专门分配指标的较小的单位可从政府人事部门的机动指标中获得。因此以下情形均可视为户口政策的松绑：接收单位为非公有单位的外来人口也可申请入户；对高素质人才或本城市紧缺人才实行准入制或入户特别优惠政策（如解决配偶与子女入户）而不实行指标限制；外来人口买房可入户，等等。

由于现实户籍政策的上述复杂性（如上述的指标限制而非准入条件限制），以及这些政策难以直接定量描述等特点，因此我们定义一个新的变量——城市户籍人口净流入数 L^{im} 来间接表达城市的户籍限制程度。设某城市第 t 期末户籍人口为 L_t，t 期的城市人口自然增长率为 n_t，则定义该城市的变量 L^{im} 在 t 期的值为：

$$L_t^{im} = L_t - L_{t-1} - n_t L_{t-1}$$

可见，变量 L^{im} 是指某城市在某期内的户籍人口增量扣除该城市自身人口自然增长数量后剩下的值，因此实际上就是某期内城市因外部人口流入而形成的户籍人口净增加量，显然它与户籍限制程度负相关。对于人力资本报酬率 r，我们用职工人均年工资 E（Earnings）来近似替代；对于人力资本贡献率 β，我们用城市劳动者报酬占 GDP 的比重 R_L 来近似替代①。

因此模型推论就可近似表达为：某城市的变量 L^{im} 与城市职工人均年工资以及城市劳动者报酬占 GDP 的比重正相关。为了验证这一判断，我们选取中国各省会城市及直辖市户籍人口数、人口自然增长率、职工人均年工资数以及劳动者

---

① 假定某城市的 C-D 型生产函数 $Y = AK^\alpha L^\beta$，其规模收益不变，从而满足欧拉定理（产品分配净尽定理），同时假定各要素按其边际产出获得报酬，则劳动报酬占 GDP 比重为 $\frac{L\left(\frac{\partial Y}{\partial L}\right)}{Y} = \frac{LA\beta K^\alpha L^{\beta-1}}{AK^\alpha L^\beta} = \beta$（参见蒋中一，1999，第 541~544 页的讨论）。

报酬占 GDP 的比重自 1995~2008 年的面板数据做一计量分析。①

在进行面板数据分析以前,为了防止出现伪回归的问题,我们需要进行协整检验,以验证三者之间是否具有协整关系。这里为了消除异方差及波动性,所有数据皆进行了对数化处理(Wooldridge,2002)。几种协整检验(Pedroni 检验、KAO 检验和 Johansen 检验)结果表明方程存在协整关系,因而可以进行回归且不会出现伪回归问题(Cheng Hsiao,2003)。

然后,我们在固定效应模型,随机效应模型以及混合模型 3 个模型中进行选择,先后根据 F 检验和 Hausman 检验的结果,最终选择了固定效应模型(Greene,2002)。这里为了消除异方差,又考虑到本例中截面数据大于时序数据,我们选择个体固定效应模型,并以截面加权进行回归,结果如下(见表 8-2):

表 8-2 1995~2008 全国省会城市及直辖市的户籍人口净流入数 P^{im} 与职工人均年工资、劳动者报酬占 GDP 比重之间关系的面板数据分析结果

Hausman 检验	χ^2 统计量	χ^2 自由度	概率 P 值	样本数
随机效应	18.829647	2	0.0001	299
变量	系数	标准差	T-统计量	概率 P 值
C	4.154812	1.265464	3.283232	0.0012
E	0.083528	0.099747	0.837402	0.4031
R_L	1.457149	0.344642	4.228008	0.0000
拟合优度系数 0.416797		F-统计量	8.159129	
整体概率 P 值 0.000000		D.W 值	1.684629	

根据表 8-2 的结果,可以得到如下的回归方程(其中 E,R_L 分别表示城市职工人均年工资,城市劳动者报酬占 GDP 的比重):

$$L^{im} = 4.154812 + 0.083528E + 1.457149R_L$$

方程的整体概率 P 值为 0,说明方程总体上是显著的,其中 R_L 序列是显著的,但 E 序列则不显著。后者在当前我国现实背景下也容易得到理解,因为根据前面的模型,户籍限制与人均工资负相关的内在机制在于,城市政府可以通过收取个人所得税使得新进户籍人口对提高本地公共福利做出税收贡献,但在目前我国个人所得税征收制度不完善、征收难度大、征收成本高,而且该税种由中央

---

① 数据来源于《中国城市统计年鉴》1996~2009 年卷,由于拉萨市的数据在统计年鉴上部分年份空缺,同时重庆、西宁、贵阳、西安、南宁、海口、银川等城市可能因统计口径变更而导致某些指标在一些年份前后相差过大且失真,故在分析中将这些城市剔除,这样最终使用了 23 个城市的数据。

与地方共享的背景下,上述户籍限制与人均工资负相关的内在机制就难以充分发挥作用,从而城市人均工资水平的提高对户籍限制的弱化作用就不显著。这从另一方面也启示我们,城市户籍制度改革的一个重要配套方面就是要改革和完善个人所得税征管制度。

综上所述,我们上述的计量分析还是基本验证了城市户籍人口净流入数 L^{im} 确实与城市职工人均年工资以及城市劳动者报酬占 GDP 比重正相关,这也进一步验证了我们的前述推论:户籍限制与人力资本回报率、人力资本贡献率均负相关,即:$\frac{\partial \bar{k}^*}{\partial r} < 0, \frac{\partial \bar{k}^*}{\partial \beta} < 0$。

2. 对北京和上海两城市数据的具体描述性分析

北京和上海作为中国目前对户籍限制最严的两个城市,对于本章的分析具有一定的典型意义,而且,它们作为中国内地最为发达的两个城市,在城市规模,经济发展程度,以及城市人口上具有一定的相似性,因此可拿来专门进行更细致比较。

(1) 两市人力资本回报率对户籍限制的影响:$\frac{\partial \bar{k}^*}{\partial r} < 0$

对于城市户籍政策的松紧程度,我们选取城市当年户籍迁入人数占同期户籍总人口数之比来代表;而对于人力资本回报率,我们同样用职工人均年工资来近似替代。我们从两市历年统计年鉴中获得以上相关数据,并处理得出以下若干图表。

图 8-3 为两市自 1995 年至 2007 年历年户籍迁入数占户籍人口总数百分比与同年职工人均年工资之间关系的散点图。从该图可看出,这两个变量之间总体上呈正相关关系,其中尤以北京市数据较为明显。

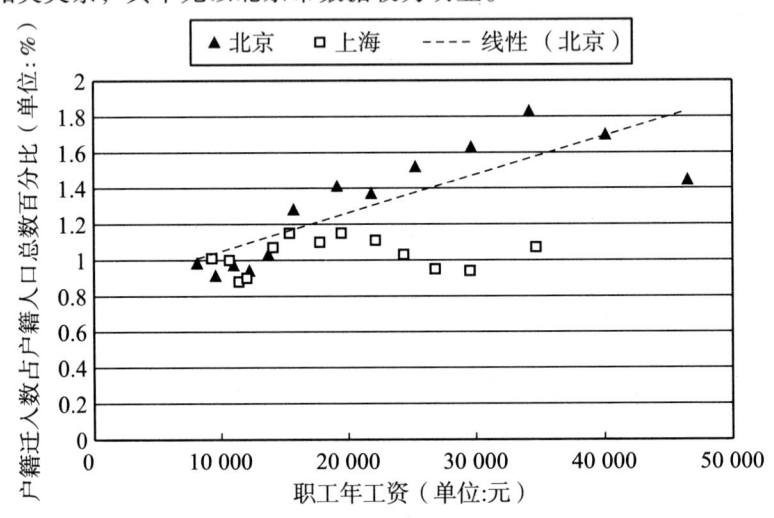

图 8-3 北京、上海近年户籍迁入数占户籍人口总数百分比与职工人均年工资之间关系的散点图

图 8-4、图 8-5 分别为两市自 1995~2007 年历年的户籍迁入数占户籍人口总数百分比的折线对比图与职工人均年工资的折线对比图。从这两个图可看出：

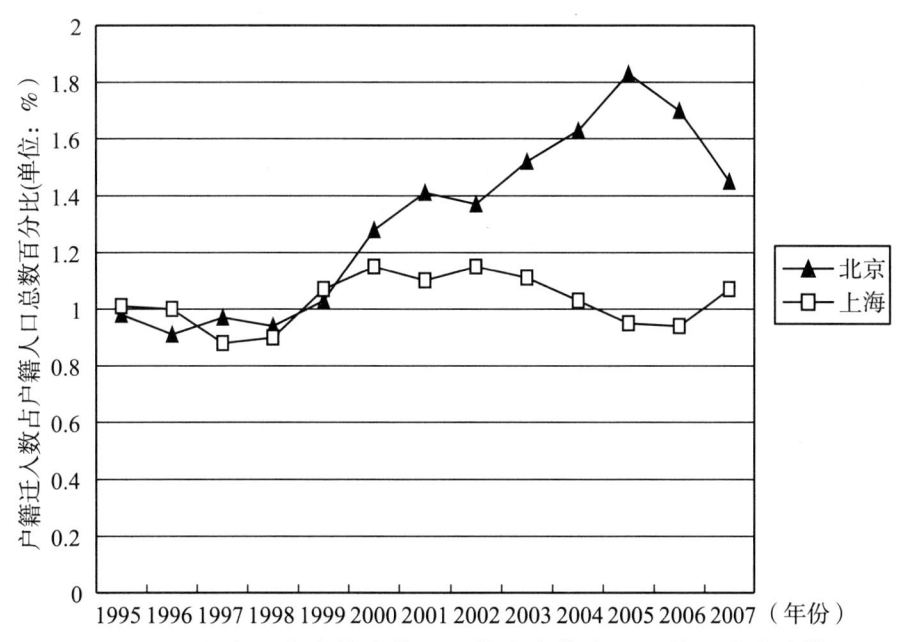

图 8-4　北京与上海的户籍迁入数占户籍人口总数百分比比较

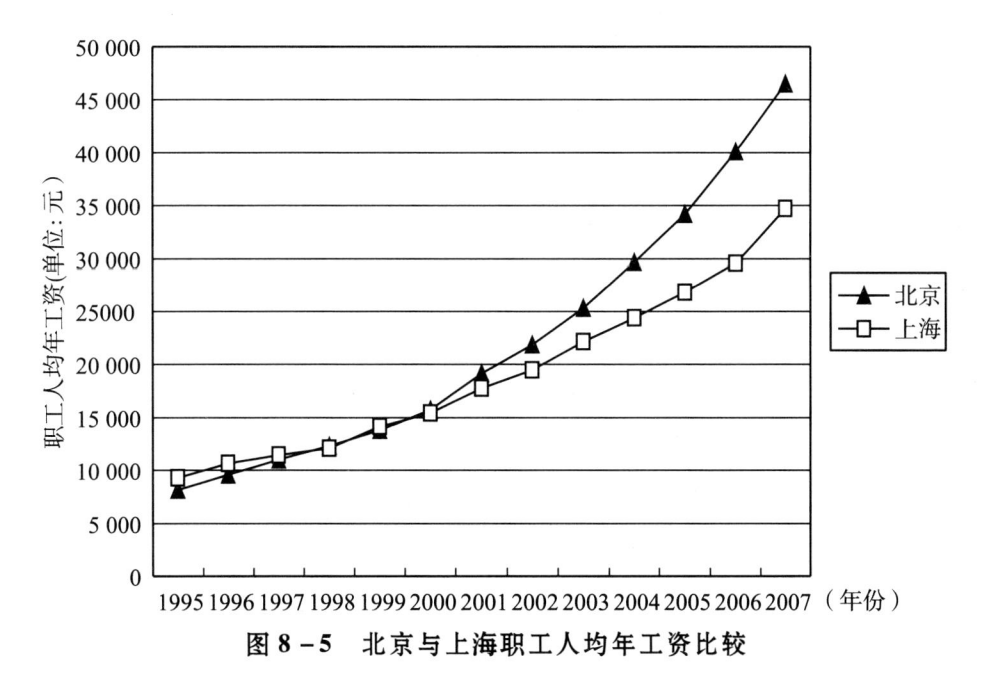

图 8-5　北京与上海职工人均年工资比较

在 2000 年之前，两市的这两个数据都比较接近，相应的折线图相互缠绕；而在 2000 年之后，北京市的职工人均年工资开始超过上海并逐渐拉开差距，相应的北京市的户籍迁入数占户籍人口总数百分比也从这一年开始明显超出上海，反映了两市在户籍限制松紧度上出现了相对变化，这在一定程度上佐证了前面关于城市人力资本回报率对城市户籍政策影响的推论。

从两市具体的户籍限制政策看，上海市的户籍政策在 2000 年前后确实出现了相当大的由松转紧的变化；2000 年之前，上海曾施行了相对于北京而言较为宽松的户籍政策，如买房入户、蓝印户口、外商保荐入户、本科学历有接收单位即可入户等政策，但 2000 年之后上海逐步取消了这些宽松政策，并逐步抬高了人才引进入户的门槛。而与此相对照，北京市对外公开的入户政策在这段时期相对稳定，每年都基本相似。

（2）两市人力资本贡献率对户籍限制的影响：$\frac{\partial \bar{k}^*}{\partial \beta} < 0$

这里我们仍用城市劳动者报酬占 GDP 的比重来近似替代 β 的大小，两市这一变量的历年结果如图 8-6 所示。

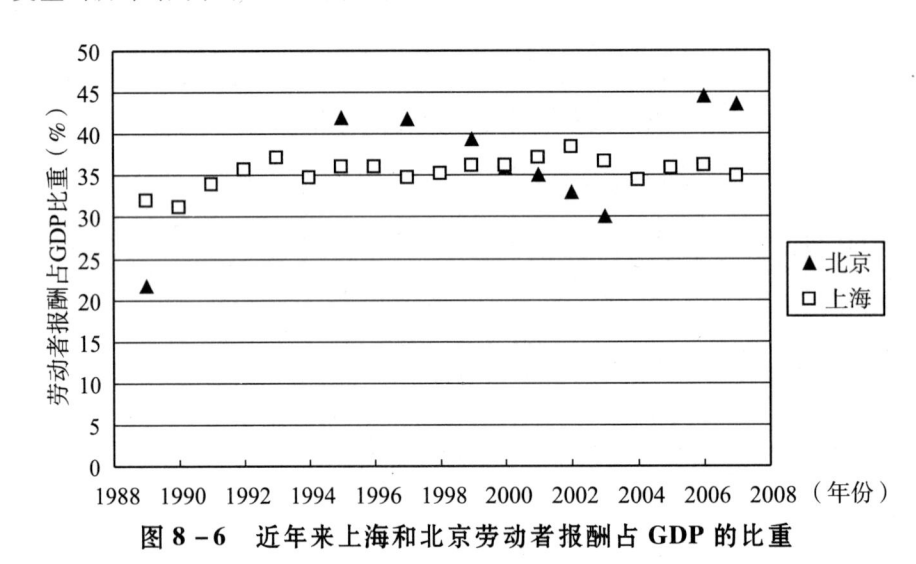

图 8-6　近年来上海和北京劳动者报酬占 GDP 的比重

从图 8-6 可看出，近几年来（至少 2006 年以来）北京劳动者报酬占 GDP 的比值开始明显高出上海，而从前面的讨论中我们也已经知道，正是从 2000 年以来，上海的户籍政策相对于北京而言，开始由松转紧。

3. 地方政府对本地市民福利的重视程度对户籍限制的影响：$\frac{\partial \bar{k}^*}{\partial \lambda} > 0$

这里我们选取另一组富有代表性的城市深圳和广州进行说明，深圳和广州在城市规模、人口基数和经济发展程度上也具有一定的相似性，因此较具可比性。

λ 值我们用公众满意度来近似表达。根据华南理工大学公共政策评价中心课题组发布的《2008 广东省市、县两级政府整体绩效评价指数研究红皮书》，可得出广州的公众满意度为 0.522，深圳的公众满意度全省最高，为 0.570，而从广州、深圳近两年户籍人口迁入数占流动人口总数百分比可看出，深圳这一比值明显低于广州（见表 8-3），反映深圳的户籍限制比广州要严。

表 8-3　　广州、深圳近两年户籍人口迁入数占流动人口总数百分比（人口单位：万）

年份	广州			深圳		
	户籍人口迁入数	流动人口总数	百分比	户籍人口迁入数	流动人口总数	百分比
2006	14.89	205.18	7.257042	14.90	645.82	2.307144
2007	15.97	219.84	7.264374	15.55	649.60	2.392676

资料来源：《广州统计年鉴（2008）》、《深圳统计年鉴（2008）》。

4. 周边城市竞争力对本地户籍政策的影响：$\dfrac{\partial \bar{k}^*}{\partial \eta} < 0$

这里我们仍然以北京和上海为例，北京和上海皆位于中国目前经济最发达的区域，即京津唐地区与长三角地区。从区域范围而言，京津唐地区涉及北京市、天津市、河北省的唐山、廊坊、张家口、秦皇岛、承德一共 3 个省级单位 7 个城市；长三角地区包括上海、江苏的南京、苏州、无锡、常州、扬州、镇江、泰州、南通，以及浙江的杭州、舟山、宁波、绍兴、嘉兴、台州、湖州等城市，与京津唐相比长三角地区包括的城市更多，而且其中南京、杭州、苏州、宁波等城市经济都较为发达，拥有较强的竞争力，因此相对于京津唐地区而言，长三角地区各城市在吸引人才方面的竞争能力和竞争强度均要大一些。

我们分别用京津唐 7 个城市和长三角 16 个城市的平均工资率方差来近似表达上海和北京的 η 值。根据中国城市经济年鉴提供的数据我们计算出 2006～2007 年如下方差值（见表 8-4）：

表 8-4　　京津唐，长三角近年城市平均工资率方差

年份	京津唐地区	长三角地区
2006	71210894.56	35840708.51
2007	89966684.52	39298388.61

资料来源：《中国城市统计年鉴（2008）》。

如表 8-4 所示，长三角地区的城市工资率方差要明显低于京津唐地区的方

差,也就是说长三角地区各城市间在吸引人才上的竞争激烈程度相对来说要大于京津唐地区,这构成了上海相对于北京市要降低户籍门槛的动力。

从图8-7可看出,在2000年之前,上海外来常住人口占户籍人口总数百分一直明显低于北京市,这可以理解为,在吸引外来劳动力上,上海面临周边城市竞争的挑战要大于北京所面临的周边城市挑战。进而这也可以部分解释我们前面曾提到的2000年之前上海的户籍政策相对于北京曾较为宽松的事实。

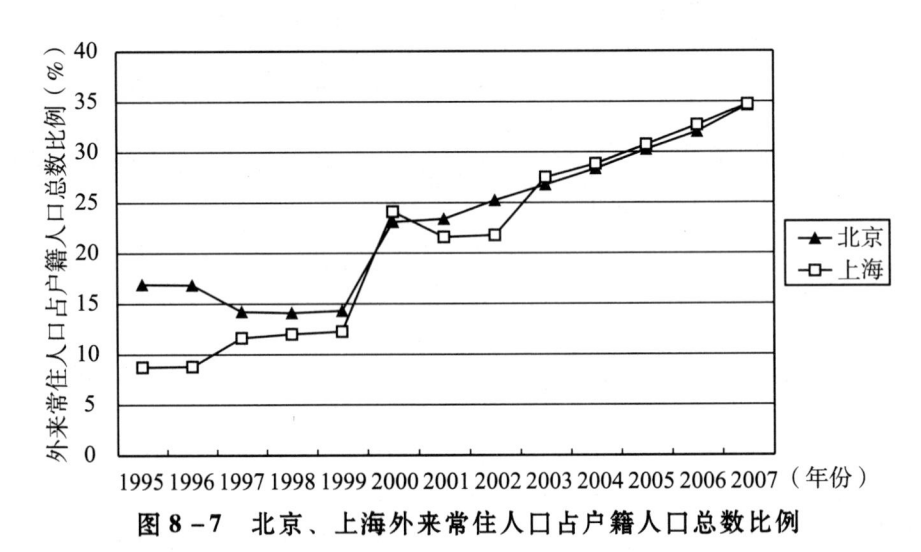

图8-7 北京、上海外来常住人口占户籍人口总数比例

而在2000年之后,北京市的职工人均年工资(反映了人力资本报酬率)开始超过上海并拉开差距,这一定程度上削弱了上海上述降低户籍门槛的动力,因此上海的户籍政策开始由松转紧。但即便这样,站在常住外来人口的角度看,上海户籍政策也并非明显比北京紧。我们可以来比较一下两市历年户口迁入数占外来常住人口数的比例,这一比值反映了外来人口申请入户的成功概率。从图8-8看,在2000年之前上海这一比值一直明显高于北京,而在2000年之后随着上海的户籍政策由松转紧,其这一比值也开始下降并稍低于北京,但差距并没有持续拉大,近两年反而有差距缩小的趋势。这说明面对周边城市在吸引劳动力方面的强有力竞争,上海市最终难以实行偏紧的户籍政策。

图8-7中还需要解释的一点是,为何从2000年开始,上海的外来常住人口占户籍人口总数百分比开始出现明显上升,并很快与北京市的这一比例保持一致?这可解释为自20世纪90年代以来,随着上海浦东的开发开放,长三角地区步入持续高速增长阶段,逐步超越其他地区成为全国经济最活跃地区,上海作为这一地区的龙头自然吸引了全国高素质劳动力的涌入,这就抵消了前述的因周边城市竞争而引起的分流外来劳动力的效应。

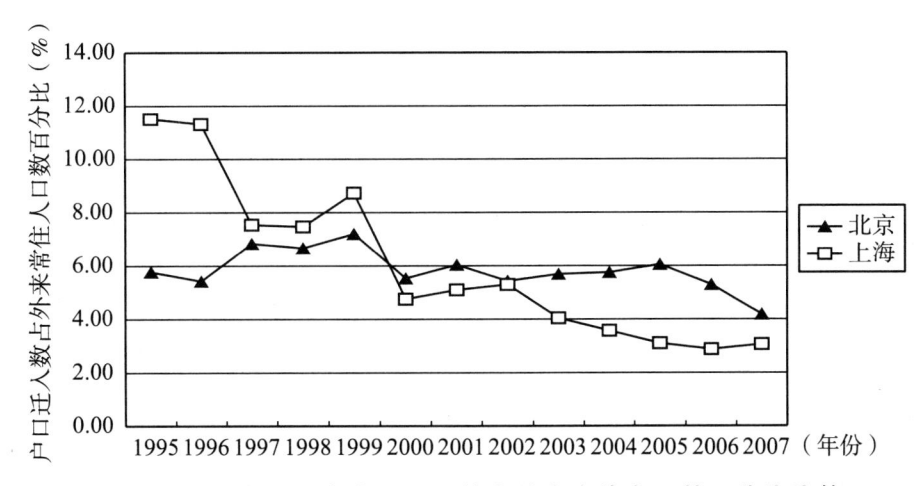

图 8-8　北京、上海户口迁入数占外来常住人口数百分比比较

（五）地方城市政府局部最优模型的结论与政策含义

1. 关于城市政府户籍门槛设定的主要影响因素

在地方政府局部最优模型中，我们假定城市政府在制定户籍政策时所考虑的主要目标有两个：一是城市 GDP 增长率；二是城市户籍居民人均公共福利增长率。基于这一假定我们构建了一个城市政府最优户籍政策模型，并将其扩展到城市政府与外来人口之间的博弈均衡模型。通过模型的分析我们得出若干推论，并运用实证数据与资料对之进行了检验。这些主要推论包括：

城市政府所设定的户籍门槛的高低与城市人力资本回报率、对本地市民征税所能达到的税率、人力资本对本地 GDP 增长的贡献率分别负相关，即这 3 个指标越高，则当地政府越会放宽户籍限制。

上述户籍门槛与城市政府对当地市民福利增长的重视程度（相对于 GDP 增长）正相关，即政府这一相对重视程度越高，则越会提高户籍限制。

此外，上述户籍门槛还与周边地区对外来劳动力的吸引力有关，即随着周边城市对外来劳动力吸引力的提高，本城市政府将会降低户籍门槛。

2. 城市人均公共福利初始水平与其户籍政策的自然走向

在地方政府局部最优模型中，我们还对我国城市政府户籍政策的自然走向进行了初步的讨论。即假定政府户籍政策由地方政府主导，而地方政府决策所考虑的主要因素是经济增长和本地市民公共福利的增长，则给定其他条件不变，我国中小城市和大城市相比，其人均公共福利初始水平较低，从而外来人口加入户籍后对公共福利的摊薄效应也就较为有限，因此地方政府为获得外来人力资本促进经济增长的好处，将趋向于不断降低户籍门槛。这会激励外来人口的流入，将进一步导致人均公共福利的下降,这一过程将一直持续到城市户籍对外来人口不再有吸引力,外来人口的流入下降到不足以使城市人均公共福利下降时方告一段落,此时城市户籍门槛趋于稳定,且取消户籍限制的条件基本成熟。

相反,人均公共福利初始水平足够高的大城市则可能倾向于不断提高户籍门槛,这一过程会一直持续到外来人口的流入下降到不再使城市人均公共福利降低时才能停止,此时城市户籍门槛也将趋于稳定。

因此,在目前的体制背景下,真正能自然走向户籍限制取消的只能是那些人均公共福利初始水平较低的中小城市,而就那些人均公共福利初始水平较高的大城市而言,其户籍政策的自然走向非但不会是户籍限制的降低和消失,反而会最终稳定在一个相当高的户籍限制水平上。

3. 地方政府局部最优模型其结论的政策含义

从地方政府局部最优模型的前述基本推论出发,可以引申出一系列政策含义。如果中央政府关于城市户籍政策的导向是引导城市政府逐步降低城市户籍门槛并最终取消户籍限制,则可有以下的对策可供选择:

第一,根据推论 $\frac{\partial \bar{k}^*}{\partial \lambda} > 0$,中央政府可改进对地方政府的考核机制。即对城市政府特别是大城市政府如直辖市、省会城市政府的考核采取 GDP 导向,以发挥城市经济增长极功能,这同时会降低城市政府目标函数中的 λ 值,从而引导城市政府降低户籍门槛;另一方面对城市政府之上大行政区政府的考核则采取以发展民生为主的非 GDP 导向,这样区域政府会更加关注城市居民与农村居民、大城市居民与小城市居民之间在公共福利上的平衡问题。

第二,根据推论 $\frac{\partial \bar{k}^*}{\partial \tau} < 0$,中央政府可授权城市政府对申请户籍的外来人口征收入户特别税,以补偿其给城市原居民所带来的边际拥挤成本。这也使城市政府有动力降低户籍门槛。

第三,根据推论 $\frac{\partial \bar{k}^*}{\partial \eta} < 0$,中央政府可通过各种政策促进中小城市的发展,同时前述所建议的对大行政区政府实行以民生发展指标为主的非 GDP 导向考核,也会引导其着力于发展中小城市。而中小城市的发展则会在吸引人才方面对大城市形成更强有力竞争,这也会促使大城市政府在降低户籍门槛上做出让步。

第四,根据推论 $\frac{\partial \bar{k}^*}{\partial \beta} < 0$,中央政府可通过各种政策大力促进城市第三产业的发展,特别是引导大城市成为第三产业集中区。而随着第三产业比重的增加,劳动力对 GDP 增长的贡献系数将会提高,这将会使大城市政府愿意降低户籍门槛以吸引到更多劳动力。

第五，根据推论 $\frac{\partial \bar{k}^*}{\partial r} < 0$，中央政府应继续加大力度实施"提高自主创新能力，建设创新型国家"这一国家发展战略，只有从技术模仿为主真正转变为以自主创新为主，才能从根本上整体提高我国劳动力的人力资本回报。而随着我国劳动力人力资本回报的普遍提高，城市政府也将会降低户籍门槛，以便吸引更多劳动力的流入，从而扩大政府在个人所得税方面的税源。

第六，根据前述"户籍福利初始水平较低的城市能自发走向取消户籍限制，而户籍福利初始水平较高的城市则最终会稳定在一个相当高水平的户籍门槛限制"这一推论，中央应大力推进社会保障的全国统筹，促进教育机会和教育资源在全国范围内的公平分配，从而使大城市在户籍福利上的相对优势大幅下降，这也将会诱发大城市户籍门槛的降低乃至消失。

二、中央政府全社会最优模型

由于地方政府的自身利益考虑，往往地方政府做出的户籍政策会限制劳动力的流动，对全国的经济发展产生限制作用，不利于全国经济的共同发展。因此中央政府出于全局的考虑，需要对户籍限制比较严重的地方政府进行宏观调控，通过一些政策推行，促使某些地方政府放松对该地户籍的限制，增加劳动力的流动，进而促使经济更好更快发展。

因此，本部分试图建立具体模型以进行城市户籍限制的全国最优值及其与城市地方最优值的比较，并分析中央政府和地方政府最优户籍限制的差异，找出造成差异的因素，以提出中央政府进行宏观调控的可能方法和手段。

（一）基本模型：满足全社会福利最大化的城市户籍限制水平

我们将某国划分为两个区域：A 城市区域和 A 城市之外的区域 $\bar{A}$，后者的人口规模和经济规模远大于前者，A 城市户籍居民人均公共福利、人力资本回报率分别表示为 w_A 和 r_A，A 城市之外的区域 $\bar{A}$ 因其远远超过前者的人口规模和经济规模，故其居民人均公共福利、人力资本回报率可合理地设定为外生给定，分别为 w_0 和 r_0，并假定有如下初始条件：$w_A > w_0$，$r_A > r_0$，这样会形成 A 城市之外区域人口向 A 城市流动的自然趋势，换言之，A 城市将面临外来人口净流入的压力。

假定 A 区域政府可以对来自 $\bar{A}$ 区域的人口迁入实行户籍限制，本模型的主要目标就是要求解：从该国总的社会福利最大化目标出发，这一户籍限制的最优水平应该是多少。

1. 给定户籍限制水平下劳动力流入 A 城市所产生的社会边际收益

我们将 A 城市政府的户籍限制政策进行一下简化，即表示为对申请 A 城市户籍的外来劳动力其人力资本水平下限的要求，设这一下限为 $\bar{k}$，则拥有此临界人力资本水平的某劳动力在 A 城市区域可获报酬为 $r_A \cdot \bar{k}$，在均衡状态下也就是其社会贡献，而该劳动力在 A 城市之外的区域 $\bar{A}$ 的可获报酬或社会贡献为 $r_0 \cdot \bar{k}$。

因此，在上述由 $\bar{k}$ 所代表的给定户籍限制水平下，被批准加入 A 城市户籍的外来劳动力如按人力资本由高到低排列，则最后一位其人力资本水平将刚好落在 $\bar{k}$ 上，而引入该位劳动力所产生的社会边际收益为：

$$MR_{im}(\bar{k}) = \frac{\partial TR(\bar{k})}{\partial L_{im}} = (r_A - r_0)\bar{k} \tag{8.13}$$

2. 给定户籍限制水平下劳动力流入 A 城市所产生的社会边际成本

首先我们引入一个成本概念，即城市户籍人口的增加给城市所带来的"拥挤成本（congestion costs）"。① 城市户籍居民所享有的多数公共福利均属于"竞争性"的公共资源，如教育、医疗卫生、交通、生活服务公共设施、居住环境等物质条件。当引入一位外来劳动力入籍后，城市居民享用这些公共资源的"拥挤"程度就会有所增加，并因之感到效用的损失，而且这一"拥挤成本"随城市人口的膨胀而边际递增。此外，城市人均公共福利水平越高，增加一名户籍人口其占用的城市公共资源就越多，所产生的边际拥挤成本也越高。因此，设增加一位外来人口入籍所产生边际拥挤成本为 $MC(L, w)$，有 $\frac{\partial MC}{\partial L} > 0$，$\frac{\partial MC}{\partial w} > 0$。

其中 L 表示该市户籍居民总人数，w 表示户籍居民人均公共福利。可以合理地假定如下初始条件，即 A 城市作为一个相对于区域 $\bar{A}$ 更有"吸引力"的区域，其边际拥挤成本也会更高，即：$MC_A(L_A, w_A) > MC_{\bar{A}}(L_{\bar{A}}, w_{\bar{A}})$，为简化起见，假定因 A 城市之外的区域 $\bar{A}$ 的人口规模和经济规模远大于 A 城市，故在区域 $\bar{A}$ 的劳动力向 A 城市净流入的相当范围内，区域 $\bar{A}$ 的边际拥挤成本的变化均可忽略不计，因此可将其边际拥挤成本设为外生给定的值 MC_0，这样上述不等式就简化为：

$$MC_A(L_A, w_A) > MC_0 \tag{8.14}$$

这样，A 城市每接受一名外来人口加入户籍，A 城市的拥挤成本将增加 $MC_A(L_A, w_A)$，而区域 $\bar{A}$ 的拥挤成本将减少 MC_0，同时就该名外来人口个人而言，其享有的公共福利的增加值为 $(w_A - w_0)$，因此区域 $\bar{A}$ 的劳动力流入 A 城市所产生的社会边际成本为：

$$MC_{im} = \frac{\partial TC}{\partial L_{im}} = MC_A(L_A, w_A) - MC_0 - w_A + w_0 \tag{8.15}$$

---

① 参见布坎南的俱乐部理论，James M. Buchanan, "An Economic Theory of Clubs", *Economica*, Vol. 32, Issue125（Feb. 1965）, pp. 1–14.

在上式中 A 城市户籍居民总数 L_A 从动态角度看是每年都在变化的，且显然与 A 城市户籍门槛 $\bar{k}$ 负相关，因此可用 $L_A(\bar{k})$ 来表示，且有 $L'_A(\bar{k}) < 0$，这样（8.15）又可写为：

$$MC_{im}(\bar{k}) = \frac{\partial TC(\bar{k})}{\partial L_{im}} = MC_A[L_A(\bar{k})] - MC_0 - w_A + w_0 \quad (8.16)$$

3. 满足全社会福利最大化条件的 A 城市最优户籍限制水平 $\bar{k}^*$

由前述的（8.13）式不难得出，劳动力流入 A 城市所产生的社会边际收益与 A 城市户籍门槛 $\bar{k}$ 正相关：$\frac{\partial MR_{im}}{\partial \bar{k}} > 0$，即随着户籍门槛的降低，劳动力流入 A 城市的社会边际收益也递减；而由（8.16）式也不难得出，劳动力流入 A 城市所产生的社会边际成本与 A 城市户籍门槛 $\bar{k}$ 负相关：$\frac{\partial MC_{im}}{\partial \bar{k}} = \frac{\partial MC_A}{\partial L_A} \cdot \frac{\partial L_A}{\partial \bar{k}} < 0$，即随着户籍门槛的降低，劳动力流入 A 城市的社会边际成本将递增。

因此，基于全社会福利最大化目标的 A 城市最优户籍限制水平 $\bar{k}^*$ 应满足社会边际成本与社会边际收益相等这一条件：$MC_{im}(\bar{k}) = MR_{im}(\bar{k})$，即：

$$MC_A[L_A(\bar{k})] - MC_0 - w_A + w_0 = (r_A - r_0)\bar{k}$$

移项整理得：

$$MC_A[L_A(\bar{k})] = MC_0 + w_A - w_0 + (r_A - r_0)\bar{k} \quad (8.17)$$

由（8.17）式所确定的 $\bar{k}^*$ 值即可视为满足全社会福利最大化的 A 城市最优户籍限制政策，对此可用图 8-9 来表示。

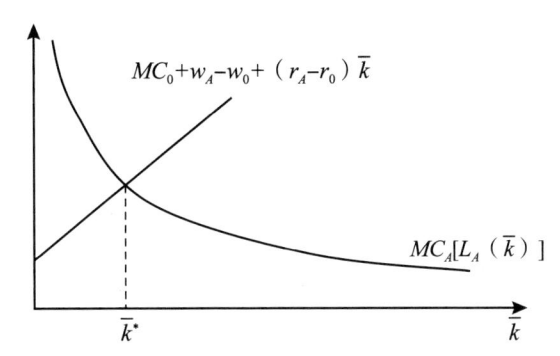

图 8-9　城市户籍限制的中央政府最优值 $\bar{k}^*$ 的确定

（二）城市户籍限制的中央政府最优值与城市地方政府最优值的比较

上述模型所求解出的满足全社会福利最大化的 A 城市最优户籍限制水平 $\bar{k}^*$，可视为城市户籍限制的中央政府最优值，即中央政府对于 A 城市的户籍限制所希望促成的限制水平。而城市地方政府局部最优的户籍限制水平则需要从地方政府局部利益最大化目标出发来求解,后者我们分两种情形来讨论。

情形 1,城市地方政府的利益目标为本市户籍居民的福利最大化。

如前所述,给定 A 城市户籍限制的人力资本下限水平为 $\bar{k}$,则按人力资本由高到低排列的外来劳动力中,被接受加入 A 城市户籍的最后一位其人力资本水平将刚好落在 $\bar{k}$ 上,而引进这"最后一位"外来劳动力给 A 城市所带来的边际收益为 $\bar{k}r_A\tau$,其中 τ 为 A 城市对市民征税的税率。同时,如前所述,引进该名外来劳动力将导致 A 城市拥挤成本的增加,其边际成本为 $MC_A[L_A(\bar{k})]$。因此,基于 A 城市户籍居民福利最大化目标的最优户籍限制水平应满足上述边际成本等于边际收益的条件:

$$MC_A[L_A(\bar{k})] = \bar{k}r_A\tau \tag{8.18}$$

情形 2,城市地方政府的利益目标包含了两个主要因素:一是和上述相类似的对本市户籍居民福利增长的考虑;二是对地方 GDP 增长的追求。

实际上这比较符合我国特定的体制背景,因为在目前体制下,城市地方政府的行为受到两方面因素的约束或引导:一是上一级政府对其的考核机制;二是地方民主选举与监督的制约。① 就前一方面因素来说,改革开放以来以经济建设为中心的基本国策引致了对各级政府以 GDP 增长为核心的考核机制;就后一方面而言,地方民主选举与监督机制一直在不断完善,同时,地方民意支持度也是上级政府对地方政府考核的重要参考因素,这些均使得地方政府也越来越重视当地的民生问题。

假定在城市地方政府利益目标中,上述两个因素之间存在一定的可替代关系。因此,可设 A 城市地方政府决策户籍门槛时的目标函数为:

$$U_A = \lambda GDP_A + W_A$$

其中 GDP_A 为 A 城市的 GDP;W_A 为该市户籍居民总的公共福利;$\lambda = \frac{\partial U_A}{\partial GDP_A}$,表示在 A 城市地方政府目标函数中,对本地 GDP 的考虑所占的权重。

假定 A 城市户籍限制的人力资本下限水平为 $\bar{k}$,则引进一位人力资本水平刚好等于 $\bar{k}$ 的外来劳动力,将对 A 城市 GDP 的边际贡献值为:

$$\frac{\partial GDP_A}{\partial L_{im}} = \bar{k} \cdot r_A$$

另一方面引进该劳动力对 A 城市公共福利的边际贡献净值为:

$$\frac{\partial W_A}{\partial L_{im}} = \bar{k}r_A\tau - MC_A[L_A(\bar{k})]$$

因此,A 城市地方政府目标函数最大化的一阶条件为:

---

① 蔡昉,都阳,王美艳. 户籍制度与劳动力市场保护[J]. 经济研究,2001(12):41-49.

$$\lambda \cdot \bar{k} \cdot r_A + \bar{k} r_A \tau - MC_A[L_A(\bar{k})] = 0 \quad \text{移项整理得：}$$
$$MC_A[L_A(\bar{k})] = \bar{k} \cdot r_A(\tau + \lambda) \tag{8.19}$$

由以上的 (8.17)、(8.18)、(8.19) 式所各自确定的 $\bar{k}$ 值显然不相等，这反映了城市户籍限制的中央政府最优值与城市地方政府最优值的差别，具体差异可通过图 8-10 来表达。

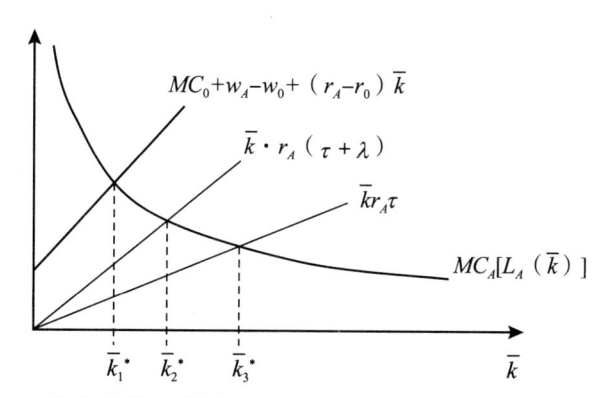

图 8-10　城市户籍限制的中央最优值与地方最优值的比较（一）

$\bar{k}_1^*$ 表示的是 A 城市户籍限制的中央政府最优值；$\bar{k}_2^*$ 表示的是 A 城市政府在兼顾本地经济增长与本地市民公共福利时，对户籍限制所设定的地方政府最优值，$\bar{k}_3^*$ 表示的是城市政府只考虑本地市民公共福利时，A 城市户籍限制的地方政府最优值。

（三）上述模型的推论及其政策含义

从图 8-10 所示的模型可得出如下模型推论。

首先，给定劳动力市场的区域间行政分割与户籍限制，以及 A 城市与其他区域间一定的经济异质性（如边际拥挤成本 MC、人力资本回报率 r、人均公共福利 w 等方面的差异）等初始条件，则全社会福利最大化的要求有可能并不是立即完全取消户籍限制，而是依具体初始条件将户籍限制保持在某一最优的限制水平 $\bar{k}_1^*$ 上。

其次，进一步地，以 A 城市为例，如果其人力资本回报率、人均公共福利水平足够高于其他区域，则该市户籍限制的地方政府最优值还将高于中央政府最优值，设二者之间的差为 $\Delta \bar{k}^* = \bar{k}_3^* - \bar{k}_1^*$，则根据上述模型有以下推论：

推论 1：$\dfrac{\partial \Delta \bar{k}^*}{\partial (w_A - w_0)} > 0$；推论 2：$\dfrac{\partial \Delta \bar{k}^*}{\partial (r_A - r_0)} > 0$；推论 3：$\dfrac{\partial \Delta \bar{k}^*}{\partial \tau} < 0$；推论 4：$\dfrac{\partial \Delta \bar{k}^*}{\partial MC_0} > 0$。

如果令 $\Delta \bar{k}^* = \bar{k}_2^* - \bar{k}_1^*$，则还有：**推论 5**：$\dfrac{\partial \Delta \bar{k}^*}{\partial \lambda} < 0$。

最后，为了说明 $\Delta \bar{k}^* = \bar{k}_3^* - \bar{k}_1^*$ 与 MC_A 之间的关系，我们对图 8-10 所示的模型进行简化。假定短期内 A 城市新增加的由外部进入的户籍人口数量与 A 城市原有的户籍人口总量相比规模较小，因而对该市的边际拥挤成本影响不大，即可假定 MC_A 为外生给定，这样图 8-10 所示模型可简化为图 8-11 所示。在图 8-11 所示的简化模型中，容易证明：

推论 6：当 $r_A - r_0 > r_A \tau$，即 $\dfrac{r_A - r_0}{r_A} > \tau$ 时，$\dfrac{\partial \Delta \bar{k}^*}{\partial MC_A} > 0$；而当 $\dfrac{r_A - r_0}{r_A} < \tau$ 时，则 $\dfrac{\partial \Delta \bar{k}^*}{\partial MC_A} < 0$。

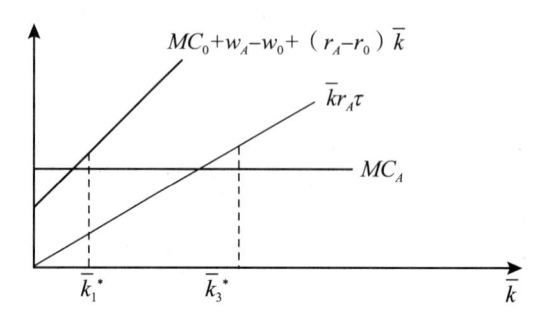

图 8-11　城市户籍限制的中央最优值与地方最优值的比较（二）

由上述推论，不难得出如下的政策含义。

首先，给定其他条件不变，若某一城市其公共福利水平越是高于其他地区，或是其人力资本回报率越是高于其他地区，则该城市从局部利益出发自行确定的户籍限制水平高出全社会最优水平的程度就越大，从而越有可能需要中央政府进行纠正；反之亦然。

其次，给定其他条件不变，若某城市政府对本市户籍居民征税的权力和能力越小，即对市民征税的税率 τ 越低，则其户籍限制的地方最优值高出全社会最优值的程度就越大，从而越有可能需要中央政府进行纠正。

同样地，给定其他条件不变，若在城市地方政府目标函数中对本地 GDP 增长的追求所占权重 λ 越小，换言之即对本市户籍居民福利增长的考虑所占权重越大，则其户籍限制的地方最优值高出全社会最优值的程度也就越大，从而越有可能需要中央政府进行纠正。

最后，给定其他条件不变，若某城市之外的区域的边际拥挤成本 MC_0 越高（例如该区域剩余劳动力较多），则该城市户籍限制的全社会最优值就越低，从而导致其低于城市地方政府最优值的程度就越大，从而就越有可能需要中央政府对地方政府的户籍限制政策进行纠正。

另一方面，如果某城市本身的边际拥挤成本 MC_A 越高，则当 $\frac{r_A - r_0}{r_A} > \tau$ 时，即当该城市与城市外部区域在人力资本回报率上的相对差距大于该城市政府对本市居民征税所能达到的税率时，虽然户籍限制的社会最优值和地方政府最优值都会提高，但后者提高得更多，导致后者高出前者的程度越大，从而越有可能需要中央政府进行纠正；反之，即当该城市与城市外部区域在人力资本回报率上的相对差距小于该城市政府对本市居民征税税率时，如果该城市本身边际拥挤成本 MC_A 越高，则其户籍限制的地方最优值高出全社会最优值的程度就越小，从而越有可能不需要中央政府进行纠正。

三、城市户籍限制的地方与中央最优值的经验检验

根据以上的模型推论及其政策含义的理论分析，我们试图基于所搜集到的实证数据，通过比较分析中国地级以上城市在公共福利、边际拥挤成本和人力资本回报率等项的指标水平，进一步具体讨论这些城市其户籍限制的地方与中央最优值问题，并从全社会福利最大化的角度，对这些城市的户籍限制问题分别给出对应的指导性政策建议。

（一）统计指标的设计与数据搜集及说明

1. 与户籍相关的城市公共福利的指标统计

我国城市户籍人口和外来人口相比所拥有的公共福利性"特权"主要体现在对城市教育资源、医疗资源、社会保障以及城市公共设施的享用上。例如在城市，儿童与青少年的就学与升学往往受到户籍限制，甚至在高考录取中有些城市的户籍生源也能获得明显优惠；其次，城市社会保障的提供也与户籍直接相关；另外，城市往往拥有相对于农村较为优越的医疗资源和交通、文化体育、休闲娱乐及购物等方面的公共设施条件，虽然这些公共资源与设施的享用与户籍并不直接相关，但客观上与居住地直接相关，从而间接与户籍相关。

因此，我们选取城市地方政府财政支出中教育、医疗、社保以及基础设施建设4个方面的人均财政支出额作为我们考察城市公共福利水平的指标。其中教育、医疗、社保支出为2007年数据，而由于数据来源方面的问题，政府基础设施建设投资方面我们采用2005年数据。因为我们最后是以相对指标对各个城市进行评价，同时2005年与2007年也较为接近，因此我们认为使用2005年数据作为替代可以接受。

城市选取方面,我们先是选取了我国 30 个省、自治区、直辖市的省会和自治区首府以及深圳市(由于西藏的统计数据难以获得,故没有选取)。其次在每个省、自治区、直辖市再选取 1 个代表性的地级市,选取方法是将该省、自治区、直辖市所有地级市按 2007 年人均 GDP 水平排名,排名最中间的即作为选取对象。这样前后一共选取了 55 个城市进行分析。

对于所选的 55 个城市,我们在搜集获得它们 2007 年在教育、医疗、社保以及基础建设等 4 个方面的人均财政支出额的 4 组数据后,再对这些数据进行统计处理,以得出各城市公共福利综合性指标。虽然不同人群可能偏好于公共福利的不同方面,比如年轻人比较重视孩子的教育和公共设施,中年人更重视社会保障,而老年人则更在意城市医疗资源,但为了简化处理,我们认为从总体上看,大众对公共福利的各个方面是同等重视的。这样我们先将上述 4 组数据的每组数据进行标准化处理,即将每组数据的平均值标准化为 1,由此导出各城市的标准化得分,具体而言就是将某城市在该组数据中的数值与该组数据平均值相比,所得比值作为该城市在该项福利上的标准化得分;然后将每个城市的 4 项福利标准化得分进行平均化处理,以最后的平均得分作为各城市在公共福利水平上最终的综合性指标,见表 8-6。

2. 城市拥挤成本指标

我们采用 55 个城市 2007 年的市辖区人口密度来评价各自的边际拥挤成本,认为城市市辖区人口密度越大,则其边际人口拥挤成本越大。另外,我们对深圳、北京和上海 3 座城市作出了一些特殊处理以尽量贴近现实情况。首先这 3 座城市的外来人口较多,因此对这 3 座城市的人口取常住人口数目。其次,针对北京和上海,由于近年来两市将太多的辖区划入市区范围,而这些新划入市区的辖区其人口密度较低,并不能反映中心城区的人口密集水平,进而拉低了这两市按所谓市区面积统计的人口密度,见表 8-5。因此我们根据表 8-5 的数据,对于这两座城市在人口密度上的统计范围做了特殊处理。

表 8-5　　2007 年北京市、上海市各区县常住人口密度(人/平方公里)

北京市		上海市	
地区	常住人口密度	地区	常住人口密度
全市	995	全市	2 930
首都功能核心区	22 394	浦东新区	5 732
东城区	21 784	黄浦区	42 055
西城区	21 031	卢湾区	33 292
崇文区	18 099	徐汇区	17 639

续表

北京市		上海市	
地区	常住人口密度	地区	常住人口密度
宣武区	29 244	长宁区	16 977
城市功能拓展区	6 312	普陀区	20 682
朝阳区	6 594	闸北区	25 424
丰台区	5 536	虹口区	33 292
石景山区	6 475	杨浦区	19 350
海淀区	6 533	宝山区	4 916
城市发展新区	709	嘉定区	2 152
房山区	446	金山区	1 139
通州区	1 065	松江区	1 632
顺义区	722	青浦区	1 160
昌平区	667	南汇区	1 428
大兴区	944	奉贤区	1 089
生态涵养发展区	200	—	—
门头沟区	186	—	—
怀柔区	149	—	—
平谷区	446	—	—
密云县	201	—	—
延庆县	143	—	—

资料来源：北京市统计局：《北京统计年鉴2008》，北京：中国统计出版社，2008年。上海市统计局：《上海统计年鉴2008》，北京：中国统计出版社，2008年。

对于北京市，北京统计年鉴中把城区做了如表8-5所示的4大区域的划分。由于居民主要生活和工作在前两大区域（首都功能核心区和城市功能拓展区）里，数据上也可以看出，前两个区域和后两个区域的人口密度完全不在同一个数量级。因此我们认为以前两个区域的人口密度的平均值作为北京市城区人口密度是比较贴近实际的。

对于上海市，同样如表8-5所示，我们在统计时剔除了人口密度远远低于中心城区的金山区、松江区、青浦区、南汇区、奉贤区和崇明县的数据，只取其他区的人口密度数据并计算其平均值来代表上海市的人口密度。

3. 城市人力资本回报率指标和职工平均所得税指标

对于模型中提到的城市人力资本回报率，我们采用2007年城市市辖区职工平均年工资来表示，同时以此为基础我们算出各城市职工平均年工资与55个城市算术平均值的相对差距（以近似代表模型中的 $(r_A - r_0)/r_A$）。此外我们还依据当年即2007年税制（每月收入的费用扣除额为1 600元），以当年职工平均年工资收入为模拟对象来核算其所应纳的个人所得税额占该全部工资收入的比值，以近似代表模型中的平均税率 τ。这些结果均见表8-6。

表8-6　按人均GDP所选55个城市2007年公共福利指标、人口密度和人均年工资收入等

城市	人均GDP（元）	公共福利评价	人口密度（人/平方公里）	人均年工资收入（元）	工资相对差距（相对其他市平均值）	模拟平均税率
上海市	**66 367**	2.92	7 143.24	49 439.06	0.4670	0.0614
北京市	**58 204**	1.88	7 398.12	47 132.47	0.4409	0.0571
广州市	71 808	1.44	1 656.93	41 734.16	0.3686	0.0468
深圳市	79 645	4.75	4 413.72	38 797.36	0.3208	0.0428
杭州市	61 258	0.98	1 367.34	37 990.19	0.3064	0.0416
南京市	44 972	0.71	1 131.46	36 673.39	0.2815	0.0395
天津市	**46 122**	1.30	1 062.78	35 355.91	0.2547	0.0372
娄底市	11 493	1.99	1 025.35	32 637.66	0.1926	0.0320
福州市	29 515	0.94	1 782.55	32 500.74	0.1892	0.0317
银川市	32 688	0.76	372.48	30 388.12	0.1329	0.0269
呼和浩特	42 015	1.08	557.06	30 279.39	0.1297	0.0267
南通市	29 273	2.04	2 457.75	30 151.37	0.1261	0.0264
济南市	39 261	0.54	1 082.93	29 165.01	0.0965	0.0239
乌鲁木齐	31 140	0.42	223.31	29 141.68	0.0958	0.0238
长沙市	33 711	1.13	3 934.35	28 948.09	0.0897	0.0233
湖州市	34 596	0.69	692.27	28 550.75	0.0771	0.0222
成都市	26 525	0.72	2 310.25	28 454.17	0.0739	0.0220
沈阳市	45 561	0.64	1 444.52	28 387.68	0.0718	0.0218
西安市	21 339	0.33	1 533.19	27 919.99	0.0562	0.0205
南宁市	15 759	0.63	400.94	27 633.71	0.0464	0.0197
武汉市	35 500	0.68	1 877.63	26 870.46	0.0193	0.0174
合肥市	27 566	0.97	2 364.60	26 695.28	0.0129	0.0168

续表

城市	人均GDP（元）	公共福利评价	人口密度（人/平方公里）	人均年工资收入（元）	工资相对差距（相对其他市平均值）	模拟平均税率
淮北市	12 674	0.47	1 426.13	26 597.00	0.0093	0.0165
长春市	28 132	0.77	747.82	26 591.30	0.0090	0.0165
海口市	26 741	0.37	663.51	25 722.53	-0.0244	0.0137
太原市	36 377	0.52	1 895.82	24 951.52	-0.0561	0.0115
抚顺市	24 451	0.63	1 961.76	24 876.63	-0.0593	0.0114
重庆市	14 660	0.79	586.01	24 467.73	-0.0770	0.0108
郑州市	34 069	1.62	2 669.21	24 130.24	-0.0920	0.0102
西宁市	15 999	0.67	2 820.26	24 079.44	-0.0943	0.0101
哈尔滨市	24 768	0.58	671.01	23 900.81	-0.1025	0.0098
昆明市	22 762	0.98	568.79	23 167.15	-0.1374	0.0086
十堰市	12 745	1.27	437.72	23 049.28	-0.1432	0.0084
石家庄市	24 243	0.89	5 213.38	22 852.89	-0.1531	0.0080
龙岩市	20 088	1.40	176.89	22 662.36	-0.1628	0.0076
贵阳市	19 489	0.57	890.52	22 602.61	-0.1658	0.0075
枣庄市	25 482	0.35	702.02	22 356.96	-0.1786	0.0071
安阳市	15 526	1.19	1 945.40	22 015.10	-0.1969	0.0064
吴忠市	10 837	1.32	276.60	21 922.37	-0.2020	0.0062
三亚市	24 520	0.32	279.48	21 795.82	-0.2090	0.0060
汕头市	17 048	0.16	2 523.42	21 708.11	-0.2139	0.0058
兰州市	22 325	0.55	1 263.08	21 220.10	-0.2418	0.0048
丽江市	6 984	2.46	121.91	20 988.19	-0.2555	0.0043
邯郸市	18 406	1.23	3 355.76	20 825.78	-0.2653	0.0039
双鸭山市	13 744	0.75	283.81	20 433.98	-0.2896	0.0030
安顺市	5 467	0.56	486.02	20 354.43	-0.2946	0.0028
南昌市	30 460	0.76	3 634.52	20 285.67	-0.2990	0.0027
崇左市	10 826	1.76	117.01	20 202.35	-0.3043	0.0025
泸州市	9 474	0.64	674.95	19 835.49	-0.3285	0.0016
临汾市	15 821	1.52	614.74	19 568.11	-0.3466	0.0009

续表

城市	人均GDP（元）	公共福利评价	人口密度（人/平方公里）	人均年工资收入（元）	工资相对差距（相对其他市平均值）	模拟平均税率
铜川市	12 331	0.23	313.34	19 175.63	-0.3742	0.0000
辽源市	17 546	1.00	1 092.68	18 711.22	-0.4083	0.0000
九江市	12 590	1.89	1 008.36	18 637.53	-0.4139	0.0000
庆阳市	7 998	1.73	342.37	18 275.18	-0.4419	0.0000
巴彦淖尔	19 644	1.49	233.86	16 478.16	-0.5991	0.0000
55市平均水平	—	—	1 567.835	26 350.7	—	—

注：工资相对差距是指某城市职工平均年工资与55个城市算术平均值的相对差距=（某市城市职工平均年工资-55个城市职工平均年工资的算术平均值）÷某市城市职工平均年工资。模拟平均税率是指依据当年即2007年税制（每月收入的费用扣除额为1 600元），以当年职工平均年工资收入来核计所应纳的个人所得税额除以该全部工资收入后的比值。

资料来源：国家统计局国民经济综合统计司：《中国区域经济统计年鉴2006》，北京：中国统计出版社，2006年。国家统计局国民经济综合统计司：《中国区域经济统计年鉴2008》，北京：中国统计出版社，2008年。

（二）各城市的最优（城市间）户籍限制政策分析

鉴于目前我国城市间户籍限制与城乡间户籍限制仍存在较大差异的结构性特点，为简化分析，我们这里的政策分析首先是限定在城市之间户籍限制政策的范围内，这也是为了得出更为丰富而深入的分析结果。至于城乡间户籍限制的政策优化问题，我们稍后再进行简要分析。另外，在下面的最优户籍政策分析中，我们也暂不考虑 λ 因素（城市地方政府目标函数中对本地GDP增长的追求所占权重）的作用。

如果将讨论限定在城市之间户籍限制的范围内，那么在上述55个城市中，对于有些人力资本回报率较低，或人均公共福利水平较低，或边际拥挤成本较低的城市（设为城市A）而言，或者 $\Delta r = (r_A - r_0)$ 可能小于0，或者 $\Delta w = (w_A - w_0)$ 可能小于0，或者 $(MC_A - MC_0)$ 可能小于0，这样就超出了前面初始模型的基本假定，正如后面的分析所展现的，这将使得模型分析有了新的更丰富的变化。

为便于对不同城市做出更为具体且有针对性的政策分析，我们首先对所选出的55座城市进行分类。我们根据表8-6绘出各城市人均公共福利指标与职工年工资相对差距的散点图（见图8-12），并在图中绘出一条人均公共福利指标=1的虚线，其与两条坐标线一起将散点图分成Ⅰ、Ⅱ、Ⅲ、Ⅳ四个区域，如图8-

12 所示,其所对应的城市分别称之为第Ⅰ、Ⅱ、Ⅲ、Ⅳ类城市。考虑到第Ⅱ、Ⅳ两类城市的户籍政策分析有可类比性,接下来我们将按第Ⅰ、Ⅱ、Ⅳ、Ⅲ类城市的顺序分别进行论述。

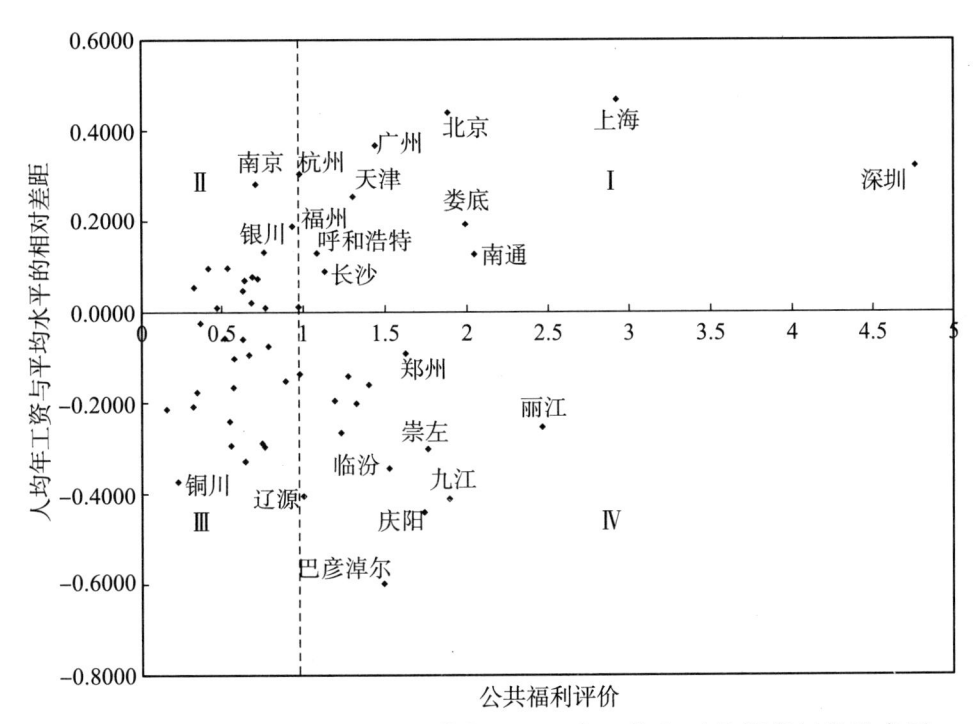

图 8-12　各城市人均公共福利指标与职工年工资相对差距指标的散点图

1. 第Ⅰ类城市: $\Delta r = r_A - r_0 > 0$, $\Delta w = w_A - w_0 > 0$

即该类城市不论是人力资本回报率水平还是人均公共福利水平均高于其他城市平均水平,具体到表 8-6 中的数据而言,就是公共福利评价指标大于 1 和工资相对差距大于 0 的城市。我们将这些城市挑选出并用表 8-7 来表示,共有 9 个,占 55 个城市的比例约为 16.36%。

表 8-7　　　　所选 55 个城市中的第Ⅰ类城市(9 个):

$$\Delta r = r_A - r_0 > 0, \quad \Delta w = w_A - w_0 > 0$$

城市	人均 GDP（元）	公共福利评价	人口密度（人/平方公里）	人均年工资收入（元）	工资相对差距（相对其他市平均值）	模拟平均税率
上海市	66 367	2.92	7 143.24	49 439.06	0.4670	0.0614
北京市	58 204	1.88	7 398.12	47 132.47	0.4409	0.0571

续表

城市	人均 GDP（元）	公共福利评价	人口密度（人/平方公里）	人均年工资收入（元）	工资相对差距（相对其他市平均值）	模拟平均税率
广州市	71 808	1.44	1 656.93	41 734.16	0.3686	0.0468
深圳市	79 645	4.75	4 413.72	38 797.36	0.3208	0.0428
天津市	**46 122**	1.3	1 062.78	35 355.91	0.2547	0.0372
娄底市	11 493	1.99	1 025.35	32 637.66	0.1926	0.0320
呼和浩特	42 015	1.08	557.06	30 279.39	0.1297	0.0267
南通市	29 273	2.04	2 457.75	30 151.37	0.1261	0.0264
长沙市	33 711	1.13	3 934.35	28 948.09	0.0897	0.0233
55 市平均水平	—	—	1 567.835	26 350.7	—	—

就表 8-7 中的 9 个城市而言，其人力资本回报率水平和人均公共福利水平均高于其他城市平均水平，因此从平均意义上而论，这些城市其户籍对于其他城市劳动力有着正向的吸引力，这些城市政府将实行户籍限入政策以控制劳动力的净流入，其户籍限制的地方最优值（假定城市政府只关心本市户籍居民的福利最大化）将高于全社会最优值（$\bar{k}_3^* > \bar{k}_1^*$），如图 8-11 所示。

而且从表 8-7 可注意到 9 个城市各自的工资相对差距分别明显高出其模拟平均税率，这相当于前述模型中的条件 $\frac{r_A - r_0}{r_A} > \tau$，根据模型推论 6，在此条件下，城市本身的边际拥挤成本 MC_A 越高，则户籍限制的城市地方政府最优值高出社会最优值的程度就越高；另外，根据模型推论 1 和推论 2 还可推知，城市的人力资本回报率或人均公共福利水平超过其他城市平均水平越多，其户籍限制的地方最优值高出中央最优值也越多。据此我们比较表 8-7 中的 9 个城市可以发现，上海、北京与深圳这 3 个城市其人力资本回报率与人均公共福利均名列前茅，且人口密度更是远远高出其他城市，因此可判断，这 3 个城市其地方最优的户籍门槛将远高出其他城市，且高出中央最优值的程度也最多，从而最需要中央政府进行纠正。

当然从理论上更一般地，对于第 I 类城市中那些人口密度高于 55 市平均水平的城市（相当于满足前述模型条件 $MC_A > MC_0$），如果能精确测算其户籍人口的边际拥挤成本，则可以完全取消人力资本进入门槛性质或户籍计划配额性质的户籍限制政策，而代之以征收特别拥挤税。

如前面的图 8-11 所示，容易求出，第 I 类城市 A 市户籍限制的全社会最优水平：

$$\bar{k}_1^* = \frac{MC_A - MC_0 - (w_A - w_0)}{r_A - r_0} = \frac{MC_A - MC_0 - \Delta w}{\Delta r}$$

同时，从平均意义上而言，对于其他城市的人力资本水平为 k 的劳动力，其决定加入第 I 类城市 A 市户籍的条件是：$\Delta r \cdot k + \Delta w \geqslant 0$，如果对其加入户籍征收特别拥挤税 T_C，则其决定加入的条件变为：$\Delta r \cdot k + \Delta w - T_C \geqslant 0$，即 $k \geqslant \frac{T_C - \Delta w}{\Delta r}$。

容易证明：当 $T_C = MC_A - MC_0$ 时，自愿申请加入 A 市户籍的其他城市劳动力的最低人力资本水平刚好等于上述 A 市户籍限制的全社会最优水平 $\bar{k}_1^*$。

而对于第 I 类城市中那些人口密度低于 55 市平均水平的城市，即近似于在前述模型中置换进新的条件：$MC_A < MC_0$，如图 8-13 所示，则从该图所示模型中易知，这些城市户籍限制的全社会最优值等于零。具体到表 8-7，这些城市就是其中的天津市、娄底市和呼和浩特市。

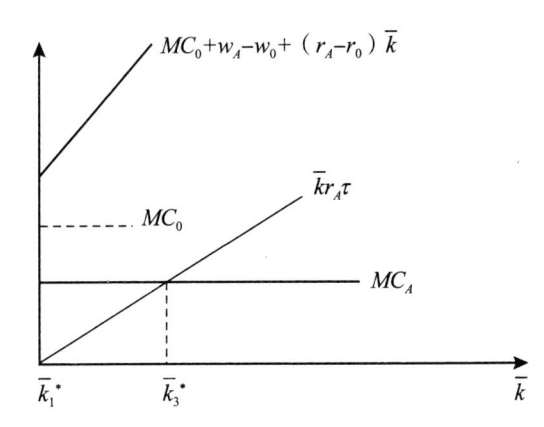

图 8-13　第 I 类城市其边际拥挤成本 $MC_A < MC_0$ 情形下户籍限制最优值的比较

综上所述，从全社会最优角度出发，我们可得出关于第 I 类城市户籍政策优化的如下结论：

政策结论 1：作为人力资本回报率和人均公共福利水平均较高的第 I 类城市，其户籍限制的地方最优值均高于中央最优值，因而均需要中央对其地方性户籍限制水平进行调节使其降低；其中上海、北京与深圳这 3 个城市因其人力资本回报率、人均公共福利水平和人口密度均显著高出其他城市，因而其户籍限制政策应成为中央政府调控的重点；更一般地，上海、北京、广州、深圳、南通、长沙等 6 城市因其人口密度高于55市平均水平,可在对其他城市劳动力完全放开户籍限制的同时,对申请加入户籍的其他城市劳动力适当征收特别拥挤税($T_C = MC_A - MC_0$)。而天津、娄底和呼和浩特这3个城市,因其人口密度低于所选55个城市平均水平,因而应对其他城市劳动力完全放开户籍限制。

2. 第Ⅱ类城市:$\Delta r = r_A - r_0 > 0$,$\Delta w = w_A - w_0 < 0$

即该类城市的人力资本回报率高于其他城市平均水平,但人均公共福利水平低于其他城市平均水平,具体到表8-6中的数据而言,就是工资相对差距大于0但公共福利评价指标小于1的城市。我们将这些城市挑选出并用表8-8来表示,这些城市共有15个,占55个城市的比例约为27.27%。

表8-8　　所选55个城市中的第Ⅱ类城市（15个）:
$\Delta r = r_A - r_0 > 0$,$\Delta w = w_A - w_0 < 0$

城市	人均GDP（元）	公共福利评价	人口密度（人/平方公里）	人均年工资收入（元）	工资相对差距（相对其他市平均值）	模拟平均税率
杭州市	61 258	0.98	1 367.34	37 990.19	0.3064	0.0416
南京市	44 972	0.71	1 131.46	36 673.39	0.2815	0.0395
福州市	29 515	0.94	1 782.55	32 500.74	0.1892	0.0317
银川市	32 688	0.76	372.48	30 388.12	0.1329	0.0269
济南市	39 261	0.54	1 082.93	29 165.01	0.0965	0.0239
乌鲁木齐	31 140	0.42	223.31	29 141.68	0.0958	0.0238
湖州市	34 596	0.69	692.27	28 550.75	0.0771	0.0222
成都市	26 525	0.72	2 310.25	28 454.17	0.0739	0.0220
沈阳市	45 561	0.64	1 444.52	28 387.68	0.0718	0.0218
西安市	21 339	0.33	1 533.19	27 919.99	0.0562	0.0205
南宁市	15 759	0.63	400.94	27 633.71	0.0464	0.0197
武汉市	35 500	0.68	1 877.63	26 870.46	0.0193	0.0174
合肥市	27 566	0.97	2 364.6	26 695.28	0.0129	0.0168
淮北市	12 674	0.47	1 426.13	26 597	0.0093	0.0165
长春市	28 132	0.77	747.82	26 591.3	0.0090	0.0165
55市平均水平	—	—	1 567.835	26 350.7		

第Ⅱ类城市的户籍对于其他城市劳动力的吸引力取决于劳动力对于公共福利

水平变化与人力资本回报率变化的权衡。从平均意义上面言,对于其他城市的人力资本水平为 k 的劳动力,其决定加入第Ⅱ类城市 A 市户籍的条件是:

$$\Delta r \cdot k + \Delta w > 0, \text{即}: k > \frac{-\Delta w}{\Delta r}$$

换言之,从平均意义上,只有人力资本水平超过 $\frac{-\Delta w}{\Delta r}$ 的其他城市的劳动力,才愿意申请加入第Ⅱ类城市中某市 A 的户籍。据此我们可以进一步推论,如果 A 城市的边际拥挤成本低于其他城市,即 $MC_A < MC_0$,如图 8-14 所示,则 A 市户籍限制的全社会最优值 $\bar{k}_1^* < \frac{-\Delta w}{\Delta r}$。显然这一户籍限入水平 $\bar{k}_1^*$ 已无多少政策意义,因为从平均意义上说,人力资本低于这一水平的其他城市劳动力并不愿申请加入 A 市户籍。

因此,对于像 A 市这样的边际拥挤成本低于其他城市水平的第Ⅱ类城市,从全社会福利最大化角度而言,其最优户籍政策应当是对其他城市劳动力完全放开户籍限制,另加对申请加入户籍的外来劳动力的适当补贴(补贴值 = MC_0 - MC_A),以使得人力资本水平为 $\bar{k}_1^* < \frac{-\Delta w}{\Delta r}$ 的其他城市劳动力也有动力申请该市户籍。通过对图 8-14 的分析容易得出此结论。具体到表 8-8 中 15 个第Ⅱ类城市,有 11 个城市其人口密度低于 55 个城市平均水平。

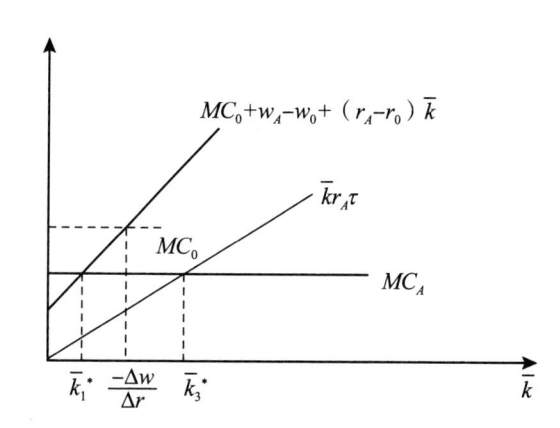

图 8-14 第Ⅱ类城市其边际拥挤成本 $MC_A < MC_0$ 情形下户籍限制最优值的比较

而对于人口密度高于 55 个城市平均水平的另外 4 个城市,其分析过程与前面对第Ⅰ类城市的分析过程相类似,全社会最优的结果也是在完全放开户籍限制的同时对加入户籍者征收特别拥挤税($T_C = MC_A - MC_0$)。

由此我们又得出关于第Ⅱ类城市户籍政策优化的如下结论:

政策结论2：作为人力资本回报率较高、人均公共福利水平较低的第Ⅱ类城市，其户籍限制的地方最优值均高于中央最优值，因而均需要中央对其地方性户籍限制水平进行调节使其降低；其中杭州、南京、银川、济南、乌鲁木齐、湖州、沈阳、西安、南宁、淮北、长春11市因其人口密度低于55市平均水平，从全社会最优角度而言应当对其他城市劳动力完全放开户籍限制，同时附加以对申请加入户籍的其他城市劳动力的适当补贴（$=MC_0-MC_A$）；而福州、成都、武汉、合肥4城市因其人口密度高于55市平均水平，可在完全放开户籍限制的同时，附加以对申请加入者适当征收特别拥挤税（$T_C=MC_A-MC_0$）。

3. 第Ⅳ类城市：$\Delta r = r_A - r_0 < 0$，$\Delta w = w_A - w_0 > 0$

即该类城市与上述第Ⅱ类城市的情形刚好相反，其人力资本回报率低于其他城市平均水平，但人均公共福利水平高于其他城市平均水平，具体到表8-6中的数据而言，就是工资相对差距小于0但公共福利评价指标大于1的城市。我们将这些城市挑选出来并用表8-9来表示，这些城市共有12个，占55个城市的比例约为21.82%。

表8-9　　所选55个城市中的第Ⅳ类城市（12个）：
$\Delta r = r_A - r_0 < 0$，$\Delta w = w_A - w_0 > 0$

城市	人均GDP（元）	公共福利评价	人口密度（人/平方公里）	人均年工资收入（元）	工资相对差距（相对其他市平均值）	模拟平均税率
郑州市	34 069	1.62	2 669.21	24 130.24	-0.0920	0.0102
十堰市	12 745	1.27	437.72	23 049.28	-0.1432	0.0084
龙岩市	20 088	1.4	176.89	22 662.36	-0.1628	0.0076
安阳市	15 526	1.19	1 945.4	22 015.1	-0.1969	0.0064
吴忠市	10 837	1.32	276.6	21 922.37	-0.2020	0.0062
丽江市	6 984	2.46	121.91	20 988.24	-0.2555	0.0043
邯郸市	18 406	1.23	3 355.76	20 825.78	-0.2653	0.0039
崇左市	10 826	1.76	117.01	20 202.35	-0.3043	0.0025
临汾市	15 821	1.52	614.74	19 568.11	-0.3466	0.0009
九江市	12 590	1.89	1 008.36	18 637.53	-0.4139	0.0000
庆阳市	7 998	1.73	342.37	18 275.18	-0.4419	0.0000
巴彦淖尔	19 644	1.49	233.86	16 478.16	-0.5991	0.0000
55市平均水平	—	—	1 567.835	26 350.7	—	—

与第Ⅱ类城市类似，第Ⅳ类城市的户籍对于其他城市劳动力的吸引力也取决于劳

动力对于公共福利水平变化与人力资本回报率变化的权衡。从平均意义上面言，对于其他城市的人力资本水平为 k 的劳动力，其决定加入第Ⅳ类城市 A 市户籍的条件是：

$$\Delta r \cdot k + \Delta w > 0，即：k < \frac{\Delta w}{-\Delta r}$$

换言之，从平均意义上，只有人力资本水平低于 $\frac{\Delta w}{-\Delta r}$ 的其他城市的劳动力，才愿意申请加入第Ⅳ类城市中某市 A 的户籍。① 而需要特别指出的是，在这里的第Ⅳ类城市的情形中，如图 8 – 15 或图 8 – 16 所示，某市 A 的全社会最优的户籍政策是只接受人力资本水平低于而不是高于 $\bar{k}_1^*$ 的其他城市劳动力加入户籍。据此我们可以进行如下推导：

如果 A 城市的边际拥挤成本低于其他城市平均水平，即 $MC_A < MC_0$，则 A 市户籍限制的全社会最优上限值 $\bar{k}_1^* > \frac{\Delta w}{-\Delta r}$，如图 8 – 15 所示。显然这一户籍限入水平 $\bar{k}_1^*$ 已无多少政策意义，因为从平均意义上说，人力资本高于这一水平的其他城市劳动力并不愿申请加入 A 市户籍。因此，对于像 A 市这样的边际拥挤成本低于其他城市水平的第Ⅳ类城市，从全社会福利最大化角度而言，其最优户籍政策可以是直接地对其他城市劳动力完全放开户籍限制，另加对申请加入户籍的外来劳动力的适当补贴（补贴值 $= MC_0 - MC_A$），以使得人力资本水平为 $\bar{k}_1^* > \frac{\Delta w}{-\Delta r}$ 的其他城市劳动力也有动力申请该市户籍。通过对图 8 – 15 的分析容易得出此结论。

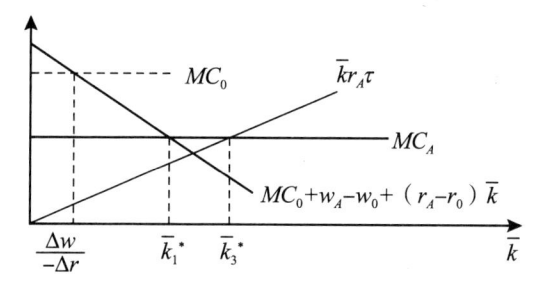

图 8 – 15　第Ⅳ类城市其边际拥挤成本 $MC_A < MC_0$ 情形下户籍限制最优值的比较

---

① 另一方面，在此情形中，就 A 市自身而言，其人力资本水平高于 $\frac{\Delta w}{-\Delta r}$ 的劳动力则有向外流动并申请其他城市户籍的动力。因此图 8 – 7 和图 8 – 8 中地方最优的户籍限制水平 $\bar{k}_3^*$ 不仅是户籍限入的最优下限值，而且更多时候表现为户籍限出的最优上限值。即城市政府不仅要设法限制人力资本水平低于 $\bar{k}_3^*$ 的外来劳动力加入本市户籍，而且还要设法阻止人力资本水平高于 $\bar{k}_3^*$ 的本市劳动力流出并加入其他城市户籍。后者往往是第Ⅳ类城市其地方性户籍政策的重点。

如果 A 城市的边际拥挤成本高于其他城市平均水平，即 $MC_A > MC_0$，则 A 市户籍限制的全社会最优上限值 $\bar{k}_1^* < \dfrac{\Delta w}{-\Delta r}$，如图 8-16 所示。在此情形下，A 城市的全社会最优的户籍政策也应当是对其他城市劳动力完全放开户籍限制，但需另附加对申请加入户籍的外来劳动力征收适当的特别税（征税额 = $MC_A - MC_0$），以使得只有人力资本水平低于 $\bar{k}_1^* < \dfrac{\Delta w}{-\Delta r}$ 的其他城市劳动力才有动力申请该市户籍。通过对图 8-16 的分析容易得出此结论。

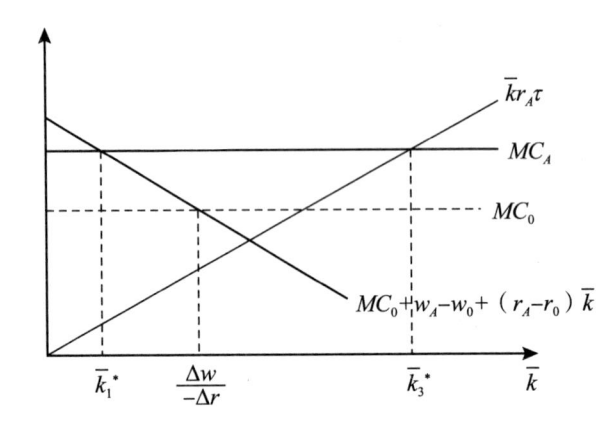

图 8-16　第Ⅳ类城市其边际拥挤成本 $MC_A > MC_0$ 情形下户籍限制最优值的比较

具体到表 8-9 中 12 个第Ⅳ类城市，有 9 个城市其人口密度低于 55 个城市平均水平，其他 3 个城市的人口密度高于 55 市平均水平。由此我们得出关于第Ⅳ类城市户籍政策优化的如下结论：

政策结论 3：作为人力资本回报率较低、人均公共福利水平较高的第Ⅳ类城市，其劳动力流入户籍限制的地方最优值与中央最优值的限制方向相反，前者为劳动力流入的人力资本最优下限水平，后者为流入的最优上限水平。二者的不一致意味着需要中央对这些城市地方性户籍限制政策进行纠正：从全社会最优角度而言这些城市应当对其他城市劳动力的流入与本市劳动力的流出完全放开户籍限制，其中十堰、龙岩、吴忠、丽江、崇左、临汾、九江、庆阳、巴彦淖尔 9 市因其人口密度低于 55 市平均水平，需要附加以对申请加入户籍的其他城市劳动力的适当补贴（= $MC_0 - MC_A$）；郑州、安阳、邯郸 3 市因其人口密度高于 55 市平均水平，则需要附加以对申请加入户籍的其他城市劳动力适当征收特别拥挤税（$T_C = MC_A - MC_0$）。

4. 第Ⅲ类城市：$\Delta r = r_A - r_0 \leq 0$，$\Delta w = w_A - w_0 \leq 0$

即该类城市不论是人力资本回报率水平还是人均公共福利水平均低于其他城

市平均水平,具体到表8-6中的数据而言,就是公共福利评价指标小于或等于1且工资相对差距小于或等于0的城市。这些城市我们用表8-10来表示,共有19个,占55个城市的比例约为34.55%。

表8-10　　　　所选55个城市中的第Ⅲ类城市(19个):
$$\Delta r = r_A - r_0 \leqslant 0, \Delta w = w_A - w_0 \leqslant 0$$

城市	人均GDP（元）	公共福利评价	人口密度（人/平方公里）	人均年工资收入（元）	工资相对差距（相对其他市平均值）	模拟平均税率
汕头市	17 048	0.16	2 523.42	21 708.11	-0.2139	0.0058
铜川市	12 331	0.23	313.34	19 175.63	-0.3742	0.0000
三亚市	24 520	0.32	279.48	21 795.82	-0.2090	0.0060
枣庄市	25 482	0.35	702.02	22 356.96	-0.1786	0.0071
海口市	26 741	0.37	663.51	25 722.53	-0.0244	0.0137
太原市	36 377	0.52	1 895.82	24 951.52	-0.0561	0.0115
兰州市	22 325	0.55	1 263.08	21 220.1	-0.2418	0.0048
安顺市	5 467	0.56	486.02	20 354.43	-0.2946	0.0028
贵阳市	19 489	0.57	890.52	22 602.61	-0.1658	0.0075
哈尔滨市	24 768	0.58	671.01	23 900.81	-0.1025	0.0098
抚顺市	24 451	0.63	1 961.76	24 876.63	-0.0593	0.0114
泸州市	9 474	0.64	674.95	19 835.49	-0.3285	0.0016
西宁市	15 999	0.67	2 820.26	24 079.44	-0.0943	0.0101
双鸭山市	13 744	0.75	283.81	20 433.98	-0.2896	0.0030
南昌市	30 460	0.76	3 634.52	20 285.67	-0.2990	0.0027
重庆市	14 660	0.79	586.01	24 467.73	-0.0770	0.0108
石家庄市	24 243	0.89	5 213.38	22 852.89	-0.1531	0.0080
昆明市	22 762	0.98	568.79	23 167.15	-0.1374	0.0086
辽源市	17 546	1	1 092.68	18 711.22	-0.4083	0.0000
55市平均水平	—	—	1 567.835	26 350.7	—	—

显然,就表8-10中的19个城市而言,因其人力资本回报率水平和人均公共福利水平均低于其他城市平均水平,所以从平均意义上而论,这些城市其户籍对于其他城市劳动力没有吸引力,相反,这些城市其本身的劳动力还会被其他城

市的户籍所吸引。因此，和前述第Ⅳ类城市类似，这里的第Ⅲ类城市其地方政府有关城市间人口流动的户籍政策的重点不再是户籍限入政策，而是变相的限出政策，如地方政府主动要求或默许本地用人单位利用人事档案关系对高素质劳动力的地区性流出进行卡压。

而从全社会最优的角度看，对第Ⅲ类城市的户籍政策可分两种情形来讨论：

如果 A 城市的边际拥挤成本高于其他城市平均水平，即 $MC_A > MC_0$，如图 8-17 所示，则 A 市户籍限制的全社会最优值 $\bar{k}_1^* = 0$。因此，A 城市的全社会最优的户籍政策应当是对其他城市劳动力的流入与本市劳动力的流出完全放开户籍限制。

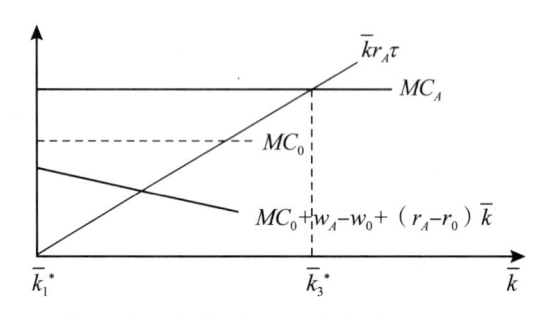

图 8-17　第Ⅲ类城市其边际拥挤成本 $MC_A > MC_0$ 情形下户籍限制最优值的比较

如果 A 城市的边际拥挤成本低于其他城市平均水平，即 $MC_A < MC_0$，A 城市的全社会最优的户籍政策仍然应当是对其他城市劳动力的流入与本市劳动力的流出完全放开户籍限制，但是否需要附加以对申请加入户籍的其他城市劳动力的适当补贴，则需视情况而定。假定 A 城市的边际拥挤成本与其他城市平均水平相比足够低，同时 A 市人均公共福利水平与其他城市平均水平的差距绝对值 $|\Delta w|$ 足够小，以致 $MC_0 - MC_A > w_0 - w_A$，从而该市户籍限制的全社会最优值 $\bar{k}_1^* > 0$，如图 8-18 所示。则该市全社会最优的户籍政策除了对其他城市劳动力的流入与本市劳动力的流出完全放开户籍限制外，还应当对申请加入户籍的外来劳动力的适当补贴（补贴值 = $MC_0 - MC_A$），以使得人力资本水平为 $\bar{k}_1^* > 0$ 的其他城市劳动力也有动力申请该市户籍。

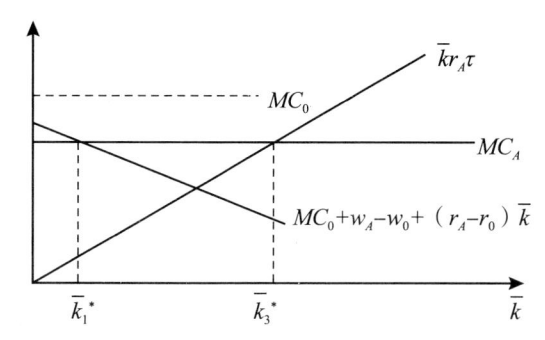

图 8-18 第Ⅲ类城市其边际拥挤成本 $MC_A < MC_0$ 且 $MC_0 - MC_A > w_0 - w_A$ 情形下户籍限制最优值的比较

具体到表 8-10 中 19 个第Ⅲ类城市，有 13 个城市其人口密度低于 55 个城市平均水平，这 13 个城市中，辽源、昆明、重庆、双鸭山这 4 个城市的人均公共福利与 55 市平均水平差距较小（即公共福利评价指数接近于 1），因此按照上述分析，从全社会最优角度而言，这 4 个城市有可能需要对申请加入户籍的其他城市劳动力给予适当补贴。

综上所述，我们得出关于第Ⅲ类城市户籍政策优化的如下结论：

政策结论 4：作为人力资本回报率和人均公共福利水平均较低的第Ⅲ类城市，其全社会最优的户籍政策应当是对其他城市劳动力的流入与本市劳动力的流出完全放开户籍限制；其中辽源、昆明、重庆、双鸭山 4 城市因其人口密度大大低于 55 个市平均水平，且其人均公共福利与 55 个市平均水平较为接近，因而可能还需要附加以对申请加入户籍的其他城市劳动力的适当补贴（$= MC_0 - MC_A$）。

以上关于四类城市各自的最优（城市间）户籍限制政策的分析结果可用表 8-11 来总结。

（三）城乡间最优户籍限制的政策分析

对城乡间户籍限制问题的分析同样也可利用前面的基本模型框架，但需要注意把握以下初始条件：

首先，随着近些年的高考扩招，职业技术教育的发展及其招生规模的扩大，农村人力资本水平超过简单劳动力水平的技术型劳动力基本都通过这些途径从农业户籍转为城镇户籍，剩下的农业户籍身份的农村劳动力基本都属于简单劳动力。

表 8-11　　所选 55 个城市的全社会最优（城市间）户籍限制政策

城市类型	具体城市	基本政策结论	可替代户籍（人力资本门槛）限制的征税或补贴政策	
			理由	相应政策
I $\Delta r = r_A - r_0 > 0$, $\Delta w = w_A - w_0 > 0$	上海、北京、深圳	户籍限制的地方最优值均高于中央最优值，因而均需要中央对其地方性户籍限制到适当水平；其中上海、北京、深圳三市人力资本回报率和人口密度均显著高出其他城市，其地方性户籍限制政策应成为中央政府调整的重点	人口密度高于所选 55 个城市平均水平	如能征收特别拥挤税（$MC_A - MC_0$），可对其他城市劳动力完全放开户籍限制
	广州、南通、长沙		人口密度低于所选 55 个城市平均水平	应对其他城市劳动力完全放开户籍限制，无须征税或补贴
	天津、娄底、呼和浩特		人口密度低于所选 55 个城市平均水平	应对其他城市劳动力完全放开户籍限制，并附加对申请加入者的适当补贴（$MC_A - MC_0$）
II $\Delta r = r_A - r_0 > 0$, $\Delta w = w_A - w_0 > 0$	杭州、南京、银川、济南、乌鲁木齐、潮州、沈阳、西安、南宁、淮北、长春	户籍限制的地方最优值均高于中央最优值，因而均需要中央对其进行调节使其降低到适当水平	人口密度高于所选 55 个城市平均水平	如能征收特别拥挤税（$MC_A - MC_0$），可对其他城市劳动力完全放开户籍限制
	福州、成都、武汉、合肥		人口密度高于所选 55 个城市平均水平	如能征收特别拥挤税（$MC_A - MC_0$），可对其他城市劳动力完全放开户籍限制

续表

城市类型	具体城市	基本政策结论	可替代户籍（人力资本门槛）限制的征税或补贴政策	
			理由	相应政策
III $\Delta r = r_A - r_0 < 0$, $\Delta w = w_A - w_0 > 0$	辽源、昆明、重庆、双鸭山	地方政府最优户籍政策的重点不再是户籍限入人口，而是变相的限出政策；从全社会最优角度而言这些城市应当对其他城市劳动力的流出人本市劳动力完全放开户籍限制	人口密度大大低于55市平均水平，且其人均公共福利与55市平均水平较为接近	可能还需要对申请加入户籍的其他城市劳动力适当补贴（$MC_A - MC_0$）
	汕头、铜川、三亚、海口、太原、兰州、枣庄、贵阳、哈尔滨、抚顺、泸州、西宁、南昌、石家庄		—	—
IV $\Delta r = r_A - r_0 < 0$, $\Delta w = w_A - w_0 > 0$	十堰、龙岩、吴忠、丽江、崇左、九江、庆阳、巴彦淖尔	劳动力流入户籍限制的地方最优值与中央最优方向相反，前者为劳动力的人力资本下限水平，后者为流入的最优上限水平。从全社会最优角度而言这些城市应当对其他城市劳动力的流出入本市劳动力完全放开户籍限制	人口密度低于所选55个城市平均水平	对申请加入户籍的其他城市劳动力的适当补贴（$MC_A - MC_0$）
	郑州、安阳、邯郸		人口密度高于所选55个城市平均水平	对申请加入户籍的其他城市劳动力适当征收特别税（$MC_A - MC_0$）

其次，目前大中城市对农业户籍身份的简单劳动力在户籍上基本是完全的限制，这样农村简单劳动力在城市打工时基本不享有城市公共福利特别是户籍福利。

最后，由于上述原因，农村简单劳动力选择打工目标城市时的依据主要是工资水平的高低，因为城市间公共福利和户籍福利的差异与他们无关，这使得全国大中城市的简单劳动力市场事实上成为一个统一的自由流动的充分竞争的市场，这种充分竞争拉平了不同城市的简单劳动力的人力资本回报率。①

此外，从户籍制度改革的渐进过程看，城乡间户籍限制的改革应当以城市间户籍限制的改革为前提，而城市间户籍限制改革的未来目标是逐渐拉平地各城市的户籍福利，最终为剥离附着在城市户籍上的种种福利提供条件。因此在设计城乡间户籍限制改革时，也应当以城市间户籍福利趋同为假定的初始条件。

基于上述初始条件，我们可对城乡间全社会最优户籍限制政策进行初步的分析。

假定一位农业户籍身份的简单劳动力，其人力资本水平设为 k_0，所在农村地区的边际拥挤成本为 MC_0，户籍福利为 w_0；现该劳动力面对两个目标城市 A 和城市 B，他在这两个城市工作的人力资本回报率相等：$r_A = r_B$，两个城市的户籍福利也相等：$w_A = w_B$，但边际拥挤成本不相等，令 $MC_A > MC_B$。

由以上假定不难得出，该劳动力加入 A 市户籍所带来的社会福利净增加 =
$$(r_A - r_0)k_0 + (w_A - w_0) - (MC_A - MC_0)$$

类似地，该劳动力加入 B 市户籍所带来的社会福利净增加 =
$$(r_B - r_0)k_0 + (w_B - w_0) - (MC_B - MC_0)$$

比较上述两式显然可得出，与加入 A 市户籍相比，该劳动力加入 B 市户籍所产生的社会福利净增加要更多些。

于是我们得出了关于城乡间户籍限制政策优化的如下初步结论：

政策结论 5：给定当前城乡间户籍限制的特定初始条件，从全社会最优角度而言，如果要吸收农村简单劳动力加入城市户籍，那么首先应当由那些边际拥挤成本相对较低或者说人口密度相对较低的城市向农村劳动力放开户籍限制。

---

① 城镇户籍身份的复杂型劳动力在城市间流动的情形则不同，出于对社保（医疗、养老）利益和子女教育等方面的考虑，户籍限制实质性地影响了这部分劳动力对工作目标城市的选择，换言之，户籍限制往往构成了他们在城市间流动的障碍壁垒。这种劳动力市场的城市间分割使得复杂型劳动力在不同城市的人力资本回报率的差异成为可能。

四、本章总结

（一）本章总结

本章第一节首先构建了一个关于城市户籍限制的地方政府局部最优模型，并将其扩展到城市政府与外来人口之间的博弈均衡模型。基于该模型得出若干推论，并运用实证数据与资料对之进行了检验。从这些模型推论出发，还引申出一系列政策含义。上述结果在第一节最后部分进行了系统总结。

第二节基于一个两地区劳动力流动模型，讨论了我国城市户籍限制水平中央政府最优值的决定及其与地方政府最优值的比较问题，其基本结论是：

首先，城市户籍限制的全社会最优值或者说中央政府最优值取决于城市区域与城市外部区域间经济异质性上的初始条件（如两区域在边际拥挤成本 MC、人力资本回报率 r、人均公共福利 w 等方面的差异）；如果城市区域在人力资本回报率、人均公共福利等方面一定程度上高于城市外部区域，则该城市户籍限制的中央政府最优值将低于城市地方政府最优值。

其次，上述中央政府最优值与城市地方政府最优值之间的差距与城市内外间的人均公共福利差距、城市内外间的人力资本回报率差距、城市内的边际拥挤成本、城市外的边际拥挤成本等影响因素分别正相关；而与城市政府对本市户籍居民征税的权力和能力（具体表现为对市民征税的税率 τ）、城市地方政府目标函数中对本地 GDP 增长的追求所占权重 λ 等影响因素分别负相关。

基于上述基本结论，第二节最后还引申出一系列政策含义。

第三节则以前两节的模型推论及其政策含义的理论分析为基础，通过比较分析所选 55 个地级以上城市在公共福利、边际拥挤成本和人力资本回报率等项的指标水平，得出了分别针对这些城市有关户籍限制方面更为具体的指导性政策建议。

其中该节首先重点分析了城市间户籍限制政策的优化问题，为此将所选 55 个城市依据人力资本回报率和人均公共福利水平分为四大类型，并分别展开讨论后得出了具体的政策性结论，详见本章的表 8-11。总体而言，如能精确测算各城市其户籍人口的边际拥挤成本，则可以完全取消其人力资本进入门槛或户籍计划配额等性质的户籍限制政策，而代之以对申请加入户籍的其他城市劳动力适当征收特别拥挤税或适当予以特别补贴的政策。

其次该节简要分析了关于城乡间户籍限制政策的优化问题，得到的初步政策结论是，给定当前我国城乡间户籍限制的特定初始条件，则全社会最优的方案是，首先应当由那些边际拥挤成本相对较低或者说人口密度相对较低的城市向农村劳动力放开户籍限制。

（二）进一步讨论

如果由中央政府向各城市政府推行对申请户籍迁入者征收特别拥挤税或给予特别补贴的政策在测算或操作上有困难，则根据本章模型的已有推论，中央政府还可选择其他具体手段来调控或纠正城市政府户籍限制政策，这里不妨对此给予进一步讨论。在目前的体制背景下，中央政府的这一干预应该尽量避免直接行政干预的方式，而更多地采用其他间接手段，以引导城市地方政府的户籍政策向全社会最优方向逼近。

第一，根据本章模型推论 $\frac{\partial \Delta \bar{k}^*}{\partial (w_A - w_0)} > 0$，以及 $\frac{\partial \Delta \bar{k}^*}{\partial (r_A - r_0)} > 0$，中央政府可大力推进社会保障的全国统筹，促进教育机会和教育资源在全国范围内的公平分配，从而使大城市在户籍福利上的相对优势 $(w_A - w_0)$ 大幅度下降，这将会诱使大城市户籍门槛的降低从而更接近全社会最优水平。

另外，中央政府还可通过各种倾斜政策促进农村及中小城市的发展，同时下一条所建议的对大行政区政府实行以民生发展指标为主的非 GDP 导向考核，也会引导其着力于发展农村及中小城市。而随着农村与中小城市的发展，原来大城市在户籍福利和人力资本回报率上的相对优势 $(w_A - w_0)$ 及 $(r_A - r_0)$ 均会下降，从而会引导城市地方政府的户籍限制趋近于全社会最优水平。

第二，根据推论 $\frac{\partial \Delta \bar{k}^*}{\partial \lambda} < 0$，中央政府可改进对地方政府的考核机制。即对大城市政府如直辖市、部分省会城市政府的考核采取 GDP 导向，即加大 GDP 考核的力度，以发挥城市的经济增长极功能，这同时会提高城市政府目标函数中的 λ 值，从而引导城市政府降低户籍门槛；另一方面对城市政府之上的大行政区政府的考核则采取以发展民生为主的非 GDP 导向，这样大行政区政府会更加关注城市居民与农村居民、大城市居民与小城市居民之间在公共福利上的平衡问题。

第三，根据推论 $\frac{\partial \Delta \bar{k}^*}{\partial \tau} < 0$，中央政府可更多授权城市政府对居民征税或增加城市政府在对市民征税中的分享比例，这也会使城市政府有动力降低户籍门槛。

另外，中央政府也可对某特定城市实行专项的转移支付与财政补贴，这一专项补贴与该城市每年接受外来劳动力加入户籍的数量相挂钩，以激励该市地方政府降低户籍门槛。这一激励引导措施在内在机制上类似于上述授权城市政府对居民征税的手段，因为它本质上等价于让城市政府每接受一名外劳动力落户即可增加一定的税收收入。

第四，根据推论 $\frac{\partial \Delta \bar{k}^*}{\partial MC_0} > 0$，以及 $\frac{\partial \Delta \bar{k}^*}{\partial MC_A} > 0$，中央政府可同时推动大城市与中小城市的市区扩张，促进农村剩余劳动力向城市转移，这样既能降低经济发展水平相对领先的大城市的边际拥挤成本 MC_A，也会降低经济发展相对落后的农村与中小城市的边际拥挤成本 MC_0，从而使大城市户籍限制的地方政府最优水平与全社会最优水平之间差距趋于缩小。

第九章

户籍制度改革的全国性财政配套改革

一、城市户籍所含福利的可剥离性与财政配套改革

中国二元户籍制度的症结在于户籍制度承担了额外的社会管理职能，使户口充当了城乡福利分配的工具。与现行户籍制度相联系的城乡福利差异表现在就业、教育以及社会保障等各个方面。这种以户籍形式分配社会福利的做法既违背公平也损害效率。要顺利推进户籍制度改革进程，必须在政府推动下有步骤地剥离附着在户籍上的市民福利，还户籍制度本原功能。

（一）教育方面体现出的福利差异

教育是立国之本。在我国，法律上人人有受教育的权利。但事实上，由于客观条件的限制，不可能人人都受到良好的教育。造成受教育机会不均等的因素是多方面的，其中，户口因素是极为重要的一条。这是因为，此地和彼地，城市和乡村，重点学校和非重点学校，教育受到重视的程度不同，投资不同，办学条件和教师质量不同，因而教育发展水平相差悬殊。农家子弟一般只能在附近村庄上学，学校的教学条件和质量普遍偏低，而中心城市的学校，情况要好得多。现实中的这种巨大差别，决定了农民子弟上学难，上好学校难，贫困者甚至上不起学。

1. 从教育经费投入看城乡福利差异

我国的义务教育实行的是在国务院领导下的地方负责、分级管理的体制，义

务教育的经费主要由地方政府承担。由于我国城乡经济发展水平的巨大差异，城市义务教育经费能够实现各级财政投入的足额到位，而农村义务教育经费不足和办学困难问题一直长期存在。

2000年，我国开始在农村实行费税改革，目前已基本在全国铺开。在此之前，我国农村义务教育主要依靠乡镇财政收入、农村义务教育费附加、教育集资、举债和学校按超过地方政府规定的杂费标准或巧立名目收费等来保证农村中小学教师的基本工资和维持学校低水平运转。1993年，全国城市小学生的人均经费为47 611元，而农村为25 014元，差距为1.9倍；到1999年，两者的差距都进一步扩大到3.1倍，绝对金额为149 212元。

从教学条件看，城市学校教育教学设施齐全，绝大多数学校已经开始使用现代化的教育教学手段，建立了包括微机室、实验室、语音室在内的一系列教学设施。而农村学校教学设施简陋，物力资源奇缺。许多农村中小学校连最基本的教育设施如校舍、教学仪器、图书都难以保证，例如2002年全国普通中学、小学校舍危房面积中农村校舍危房面积占到总面积的49.86%和82.73%，而城市仅占到总面积的10.09%和4.58%。

2. 从教育机会看户籍背后的福利差异

从教育机会来看，由于户籍障碍的存在，一些地方对没有本地户籍的外来人员的子女在就学上仍然存在着不同程度的歧视现象。表现之一是学校收费实行双轨制，把前来就学的流动人口子女视为择校生，向他们收取高于当地户籍人口子女的学费，如名目繁多的借读费、赞助费等，这大大提高了进入城市的无户口新居民的孩子接受基础教育的成本。现实的情况是很多外来家庭，特别是外来务工人员负担不起高额的费用，收费问题带来的后果之一就是部分学生会因为家庭经济承受能力有限或家庭经济情况不好而导致失学、辍学，这是造成流动人口中适龄儿童失学的最主要原因。表现之二是在入学手续上设置新的门槛，必须暂住证、计生证、就业证、户口所在地证明等多证齐全才能办理入学。

城市化时期，处于流动状态的儿童规模也会非常庞大，及时为他们提供基础教育实际上关系到下一代城市人口的总体素质和社会稳定问题。解除就学中的户籍限制，保护流动儿童就学的权利，是在采取渐进式户籍制度改革的同时必须进行的制度改革。

另外，在高校招生中也存在着户口歧视问题，北京、上海、天津等高校聚集的大城市，本地考生的录取分数线大大低于外地考生。这严重损害了公立高等教育的公平性，损害了部分小城镇及农村考生接受高等教育、名校教育的权利，使得原本公平的择优选才的高考制度一定程度上变成了一种地域性的不公，同时也滋生了一些如高考移民之类的新的社会不良现象。

（二）就业机会方面体现的福利差异

户口等级造成的了就业机会极大的不均等，政府就业促进政策对城市和外来劳动力存在明显的不同待遇。政府长期以来把促进就业工作的重点放在城市，对城市下岗职工再就业制定了完善的促进政策，在税收、信贷、工商、职业培训等诸多方面提供优惠，并建立了3条就业保障线；对于农民工，城市政府则实行歧视性的职业保留制度。政府针对下岗职工采取的是"保护—激励性"就业政策，而对外来劳动人口则是"限制—歧视性"的就业政策。在就业机会上，由于受到社会偏好的影响，与城市居民相比，无户籍的外来务工人员同等条件下不能得到同样的就业机会，更不能享受相应的劳动保护，就业待遇和就业保险。

1. 20世纪90年代不同户籍人口就业机会不公的状况

20世纪90年代中期，北京、上海、武汉、南京、青岛等城市均出台条例划定农民工不能进入的行业或职业，或规定如果城市企业雇用农民工必须交纳一定费用，而雇用当地下岗职工则予以奖励。与当地户籍人口相比，农民工的就业环境存在很大差距。许多工作招工时必先查户口，不同的工作岗位有不同的要求。那些环境较好、技术性较强、待遇较高的工种，往往必须从持有本市镇正式户口者中选择。而一些流动性较大、繁重而艰苦的工作岗位，户口要求可以放宽，才允许乡下人来拾遗补缺。某些专业人才和干部的选拔往往也要以户口为前提。从北京、上海等经济发达城市招考公务员对报考者的户口限制、生源限制等可以很容易地看出，不仅是农民工，连非本地户口的社会就业者甚至非本地生源的应届毕业生在就业时都遭到了排斥。户籍身份产生的就业歧视已经不再仅仅是针对农民工的"专利"了，而成为所有的想去非户籍所在地就业的就业者的一大障碍。身份歧视现象已经严重影响了社会的公正，户籍制度已经成为限制我国劳动力流动的制度性障碍（见表9-1）。

表9-1　90年代上海市针对外来劳动力进入本地市场出台的相应政策

施行时间	政策名称	主要内容
1994.6.6	《上海市劳动局关于本市单位使用和聘用外地劳动力缴纳外地劳动力务工管理费问题的暂行规定》	1. 单位实际使用人数在10人以内（含10人）的，在年度内办理一次性缴费手续（使用第一个月初的10天内缴纳）。 2. 单位实际使用人数在10人以上50人以内（含50人）的，在半年内办理一次性缴费手续（使用第一个月初的10天内缴纳）。 3. 使用人数在50人以上的，应按月办理缴费手续（月初10天内缴纳）。

续表

施行时间	政策名称	主要内容
1995.2.13	《上海市单位使用和聘用外地劳动力分类管理办法》	将行业工种分为三类： A类为可以使用外地劳动力的行业工种。 B类为调剂使用外地劳动力的行业工种。 C类为不准使用外地劳动力的行业工种。 随即公布了上海市各企事业单位不得招聘外地劳动力的首批C类行业和工种
1996.7.1	《关于使用外地劳动力管理基金的征收和使用办法的通知》	1. 经批准并在规定比例范围内使用外地劳动力的，每人每月征收管理基金50元（不含原已按规定征收的各项费用，下同）。 2. 超比例使用或未经批准擅自使用外地劳动力的，每人每月征收标准为本市上年职工月平均工资的50%。 3. 本市建筑单位经批准使用外地劳动力以及经批准进入本市的成建制外地建筑单位，减半征收管理基金
1997.1.1	《上海市外来流动人口管理条例》	1. 外来人员在本市务工，应当按照规定申领《上海市外来人员就业证》，未取得《上海市外来人员就业证》的，不得在本市务工。 2. 单位使用的外来人员，应当到指定的外来人员劳动力市场，通过外省市驻沪劳务中介服务机构招收，但经批准直接到外省市招收的除外。禁止擅自招用外来人员。 3. 务工、经商的外来人员和使用外来人员的单位应当缴纳有关费用

资料来源：根据上海市劳动和社会保障局网站公布的内容编写。

上海是我国劳动力最为密集的城市，随着上海经济的高速发展，境外与市外人口不断涌入，和本地居民一起共同构成了上海市各行各业的就业大军。上海市劳动力资源在20世纪90年代以前基本上是户籍人口。但到了90年代，尤其是90年代后半期，由于全国改革开放，广大农村剩余劳动力背乡离土，到城市务工经商，使上海的劳动力无论从数量上还是结构上都发生了很大的变化，从而使上海市劳动力市场的发展也呈现出一些新的特点。作为中国劳动力规模最大的城市之一，上海市有关外来人口就业的规定最多也颇具代表性。

从20世纪90年代初浦东开发开放伊始，大规模劳动力流向上海，以寻求更高的收入与更好的工作机会。市政府出于使外来劳力有序流动和保护本市居民就业的考虑开始出台了相关政策。这些政策从不同的利益出发,规定不准擅自使用、聘用或到未经指定的劳动力市场进行招收,或招用自行来沪寻找工作的外地劳力;合法招收外地劳力时须通过市劳动服务公司职业介绍中心或指定的职业介绍服务机构登报公开招聘,招聘不足后方可按一定程序使用聘用外地劳动力。而到上海就业的劳动者也必须具备一定条件,诸如:具备初中及以上文化程度,年满18周岁,持有身份证、学历证明、户籍所在地县以上劳动行政部门核发的就业登记卡、本市公安部核发的并已加盖健康检查合格章和计划生育检验证合格章的暂住证以及凭以上证件办理的外来人员就业证。除此之外,单位使用和聘用外地劳动力必须缴纳外地劳动力务工管理费。

2. 21世纪以来就业政策的变化

随着社会经济的发展以及制度变革的不断推进,在本着促进本市就业与再就业工作顺利开展的原则下,上海市在劳动力市场上的政策走向基本上是由"90年代的限制外来劳动力就业"转变为"新世纪以来的积极扶持本地人就业"。由限制到扶持,体现了政府价值观的变化也体现了时代的变化。

自2002年后国务院有关部门相继出台一些规定,要求各地取消对农民工进城务工经商的各种限制和各种不合理的收费。浙江省就业管理服务局于2005年2月宣布,这个省实施了近10年的外来人员就业证卡管理制度正式取消。原先根据这项制度,外来民工到浙江省务工以及浙江农村劳动力进城务工必须先到劳动力输出地的劳动部门申领外出就业卡,再凭就业卡和签证等证件到输入地劳动保障部门办理就业证,方可到浙江省的劳动力市场上求职。过去浙江省一些地方和行业还实行了一些控制或限制使用外来劳动力的政策,如企业使用农民工必须向当地劳动保障部门审批用工计划。近年来,随着浙江省城乡统筹就业工作的推进,这些限制性政策也已逐步取消。

限制外来人口就业,保护本地人的利益,特别是就业利益,在很大程度上仍然是沿袭计划经济下的老思路:把农民限制在农村,使农民被排斥在城市化和现代化进程之外。这样的结果只能体现出马太效应:先进的更先进,落后的更落后;好的更好,差的更差。换句话说,城乡分割更为厉害,城乡差距进一步扩大,这不仅与我国现代化的目标是相违背的,也不利于现代化过程中的社会稳定。

(三)社会保障机会方面体现的福利差异

1. 社会保障的定义及范围

社会保障是依据一定的法律和规定,为保证社会成员的基本生活权利而提供的救助和补贴,主要包括社会救助和社会保险。社会救助是当公民遇到不可抗拒的天灾人祸、失业待业、鳏寡孤独等特殊困难，导致生活水平低于国家规定的最低生活水准时，政府和社会向其提供的满足最低生活需求的物质资助。社会保险是通过立法形式强制推行的社会保障，由劳动者、企业和政府各方筹资，当劳动者遇到伤亡、疾病、失业、退休等情况时，防止收入中断和丧失，以保障其基本生活需求的制度。

2. 我国社会保障制度的城乡分割

我国社会保障制度存在严重的城乡分割。改革开放以来，中国城市社会保障制度从计划经济时代形成的公费与劳保医疗制度、免费住房制度、粮油价格补贴制度、保证就业制度、高福利制度等为特征的社会保障，逐步向以社会保险为核心的新型社会保障过渡。而农村原有的从农业合作社脱胎的人民公社体制下的自然就业制度、合作医疗制度、农村社会救济制度、孤寡老人养老院供养制度、五保户制度等则逐渐弱化或解体，缓慢地在向以农村社会保险制度为核心的具有市场经济特征的正式社会保障制度演进，只是其覆盖的面积微不足道、种类残缺不全。

在过去的几十年中，城市的社会保障得到了国家的高度重视，保障水平基本上有保证，但是，从城市化的角度看，中国社会保障制度还存在着一个重大问题，就是将进入城镇就业和落户的农民排除在绝大部分社会保障享受对象之外。其中最低生活保障明确不包括建制镇居民和农民工人，其他社会保障（失业保障、医疗保障、养老保险）对农民工能够享受的程度或者含混不清，或者干脆将他们排除在外。外来人员特别是农民工社会保障制度推行难的根源在于社会保险全国统筹和地区衔接程度过低。

目前，我国社会保险体系最突出的特点是地区保险，不但各个省对社会保险的政策有所不同，就连同一省份内的各市、县的规定也有差异，从而导致社会保险关系转移难、衔接难。而农村的社会保障则主要是由农村基层组织自己来解决，城乡保障水平的差异相当巨大。统计显示，几十年来，占国家总人口80%左右的农民的社会保障支出仅占全国社会保障费的11%，而占20%左右的城镇居民却占有89%的社会保障费。1990年到1998年，城乡社会保障水平的差距更大，农村人均社会保障支出从5.1元增长到11.2元；而同期城市的人均社会保障支出则从554元增长到1 462元。农村社会保障支出占GDP的比重每年保持在0.1%的水平上，而城市社会保障支出占GDP的比重却一直稳定在7.3%的水平上。城市人均享受的社会保障费约是农村人均的100倍之多，两者差距之大已超过世界上任何一个国家（见表9-2）。

表 9-2　　　　　　　　我国城乡社会保障状况对比表

社会保障类型		城市社会保障模式	农村社会保障模式
社会保险	养老保险 — 保障方式	社会统筹和个人账户相结合	以家庭保障为主，与社区扶持相结合
	养老保险 — 保障对象	城镇所有劳动者	少数有条件地区实行
	养老保险 — 资金来源	国家、企业、个人共同承担	个人缴纳为主集体补助为辅，国家予以政策扶持
	养老保险 — 统筹范围	全省（市）	全县
	养老保险 — 保障性质	强制性	自愿性
	养老保险 — 资金运行	现收现付制转向半积累半现收	完全积累制
	医疗保险	社会统筹和个人账户相结合的医疗保险	合作健康保险或合作医疗
	失业保险	保险费由企业按职工工资总额一定比例筹交	尚未建立
	工伤保险	普遍建立	尚未建立
	生育保险	普遍建立	一些地区在试点
社会福利		职工福利：福利设施、福利补贴；公办福利：社区服务、福利院、敬老院、干休所等；教育福利：九年制义务教育	公办福利：五保户供养、养老院、农村社区服务等；教育福利：九年制义务教育，靠县乡财政和农民上缴的教育费附加办学
社会救助		最低生活保障制度和城市扶贫	农村救济、救灾和扶贫
优抚安置		优待、抚恤、安置	内容基本与城市相同
资源补充保障		企业保障、商业保险	少量商业保险

资料来源：姬便便，王国军.论户籍制度改革背景下城乡社会保障制度的衔接.科技导报，2004（11）.

3. 不同城市间的社保对接问题

除了上述的城乡之间的社会保障差异外，由于我国户籍制度所导致的社会保障方面的问题还着重表现在不同城市间居民的社保转移和对接问题上。20 世纪 90 年代初以来，中国逐步建立了统筹与个人账户相结合的城镇职工养老保险制度，并在 1997 年形成全国统一的模式。期间，人力资源市场逐步开放，劳动者跨地区流动就业成为不可逆转的趋势。这也是形成一个健康的劳动力市场必备的前提条件。但由于受户籍制度限制，劳动者流动就业和社会保障制度尤其是养老保险制度之间，至今没有形成一个顺畅的接口。最为突出的表现是，劳动者在非户籍所在地工作，退休后无法在当地享受养老的权利。即便在当地缴纳养老保险费多年，也需要返回原籍办理退休手续，并按照户籍地标准在户籍地领取养老金。大量问题随之产生。其中手续不便自不待言，更现实的问题是，参保地和户籍地相互推诿，令参保者养老保险关系难以接续和维系，无法领取养老金。

大城市，尤其是北京、上海之类的特大城市，社会平均工资高，社保、医保缴费的绝对额要大，而贫困地区工资低，保费缴得少。如果原来从贫困地区的参保人员转到大城市后，直接承认转入者过去的参保年限，并按照该城市的标准给其发放社保，该城市的资金就会出现缺口。这一问题也是一直困扰着全国社保对接的难题。

随着新一代流动就业的劳动者逐渐步入退休年龄，政策的模糊带来的种种尴尬和矛盾被不断放大。据中央财经大学教授褚福灵分析，之所以以前没能制定相应政策，很大程度上是因为中国劳动力市场逐步开放后，社保制度的转轨有一个渐进的过程。社会保障关系跨地区转移不畅，已经极大阻碍了劳动力市场的发展，再不解决，市场将被严重割裂。

4. 农民工群体的社保转移问题

除了离开户籍地参加工作的城镇企业职工，农民工群体的养老保险关系更无法转续，直接的后果是农民工参保率非常低，退保率却屡创新高。据不完全统计，中国外出务工的农民工超过1亿人，跨省就业的农民工数量高达6 000万人。根据有关报道，在中国的许多发达地区，进入工业、城市的农民工回乡退保的案例层出不穷。有数据表明，全国平均的退保率为40%左右，农民工集中的广东省退保率竟高达95%。

农民工的社保转移，相对于城市人口，则要求更多的合理的政策搭配。相比较城市人口可能有的等待异地对接政策的选择，由于农村地区社保制度的相对空白，退保似乎是农民工回乡时的唯一选择。然而退保时，企业为农民工缴纳的保费，农民工却不能够带回乡。无论是职工个人缴纳的社保资金，还是单位为职工缴纳的社保资金都属于参保者的财产范畴，都是为保证劳动者的基本权益。社保应有人身属性，应当随着劳动者的流动而无障碍转移，故应尽快在全国范围内设置无障碍通道，实现社保的有序流动。

在上述讨论的教育、就业、社会保障中，笔者认为，教育机会平等和就业机会平等的权利按其性质应当是全国范围内平等享有而不是地方范围内平等享有的，我们称其为第一类福利；而社会保障首要解决的是不同地区对接的问题，而在未来时期才能达到全国范围内平等享有的，我们称其为第二类福利。

附着在当前城市户籍上的种种福利中，还有一类是只能或较适宜由地方财政来提供，它们属于地区性公共产品。如较为便捷发达的交通条件，方便繁华的生活服务条件（文化、体育、娱乐、商业购物、医疗等条件），等等。这类公共产品如由地方供给，从效率上来讲更有优势。

二、第一类福利的全国性财政配套改革

财政配套改革的总体框架：

$$
城市户籍附着利益\begin{cases}教育机会\\就业机会\end{cases}第一类福利\Big\}全国性财政配套改革\\社会保障\rightarrow第二类福利\\城市便捷的生活服务设施\rightarrow地方性财政配套改革
$$

户籍制度改革的全国性财政配套改革主要旨在将上述第一类和第二类福利从城市户籍中剥离。

（一）教育机会方面户籍限制政策的财政体制根源

1. 目前我国教育的财政投入情况

要想实现教育机会的平等，一大要点在于教育经费特别是基础教育的经费要由中央财政集中承担。否则，如果某一地区的基础教育经费大多数由地方财政承担，而外来人口对于该地区所做出的贡献（纳税等）是有限的，如果其本人或其子女也能轻易享受到该地区优越的教育资源，那又滋生了另一种不公平。而如果全国的基础教育经费是由中央财政统一调拨和承担的，只要是中华人民共和国公民，就有权利在国家的任何地方享受到平等的教育机会和教育资源（见表9-3、图9-1）。

表9-3　　　　　　　2007年度学校教育经费情况表　　　　　单位：万元

学校类别	合计	国家财政性		社会团体和公民个人办学经费	社会捐资和集资办学经费	学费和杂费	其他教育经费
		教育经费	预算内教育经费				
全国总计	98 153 086.5	63 483 647.5	57 956 138.0	5 490 583.0	899 077.6	15 523 301	4 206 736.2
中央	11 619 563.0	6 921 452.5	6 642 427.4	—	113 802.1	1 824 796.2	863 064.1
地方	86 533 523.5	56 562 195	51 313 710.6	5 490 583.0	785 275.5	13 698 504.8	3 343 672.1

资料来源：《中国社会统计年鉴（2009）》。

```
(%)
6.0  ── 合计教育经费/GDP  ── 国家财政性教育经费/GDP
5.0
4.0
3.0
2.0
1.0
0.0
   1992 1993 1994 1995 1996 1997 1998 1999 2000 2001 2002 2003 2004 2005 2006 2007 (年份)
```

图 9-1　我国教育经费和财政性教育经费占 GDP 比重（1992~2007 年）

资料来源：《中国社会统计年鉴（2009）》。

改革开放以前，我国基础教育实行国家办学、中央集权、财政单一供给的管理与公共投入体制，在这一体制中，国家财政是基础教育的唯一投入者，1984年以前，国家财政用于教育的支出全部来源于国家的预算内教育支出，教育支出政策与我国经济高度集中统一的体制相符。

近年来，我国在财政方面先后进行了数次大的改革：20 世纪 80 年代的分权化改革、1994 年的分税制和 1998 年开始的公共财政改革。而与此同时，基础教育的财政投入体制也经历了不断完善和演进的过程。20 世纪 80 年代初的财政分权化体制改革的主要内容是实行财政包干、分灶吃饭，扩大地方政府的财力，使得中央政府与地方政府财政收入的比例从 80 年代初的 40：60，变为 90 年代初的 22：78。但随之而来的是总体财政收入下降，国家中央财政对于经济调控能力减弱等问题。1994 年，我国对财政体制进行了又一次大规模的改革，一次性将大额增值税和消费税收入上缴国库，使中央政府收入占政府总收入的比重由 22% 快速提高到 55.7%。

尽管财政的收入分配格局有所改变，但与之相对应的教育投入的支出格局却没有得到相应的改变，依然强调了地方政府财政投入在整个基础教育中的重要性，即地方财政占大头，中央财政只占很小的比例。

从图 9-1 中我们可以直观地看出，虽然我国公共教育经费绝对量增长较快，财政性教育经费从 1992 年的 728.75 亿元增加到 2007 年的 8 280.2 亿元，但我国财政性教育经费比重始终保持徘徊在 3% 左右，且 1995 年以前处于下降趋势，在 1992 年为 2.71%，而到了 1995 年却降到了 2.32%，此后缓慢提高，在 2002 年和 2003 年占 GDP 的比重分别达到了 2.90%、2.84%，但是按照《2004 年国际统计年鉴》，2003 年中低收入国家该项指标平均为 4.5%，我国当年财政性教育投入经费仍然大大低于该水平。1992～2007年间我国总教育经费比重基本保持提高态势，尤其在1997～2002年间增长幅度较大。从图9-1还可看出，二者有逐渐拉大的趋势。一方面表明我国教育投入渠道的多元化，另一方面又表明我国教育财政的后劲不足。

2. 我国义务教育经费过分依赖地方

中国目前的义务教育财政体制，在经费筹措上过于依赖地方，这是不合理的。1996年全国教育投入2 262.3亿元，其中，中央只占10.8%，地方占89.2%。到1998年，教育投入总额为2 949.1亿元，中央的教育投入比重略有提高，当年为12.8%，而地方仍高达87.2%。近些年，中央财政占教育总投入的比重继续降低，到了2006年，全国教育投入为4 780.41亿元，其中中央财政投入295.23亿元，仅占6.2%，而地方财政投入4 485.18亿元，占93.8%，而且这个投入包括了各级教育，其中，中央投入到基础教育的部分更是少之又少。

级次较低的政府，其财力规模小，难以有效承担农村基础教育投入的职责；而级次较高的政府，其财力相对雄厚，必须适当承担农村基础教育投入的职责。我国中央和省级政府掌握了主要财力，但基本摆脱了负担基础教育经费的责任；县乡政府财力薄弱，却承担了绝大部分基础教育经费。这种政府间财权与基础教育事权责任的不对称安排，是我国基础教育特别是农村基础教育经费短缺的重要制度原因。

(二) 就业机会方面户籍限制政策的财政体制根源

1. 我国财政对就业的投入情况

在就业方面，要想实现就业机会的公平，首先要从中央和地方出台从职业市场准入到规范从业人员社会保障的一系列保障公民平等就业的政策法规，保护城市的外来人员包括农民工的公平择业的权利，对歧视性就业的单位一经查实予以一定的处罚，在全社会营造起一种平等无歧视的就业氛围。除此之外，对就业方面的财政投入也是需要考虑的一个问题。

据财政部资料，我国财政对就业的投入主要体现在"就业补助"和"国有企业下岗职工补助"两大项目上，其中财政就业补助的项目主要包括劳动力市场建设、再就业培训补贴、职业介绍补贴、社会保险补贴、岗位补贴、小额担保贷款贴息、小额担保贷款基金。

我国的就业形势依然严峻，公共财政对就业的投入所面临的任务更加繁重。我国劳动力供大于求的基本格局在相当长时期内不会改变，解决劳动者素质与就业需求之间不相适应的矛盾更是一个长期的艰苦任务。

首先，我国财政对就业支持的覆盖范围还比较窄，标准较低。目前的覆盖范围主要是国企下岗失业人员、国企关闭破产需要安置的人员、集体企业下岗失业人员，以及享受城市居民最低生活保障且失业一年以上的城镇其他登记失业人员，而进城务工的农村富余劳动力也需要获得政策扶持。

其次，我国财政对就业的直接投入同主要市场经济国家相比，比重较低。多数经合组织国家劳动力市场项目占财政支出和 GDP 的比重在 3% 和 1% 以上，而我国 2004 年就业补助和国有企业下岗职工生活费补助两项合计仅占财政支出的 1.06% 和 GDP 的 0.19%。可见，同大多数市场经济国家相比仍然较低。

2. 对就业的财政补贴主体

在对就业的财政补贴主体上，2003 年以前，中央财政在就业补助中所占的比例很低，地方财政是就业补助的主体。从 2003 年开始，中央财政对就业补助的支持力度加大，当年中央财政占就业补助的比重达到 41.4%，2004 年为 48.6%，2005 年已经达到 55.7%，逐步成为财政就业补助投入的主渠道，但是各个地区因经济发展水平的差异，就业补助的主体也有差异。

据劳动保障部统计，在 1998~2008 年期间，地方各级财政为促进就业再就业投入经费的水平，因地区发展不平衡而存在较大差别。东部地区发达省份的就业再就业资金基本由省及地方财政筹集，中央财政转移支付很少，其中北京市、上海市、广东省、深圳市、宁波市、厦门市和青岛市全部由本省市投入。中西部地区省份大部分就业再就业资金由中央财政拨款或转移支付，少量由本省筹集。在这样的情况下，难免造成就业机会特别是就业保障方面的不平等，试想，如果流动性很大的民工对城市没有持续的财务贡献（如税收），却来享受与城市居民同样的补贴，而这对本地贡献较大的居民来说，也是一种不公平。于是，地方政府不愿意给外来人员特别是农民工提供健全的失业保险之类的就业补贴，以免造成大量的地方财政资金外流和本地居民的不满（见表 9-4）。

表 9-4　　　　　　　　　　中央和地方财政支出及比重

年份	全国（亿元）	中央（亿元）	地方（亿元）	比重（%）	
				中央	地方
1978	1 122.09	532.12	589.97	47.4	52.6
1980	1 228.83	666.81	562.02	54.3	45.7
1985	2 004.25	795.25	1 209.00	39.7	60.3
1990	3 083.59	1 004.47	2 079.12	32.6	67.4
1991	3 386.62	1 090.81	2 295.81	32.2	67.8
1992	3 742.20	1 170.44	2 571.76	31.3	68.7
1993	4 642.30	1 312.06	3 330.24	28.3	71.7

续表

年份	全国（亿元）	中央（亿元）	地方（亿元）	比重（%） 中央	比重（%） 地方
1994	5 792.62	1 754.43	4 038.19	30.3	69.7
1995	6 823.72	1 995.39	4 828.33	29.2	70.8
1996	7 937.55	2 151.27	5 786.28	27.1	72.9
1997	9 233.56	2 532.50	6 701.06	27.4	72.6
1998	10 798.18	3 125.60	7 672.58	28.9	71.1
1999	13 187.67	4 152.33	9 035.34	31.5	68.5
2000	15 886.50	5 519.85	10 366.65	34.7	65.3
2001	18 902.58	5 768.02	13 134.56	30.5	69.5
2002	22 053.15	6 771.70	15 281.45	30.7	69.3
2003	24 649.95	7 420.10	17 229.85	30.1	69.9
2004	28 486.89	7 894.08	20 592.81	27.7	72.3
2005	33 930.28	8 775.97	25 154.31	25.9	74.1
2006	40 422.73	9 991.40	30 431.33	24.7	75.3
2007	49 781.35	11 442.06	38 339.29	23	77
2008	62 592.66	13 344.17	49 248.49	21.3	78.7

资料来源：《中国统计年鉴（2009）》。

（三）第一类福利的改革方向

1. 中央财政应成为教育、就业投入的主体

为了将第一类福利从城市户籍中剥离，全国性财政体制所必须进行的改革在于，对于教育和就业的财政补贴的主体经费应由中央财政集中担负、统一统筹。如为了实现教育机会的基本平等，全国义务教育的主体经费应统一集中由中央财政承担；又如为了实现就业机会的基本平等，城市失业社会保险中的政府补贴部分由中央财政集中负担；等等。

然而，根据本章前面的分析，从目前来看，我国对教育，尤其是基础教育，以及对就业的补贴绝大部分都是地方政府担负，在一些较发达的东部沿海地区，就业补贴甚至全部由地方承担，而在边远省份，中央财政的补贴要多一些。而若不改变这样的状况，实现全国统筹，则不可能实现真正意义上的教育和就业机会的平等。要想解决这个问题就要提高中央财政在基础教育和就业补贴占 GDP 的比重。以教育为例，2006 年，我国 GDP 已达到 210 871.0 亿元，而中央财政的教育事业支出仅为 295.23 亿元，仅占 GDP 的 0.14％，如果能将该比重提高到 1％，则可增加教育经费约 1 800 亿元，很大程度上填平了地方财政对于基础教育的投入。必须改变由地方财政特别是某些县级财政的"小马"拉义务教育的"大车"的局面，大幅度加强中央政府对义务教育的投资责任，使中央政府成为义务教育投资的主体，并以"中央统筹、分级管理、以国为主"的方针取代"地方负责、分级管理、以县为主"的现行政策。

2. 中央财政成为教育、就业投入主体的可行性

使中央财政成为教育、就业投入的主体是具有可行性的。首先，我国经济快速增长已达 20 年。改革开放以来，中国国内生产总值（GDP）的增长速度年平均高达 9％，居世界第六，经济已经有了一定的基础。与此同时，中国财政体制经过 1988～1993 年的财政包干，特别是经过 1994 年开始实行的分税制财政体制改革以来，财政结构已发生了重大变化，明显地增加了国家财政收入占 GDP 的比重，2007 年达到 24.5％，从而为提高整个国家的财政能力奠定了制度基础。与此同时，分税制改革大大增加了中央财政收入占全国财政收入的比重，已经从 80 年代中期的 32％上升到 2008 年的 53.3％，可以说分税制大大加强了中央财政的宏观调控能力。

又据国务院发展研究中心的调查，目前全国义务教育总投入中，乡镇负担 78％，县财政负担 9％，省地负担 11％，而中央财政只负担 2％左右，1997 年的数据甚至表明，中央财政只占 0.5％。两组数据相对比，容易发现，中央和地方的"财权"和"事权"极不对称，只有大幅度地增加中央的负担，才能解决这个矛盾。中央财力的加强，为国家财政发挥宏观调控作用，在全国范围提供大体相同的公共产品，保障不同地区最低限度的基础性公共产品的供给提供了可能。

3. 对教育、就业的财政投入需要形成长效机制

仅以就业为例，我国目前公共财政对就业的投入仍属于政策性的短期安排，只是针对存在的突出问题和需要制定政策措施，再根据政策要求提供财政支持。这种财政支持虽列入了国家以及地方财政预算，也是合理有效的，但仍是短期性安排，面对教育、就业这样长期性重大问题就显现出局限性。因此，要解决我国教育、就业这类长期性重大问题，财政投入的政策性短期安排是不够的，应当形成一种长效机制，才能适应形势的需要。

三、第二类福利的全国性财政配套改革

(一) 社会保障方面户籍限制政策的矛盾根源

1. 社会保障的统筹层次低

地方政府之所以对社会保障关系对接态度消极,一个重要的原因在于目前中国城镇职工养老保险制度所谓统筹账户和个人账户相结合的结构,为养老保险关系的转移增添了不小的难度。所谓统筹账户和个人账户相结合,即把职工的养老金账户分为相应的两个部分,统筹账户实行现收现付制,主要以当期企业为职工缴费的部分支付当期退休人员部分养老金,即与参保职工对应的每年的缴费都要用于当年退休人员的养老金发放,不用于积累;而个人账户部分则实行积累制,通过其个人缴费积少成多,这部分资金并不动用,而是待退休时按照账户积累资金总额向参保者支付养老金。

在中国逐步统一各地城镇职工社会保险制度模式的过程中,并没有形成全国统筹的大账户,而是始终以地方统筹为主导。不同统筹区之间的账户收支情况大相径庭,缴费比例、享受待遇等具体制度安排也千差万别。通常情况下,职工跨地区流动往往相当于在不同养老保险统筹区之间的流动。劳动和社会保障部历次对社会保险关系转移做出规定时,只要求转移个人账户积累资金,这是因为,理论上,对应了缴费大头的统筹账户当年已经付诸使用,职工若跨统筹区转移社保关系,统筹账户资金无法转移,各统筹区显然也没有转移的动力。因此,不同级别的行政区形成了不同层次的统筹区,大部分地方统筹层次低,不少仅以市县为单位进行统筹,全国范围内实现省级统筹的行政区为数并不算多。

2. 社保对接难点在于不同统筹区的利益协调

根据目前的制度,各地普遍要求参保者必须在一个统筹地区连续缴费15年,退休后方可领取养老金,如此也利于维持养老金收支平衡。然而,不少劳动者往往在数个统筹区之间流动,虽然缴费总年限超过15年,但在任何一个工作地的缴费年限均有可能不超过15年。这就产生一个明显的矛盾,即一旦劳动者退休地为其支付养老保险待遇,而此前劳动者异地统筹账户缴费又不能转移,退休地在支付参保者退休金时就会"吃亏"。很显然,社会保障关系的接续,实质上就是要协调不同社会保险统筹区的利益关系,而这恰恰是制度设计的难点所在。解开矛盾的关键,在于设计出一个能够突破现有制度局限且平衡各方利益的制度安排。

此外,对于农民工的养老保险关系接续,则关系到能否早日在农村地区广泛

建立养老保险制度，以及为农民工群体设计出一套适合其流动特点的养老保险方案。这些制度完备后，下一步才能考虑农民工的养老保险关系接续。

（二）第二类福利的改革方向

1. 改革重点在于提高统筹层次

社保便携性差的主要原因是统筹层次低。美国等发达国家都是在全国层面上进行统筹，中国则以各市县为单位统筹，有学者形象地称之为"小水缸"，劳动者的社保不能自由地在各个"小水缸"之间流动，到了一个新的地方就要重新参与社保，原有的积累留在了原地，呈现"一人多个社保关系"的情况。

2007年10月，江苏省开始在全省范围内为工作变动的农民工转移养老保险关系，可以视为在一省范围内突破"小水缸局限"的努力。目前，有几个省实现了省级统筹，但从本质上讲这只是假统筹，因为其只是计划在省里，资金还是在各县市，真正的省级统筹需要资金在省的层次上收入和支出。因而提高便携性的根基在于把统筹层次提高到全国。

2. 改革应循序渐进

社保在全国层面上统筹，这在技术上并不存在问题，真正的障碍来自于各地发展水平的不均衡。由于企业和个人缴费额度的高低差别，造成了统筹账户结余情况的巨大差异，如中西部一些省份资金缺口很大，要向中央财政申请补助，而在广东2006年全省养老基金结余则为1 361亿元。如果现在就实现全国统筹，就要发生道德风险，出现落后地区愿意参加社保，而富裕地区不愿意的局面，最后还是实行不下去，所以说剥离这第二类福利时，应该循序渐进、逐步过渡。

在改革过程中，可分为3个层次来进行。首先实现经济发展水平相近城市间的对接，如先在北京、上海、深圳、杭州、南京等大城市之间开展。然后再实现大中小城市间对接，可先从省内的不同城市入手，逐渐过渡到跨省的城市；手段上可采用迁移者只要交付适当差额金就可实现社会保障在不同经济水平地区间的转换。在以上两步都顺利开展之后，再逐步开始城市和农村的社会保障对接。

3. 社保对接方面的最新政策

目前，劳动和社会保障部门已在研究逐步建立起相互衔接、可转移接续的社会保障体系。可以在个人账户转移时，考虑转移部分统筹基金，并根据参保人在转入地的缴费情况，来确定其退休时养老待遇的多少。按这一思路，当中涉及不同省份养老保险基金的调剂、结算等问题，因此，必须从国家层面进行协调解决。

前不久举行的全国两会上，国家有关部门传出信息，将制订养老金的跨省份支付办法，最终实现全国"社会保障一卡通"。鉴于目前社保的办理和转移手续繁、周期长，可考虑借鉴商业保险的做法，设立全国通用的社保一卡通制度，缴费个人持社保卡会同缴费单位缴交社保费用，享受社保待遇。目前的网络技术条件完全有能力支持一个全国统一的信息平台，并以此为基础来记录个人在不同地区、不同工作时段的全部缴费和待遇享受信息，同时完成职工缴费、账户管理和待遇支付等事项。当职工工作调动期间，个人账户部分的资金随同保障卡转移；退休时，统筹基金部分将按照职工个人在不同地区，不同时段的缴费情况分段计算，并由不同地区的经办机构负责将资金划转到职工个人办理退休手续的地区。比如现在很多农民工进城打工，因为在城市里办了社保回农村老家用不了，很多人不愿意买社保；如果设立全国社保一卡通制度，一个农民工在外地打工，工作几年回老家生活，凭着全国通用的社保一卡通，在老家照样可以享受到社保。

以上改革的目的是为了改革现行的户籍制度，实现迁徙自由和机会平等，而为了缓解因放宽户籍限制而产生的人口迁移对大城市的压力，中央财政应加大对中小城市财政转移支付的力度，使其能够提供有足够吸引力的城市公共产品，吸引农村人口向中小城市转移，缓解大城市的人口迁入压力。

四、户籍制度改革的地方性财政配套改革

（一）城市纯地方性公共产品的界定与计量

根据前文的分析，附着在当前城市户籍上的种种福利中，有一类是只能或较适宜由地方财政来提供，我们把这类产品叫做纯地方性公共产品。如城市便捷的生活服务设施等。这类公共产品如由地方供给，从效率上来讲更有优势。

首先，不同地区居民对公共产品的偏好程度不同决定了对其需求量不同。如果由中央政府集中供给地方性公共产品，往往会忽视不同地区消费者的偏好差异，很可能造成对某些地区提供的公共产品过多，存在强迫消费，造成资源浪费；而在另一地区又存在公共产品提供不足的情况，有违社会效率原则。如果由各地政府分别提供，可以更好地了解这种差异并据此有效地提供与其纳税额相匹配的公共产品，这样居民会提高纳税意愿，政府将减少税收补偿成本，因此会更有效地满足公共需求，从而形成一种良性循环的机制，这种针对不同偏好和需求所采取的差异化提供方式有助于增进效率。

另外，由地方来提供此类公共产品，也可大大降低监督费用。为保证政府部门有效供给公共产品，通过各种监督手段建立约束机制非常必要。中央在提供地方性公共产品时本身难以对其实施有力监督，要监督也只能派出监督机构或代理监督人，假设中央政府授权地方来监督公共产品状况，地方政府作为理性人，存

在道德风险和代理风险，不但增加了监督费用，而且影响监督效果，地方这种缺乏主人翁的态度直接导致公共产品供给的低效率。

城市纯地方性公共产品主要包括便捷发达的交通条件，方便繁华的生活服务条件（文化、体育、娱乐、商业购物、医疗）等，这里我们选取几个主要的城市来进行对照说明，我们用城市政府在医疗、社会保障、教育、卫生、基础设施建设、农林水利事务等方面的财政支出来衡量政府在提供地方性公共产品方面的力度。

表9-5　中国主要城市2006年财政支出情况统计　　　　　　　　单位：亿元

地区	基建支出	支农支出	教育支出	社会保障补助支出
北京市	99.30	60.91	175.18	37.42
天津市	83.29	16.08	81.58	51.57
石家庄市	8.54	5.39	26.86	3.24
太原市	2.94	1.82	12.10	11.83
呼和浩特市	7.55	4.92	8.98	3.48
沈阳市	12.51	10.63	33.83	46.59
长春市	13.77	5.59	19.76	15.08
哈尔滨市	9.60	6.65	33.30	7.36
上海市	395.58	41.75	205.46	100.67
南京市	18.32	12.31	28.55	7.07
杭州市	18.84	13.82	42.21	8.14
合肥市	23.38	4.08	12.64	7.87
福州市	4.25	2.26	22.90	1.73
南昌市	10.81	5.20	9.79	8.11
济南市	5.55	6.29	17.59	4.57
郑州市	21.68	3.55	24.33	9.88
武汉市	13.12	6.28	30.77	14.41
长沙市	21.99	10.89	16.78	8.70
广州市	63.04	7.34	52.39	11.24
深圳市	129.19	2.88	57.57	4.30
南宁市	9.86	3.89	14.15	2.47
海口市	1.85	1.38	4.86	1.39

续表

地区	基建支出	支农支出	教育支出	社会保障补助支出
成都市	14.65	9.91	27.51	18.51
贵阳市	2.98	3.73	11.91	6.01
昆明市	9.38	4.89	18.51	9.86
拉萨市	0.88	0.80	3.34	0.38
西安市	3.65	4.81	16.82	2.00
兰州市	5.47	1.93	11.12	4.96
西宁市	3.49	1.52	6.36	0.90
银川市	4.80	1.64	4.77	1.39
乌鲁木齐市	4.84	0.74	5.93	1.47

资料来源：《中国城市统计年鉴（2006）》。

由表9-5和表9-6可以看出，东部沿海地区，尤其是北京、上海、广州、深圳等特大型城市在城市纯地方性公共产品提供方面相对其他城市优势较大，其户籍附着的利益也较多，是几个迫切需要进行户籍制度改革的城市。

表9-6　中国主要城市2008年财政支出情况统计　　　　单位：亿元

地区	教育	社会保障和就业	医疗卫生	农林水利事务
北京市	316.30	209.33	145.05	121.77
天津市	141.70	105.72	41.92	38.54
石家庄市	49.15	18.17	14.77	16.39
太原市	25.98	30.49	7.31	6.97
呼和浩特市	18.19	14.01	5.25	19.62
沈阳市	59.89	86.80	19.82	20.72
长春市	40.91	41.40	14.95	16.75
哈尔滨市	55.38	30.97	18.49	28.61
上海市	326.06	334.97	122.28	78.97
南京市	58.07	31.09	20.44	23.27
杭州市	74.25	40.31	25.95	20.91
合肥市	24.81	20.84	7.55	8.77
福州市	39.39	21.78	13.53	8.42
南昌市	22.78	24.20	9.19	13.56

续表

地区	教育	社会保障和就业	医疗卫生	农林水利事务
济南市	32.86	31.34	13.73	14.55
郑州市	51.76	31.42	17.32	21.04
武汉市	56.09	45.90	24.58	20.29
长沙市	17.05	38.87	32.96	10.93
广州市	95.95	88.27	40.62	19.51
深圳市	103.09	37.90	32.61	13.59
南宁市	26.09	19.68	10.56	13.14
海口市	9.94	6.13	3.39	2.74
成都市	59.98	57.22	25.43	23.96
贵阳市	25.97	3.39	7.88	10.11
昆明市	29.47	32.48	11.79	16.62
拉萨市	6.71	2.54	1.40	2.04
西安市	32.90	48.61	13.39	11.12
兰州市	23.04	12.40	7.67	6.56
西宁市	11.46	0.14	4.87	7.47
银川市	10.60	6.18	3.22	4.33
乌鲁木齐市	18.08	6.94	4.97	4.15

注：2006年以后统计指标发生了变更，但所统计的仍然是地方性公共产品的范畴，这里我们将2006年和2008年的数据都予以列出，以方便进行对照说明。

资料来源：《中国城市统计年鉴（2008）》。

因为地方性公共产品多由地方财政支持，则在考虑这部分福利时，不能采用剥离的手法，而应该利用市场经济中价格调节、税收调节等杠杆手段来对使用此类公共产品的人群进行征税。

地方政府提供上述地区性公共产品的财政资金来源，可通过对社区居民的居住行为征税来获得，即在提供地区性公共产品的同时，适当增加居民的居住成本。为此可逐步开征物业税，为地方政府增加地区性公共产品的供给提供资金来源。

另一方面，地方政府在城市扩张过程中，也可以通过对首次置业的外来居民征收一次性的户籍税，以获得在推动城市扩张过程中的财政资金来源。

（二）物业税的开征

所谓物业税，又称"财产税"或"地产税"，主要针对土地、房屋等不动产，要求其所有者或承租人每年都缴付一定税款，税额随房产的升值而提高。从理论上说，物业税是针对国民的财产所征收的一种税收，是政府以政权强制力，对使用或者占有不动产的业主征收的补偿政府提供公共品的费用。因此，首先政府必须尊重国民的财产，并为之提供保护；然后，作为一种对应，国民必须缴纳一定的税收，以保证政府相应的支出。

无论是从国外的实际案例还是从我国财税体制的发展趋势来看，开征物业税都是必然的发展趋势，从长远来看既符合国家利益，也有利于地方政府的利益。物业税的作用是税收作用的组成部分。所谓税收的作用，是指税收职能在一定条件下表现出来的效果。税收职能是税收本身固有的功能和职责。税收作用是由税收职能和一定条件决定的。因此，物业税的作用，首先，取决于物业税的性质。税种的性质不同，有不同的作用。如所得税的作用主要是调节纳税人的收入，行为税的作用是限制某些行为的发生。

笔者认为，所谓物业税是对纳税人拥有的物业征收的税。它实际上是新概念下的房地产税或不动产税，是财产税中的一种。其财产税的性质，自然决定其发挥财产税的作用。其次，物业税能否发挥作用取决于物业税的具体制度。同样的税种，规定的制度不同，其作用也不相同。物业税作为取代房地产税而开征的税种，可以规定不同的范围和具体的制度。如物业税只取代现行的房产税和城镇土地使用税，还是在此基础上再加上现行的土地增值税、契税和对开发商征收的绿化费、防洪费、人防设施配套费等？是否包括现行的土地出让金？其制度不同，发挥的作用自然不同。再次，物业税能否发挥作用取决于征管的环境和条件。制度相同的税种，征管的状况不同，作用也不一样。如果依法征收，应收尽收，税收的作用就能有效地发挥；如果依任务征收，依领导意志征税，其作用就受到影响。我国开征物业税的主要作用有：

首先，物业税是公共财政透明化运作的产物。物业税是地方税收的最后来源，在公共财政收支倒挂和盈余之间起到调节作用。地方政府核定的物业税总额和税率，是根据每年地方财政盈缺而定，充裕则少征，不足则多征。美国、加拿大、英国、新西兰等国莫不如此。在北欧一些国家，比如瑞典，物业税是财产税的一种，甚至被赋予了调节社会贫富差距和抑制社会财富分配不均的作用。

其次，物业税有利于地方政府税收财政增加、有利于完善我国现行财税体制。在许多国家，财产税是地方县以下财政收入的主要来源，而我国由于财产税税种少，收入低，比重小，难以满足地方财政收入的需要。因而许多地方政府只能靠出卖土地使用权来补充财政收入。近年，土地出让金在地方政府财政收入中占有相当大的份额，2007年全国土地出让金高达1.3万亿元，2008年也为9 600亿元。

开征物业税虽然对是否包括土地出让金存在较大争议，但开征物业税有利于规范财产税制度，增加财产税收入，提高财产税比重，已成共识。就算物业税不包含土地出让金，开征物业税也会提出解决目前征收土地出让金中的短视行为的办法，促进土地的合理使用，规范财政分配关系，引导地方政府关心经济发展，通过发展经济增加财政收入。

开征物业税能够大大拓宽税收征收面，增加政府税收收入，保证地方固定资产投入资金的稳定来源，可以有效地抑制政府短期行为。而且，开征物业税有利于完善现行税收制度体系。目前我国房地产税制构成最明显的特点是：房地产开发流通环节税费多，税费负担重，从某种程度上制约了房地产业的健康发展；而房地产保有环节课税少，负担轻，且税收优惠范围大，导致炒卖严重。一旦开征物业税，届时将相应整合现行一些税种，取消部分有关的税费，改变房地产税收原有的体制，改变现在房地产税制税种过多、有悖公平、财产税主体地位不突出的现状。

开征物业税意味着房地产税费的彻底改革，意味着去除土地财政，改变一次性收取70年土地出让金的格局。否则，所谓征收物业税就是在交易、流通和保有环节重复收税。

最后，物业税作为地方税种，其本意是弥补地方公共财政的不足，然后以此缺额来确定物业税年度收入以及物业税的税率。因此，要使得各方普遍支持物业税，最重要的就是使地方公共财政透明高效，使民众知道税收的用途。与其说物业税是对物业持有人的挑战，不如说是对地方政府财政公共性和透明度的挑战。

目前，世界上大多数成熟的市场经济国家都对房地产征收物业税，并以财产的持有作为课税前提、以财产的价值为计税依据。另一方面，物业税的缴纳者希望政府提供优质的公共产品，政府只有提供优质的公共产品才能保证物业税的收益；政府为了征收物业税，也有动力创造良好的社会环境，提供充足的公共产品，吸引外来人口到本地安家。这样才能形成一个良性循环，既起到了合理限制外来人口盲目流入，又能增加地方政府财政收入，激励地方政府提供更好的社会公共产品，一举三得。

(三) 地方税收立法权的配套改革

纵观国外，许多国家用市场与法律手段调节人口流动，而不利用"户籍"作为行政干预手段。比如东京的高物价将周边地区人口有效地隔离在外；韩国采取征收特别税的方法和信贷措施,加大中、小城市的基础设施投入,成功的将工业活动和人口从特大城市分流出来。事实证明,用遵循市场规律的方式和手段来调节人口流动才能取得预期的效果,而与城市发展水平相匹配的高福利、高税收、高物价的城市模式能够有效调节人口流向,同时可以增加地方政府提供如城市交通、公共基础设施等地方性公共产品的财政资金来源。但此种模式的实现,很大程度上依赖于地方的税收立法权的实现。

未来中国的税权划分改革应走适度分权的道路,特别是应赋予地方一定的税收立法权。这是因为:

首先,中国是大国,各地自然条件和经济发展水平很不均衡,财政能力和税源情况也有很大差别。在此情况下,赋予地方以适度的税权,如对一些地域性的、较为零散的税源通过地方立法课税,不仅不影响国家税政的统一实施,反而有利于促使地方因地制宜,积极采取某些税收措施,挖掘税收潜力,改善地方财政状况,促进经济发展。

其次,适度分权是有效实现地方政府职能的必要条件。目前,中国地方政府仍然客观上担负着调控经济的重要职责,包括兴建地方公共基础设施,支持经济发展和结构调整,调节本区域范围内的地区平衡等。要实现这些任务,需要赋予地方相应的财权,这既包括财力支配权,更应包括必要的税权。因为从某种程度上讲,税权比财力支配权还要重要。税权,尤其是税收立法权是原生性权力,它会"创造"源源不断的财力。因此,将必要的税权下放地方,并加以引导和监督,将有利于更好地发挥地方政府组织并调控区域经济发展的作用,完善国家宏观调控体系。

最后,适度分权有利于增强地方税收收入,减少地方收费项目和隐性发债,实现地方财政收支的规范化、透明化。

(四) 地方性财政体制改革的方向

综上所述,城市户籍对于外来人口的吸引力,除了更好的教育和就业机会、更高的社会保障水平之外,城市的繁华和便利的生活条件也是一个很重要的因素,而这类福利多由地方政府供给,我们称之为地方性公共产品。对于这类福利,不宜采用剥离的方式,而应采用市场机制下的税收、价格等手段加以调节。各个城市应根据自身不同情况,采取与自身经济发展水平相匹配的高福利、高税收、高物价的管理模式,即大城市能提供给居民便利的交通,繁华的商业、文化、娱乐环境,高档的公共基础设施,而相对应的,选择生活在该城市中的居民也需要向地方政府缴纳更多的税收,承担更高的生活成本;而小城镇居民所享受到的物质文化生活水平相比大城市要低一些,那么选择居住在那里的居民只需缴纳较少的税收，物价、生活成本也较低。

这样做的好处在于，一是可以有效调节人口流向，以市场的手段来引导人们居住地的选择，而不是用户籍这样的行政规定加以限制；二是也可以增加地方政府用于供给地方性公共产品的财政来源；三是人们拥有了"用脚投票"的权利，这可以激励地方政府加大力度改善城市面貌提高生活水平，以吸引居住者的流入，进而有更多的税收流入。这里可以把地方公共产品看作在一个由众多辖区组成的竞争性市场上提供的私人产品，居民对公共产品的选择如同消费私人产品一样，只是居民的这种选择会形成人员在各地方辖区间的流动或迁移。在竞争性的地方辖区之间，居民的流动可以导致地方公共产品的有效提供，而地方公共产品的竞争，又进一步引起居民的流动。由于每个人都选择了最符合个人意愿的辖区居住，因此，各成员在不同辖区中的分布达到了均衡，同时也实现了资源的最佳配置。

而此种模式的实行，很大程度上需要地方政府拥有地方税收的立法权。全国一盘棋的税收政策无法调动地方积极性、拉开不同层次城市的税收梯度；而人在作出选择时往往有着"搭便车"的心理，在不需要承担太多额外的机会成本的情况下，更多人会选择去条件更优越的大城市生活。只有用税收、价格手段加以调节，剥离自由迁徙的行政束缚取而代之以更高的经济成本，人们才能根据自己的能力和实际情况作出最理性的选择。

五、本章总结

（一）户籍制度改革的全国性财政配套改革的政策结论

与现行户籍制度相联系的城乡间福利差异、大城市与中小城市间福利差异主要表现在就业、教育以及社会保障等各个方面。基于目前我国经济发展阶段，本章将附着在当前城市户籍上的种种福利分为三大类：

第一类是在目前阶段就应在全国范围内平等享有而不是地方范围内平等享有的福利，包括教育机会平等及就业机会平等的权利等。

第二类是应当是未来时期才能在全国范围内平等享有的福利，主要包括社会保障方面福利。

第三类是指那些只能或较适宜由地方财政来提供，它们属于地区性公共产品，如较为便捷发达的交通条件，方便繁华的生活服务条件（文化、体育、娱乐、商业购物、医疗等条件），等等。

而户籍制度改革的全国性财政配套改革主要旨在将上述第一类和第二类福利

从城市户籍中剥离,转由全国统筹安排,全社会平等享有。就具体操作而言包括两方面:

为了将第一类福利从城市户籍中剥离,全国性财政体制所必须进行的改革在于,对于教育和就业的财政补贴的主体经费应由中央财政集中担负、统一统筹。如为了实现教育机会的基本平等,全国义务教育的主体经费应统一集中由中央财政承担,又如为了实现就业机会的基本平等,城市失业社会保险中的政府补贴部分由中央财政集中负担,等等。为此就需要提高中央财政在基础教育和就业补贴占 GDP 的比重。以教育为例,2006 年,中央财政的教育事业支出仅占 GDP 的 0.14%,如果能将该比重提高到 1%,则可增加教育经费约 1 800 亿元,很大程度上填平了地方财政对于基础教育的投入。

而为了将第二类福利即社会保障类福利从城市户籍中剥离,全国性财政配套改革的重点在于提高社会保障统筹的层次。为此可分为 3 个阶段来进行:首先实现经济发展水平相近城市间的社会保障对接,如先在北京、上海、深圳、杭州、南京等大城市之间开展;然后再实现大中小城市间对接,可先从省内的不同城市入手,逐渐过渡到跨省的城市;在以上两步都顺利开展之后,再逐步开始城市和农村的社会保障对接。

(二) 户籍制度改革的地方性财政配套改革的政策结论

户籍制度改革的地方性财政配套改革则是针对上述无法从户籍中剥离的第三类福利即地区性公共产品,主要指通过对社区居民的居住行为征税来为地区性公共产品的供给提供财政资金来源,从而使这类福利不至于成为户籍限制的原因。

地区性公共产品由地方政府来供给从效率上来讲更有优势。而我国地区发展差异的存在也导致不同地区间地方性公共产品的供给水平的差距,其中东部沿海地区,尤其是北京、上海、广州、深圳等特大型城市在城市纯地方性公共产品提供方面相对其他城市优势较大,其户籍附着的利益也较多,是几个迫切需要进行户籍制度改革的城市。

为了解决因地方性公共产品的供给成本而导致的户籍限制问题,应该利用市场经济中价格调节、税收调节等杠杆手段来对使用地方性公共产品的人群进行征税,以替代户籍限制政策。为此可逐步开征物业税,为地方政府增加地区性公共产品的供给提供资金来源;另一方面,地方政府在城市扩张过程中,也可以通过对首次置业的外来居民征收一次性的户籍税,以获得在推动城市扩张过程中的财政资金来源。需要指出的是,上述与城市发展水平相匹配的高福利、高税收、高物价的城市模式的实现,很大程度上还有赖于地方的税收立法权的实现。

（三）进一步讨论

综合本章的分析，笔者认为，我国户籍制度改革关键在于剥离户籍背后附着的福利差异，这需要相关的全国性和地方性的财政体制改革与之配套。我国目前的户籍制度改革应采取渐进式的改革模式，这样才可以避免带来大的社会动荡。总的来说，户籍制度改革应遵循以下原则：

1. 剥离户籍所附着的社会福利是户籍制度改革成败的关键

由于城乡之间、不同城市之间居民存在着不同的福利待遇，不同地区户口的含金量也就不同，自然会产生壁垒。户口作为一道闸门，目前已不能阻挡农村人口向城市流动，所阻挡的是外来人口得到相应福利待遇的权利。如果全国各地的社会福利水平都一样了，户籍制度"福利分配"的额外功能就消失了，"证明公民身份"的本原功能就回归了，拥有什么地方的户口就主要取决于人们的迁移意愿了。

户籍制度改革的目标在于实现由二元户籍制度向自由迁徙户籍制度的转变，但这种改变不能一蹴而就，因为地区间巨大的福利落差可能导致人口大规模的盲目流动，给大城市造成难以承受的压力，出现许多发展中国家城市化过程中的"城市病"问题，进而造成新的社会危机。要建立自由迁徙户籍制度必须基于我国的客观实际，走渐进式道路。通过就业、教育、社会保障等制度的改革，减少城市人口的特权福利待遇，增大农村人口的平等福利待遇，减小福利落差，在小城镇、小城市全面放开基础上，逐步实现中等城市、大城市、特大城市的开放，最终走向自由迁徙。

2. 地区间社会福利制度的有效衔接是推动户籍制度改革的重要环节

人口自由迁徙要求地区间福利制度的有效衔接。目前，农民工由城市返乡以及人力资本在不同城市之间的转移已成为长期存在的经济现象。这就要求在社会保障制度的城乡衔接、不同城市间衔接方面充分考虑到人口流动的需要，以巩固现有改革成果并不断扩大社会福利的覆盖面，为人口自由迁徙打好基础。

我国户籍制度改革主要是以省级为改革单元，以城市为中心展开的。一些省份已在省内实行城乡户籍统一，但省际之间人口自由迁徙障碍依然较大。各地社会福利系统的不兼容是制约人口省际迁移的重要因素。地区间经济发展不平衡应体现在效率工资方面，而不应体现在作为公共物品的社会福利方面。劳动力在地区间流动时其社会保障积累也应随之流动并具有延续性，只有这样统一全国户籍才有实际意义，人口自由迁徙也能落到实处。

3. 政府有力推动是剥离户籍福利的根本保证

社会福利体系是由国家提供的公共物品，剥离户籍福利的主体是政府，只有中央、地方各级政府协调统一并加大力度积极推动户籍制度附着利益的剥离，户籍制度改革才有可能产生实质性的进展。

为此，政府一要改善财政投入结构，加大中央财政对农村基础教育、社会保障的投入规模和比例，在投入增量上向农村地区特别是贫困地区倾斜，逐步缩小城乡福利差距。二要建立统筹城乡、各城市间的就业促进协调体系。将农村剩余劳动力就业问题纳入国家就业政策和就业服务体系中，视同城市失业人口，并针对其自身特点提供有效的就业服务；出台各地的就业、福利衔接政策，排除人才跨地区跨城市就业的后顾之忧，促进人才的跨地域流动，建立全国统一的劳动力市场，促进人力资源的合理流动和有效配置。三要将长期在城市务工的农民纳入城市社会保障和住房福利体系，降低入市门槛，促进农民工向市民身份转变。加强对劳动力市场的监管力度，严格执法，降低外来农民工的维权成本，保护城市非户籍人口的合法权益。

总之，户籍制度改革需要政府尽快出台相关的法律法规，理顺各方利益关系，辅之以配套的财政体制改革，在渐进式的进程中取得突破性的进展。

参考文献

[1] 陆益龙. 户籍制度——控制与社会差别 [M]. 北京：商务印书馆，2003.

[2] 陆益龙. 超越户口——解读中国户籍制度 [M]. 北京：中国社会科学出版社，2004.

[3] 田炳信. 中国第一证件——中国户籍制度调查手稿 [M]. 广州：广东人民出版社，2003.

[4] 蔡昉，都阳，王美艳. 劳动力流动的政治经济学 [M]. 上海：三联书店，2003.

[5] 蔡昉，都阳，王美艳. 户籍制度和劳动力市场保护 [J]. 经济研究，2001（12）：41-49.

[6] 林毅夫，蔡昉，李周. 中国的奇迹：发展战略与经济改革 [M]. 上海：三联书店，1994.

[7] 蒋中一. 数理经济学的基本方法 [M]. 商务印书馆，1999.

[8] 国家统计局城市社会经济调查司. 中国城市统计年鉴. 中国统计出版社，历年.

[9] 上海市统计局. 上海统计年鉴. 中国统计出版社，历年.

[10] 国家统计局城市社会经济调查司. 中国城市统计年鉴. 中国统计出版社.

[11] 班茂盛，祝成生. 户籍改革的研究状况及实际进展 [J]. 人口与经济，2000（11）.

[12] 彭希哲，郭秀云. 权利回归与制度重构：对城市流动人口管理模式创新的思考 [J]. 人口研究，2007（4）.

[13] 翁仁木. 对我国户籍制度变迁的经济学思考 [J]. 宁夏社会科学，2005（3）：43-47.

[14] 邢斐. 对我国户籍制度改革路径选择的一种解释——基于自增强理论

的分析 [J]. 理论月刊, 2006 (6): 108 - 111.

[15] 池建宇, 杨军雄. 中国户籍制度变迁的供求分析 [J]. 经济体制改革, 2003 (3): 70 - 73.

[16] 贺振华. 户籍制度改革: 一个合作博弈框架内的分析 [J]. 人口与经济, 2003 (3): 8 - 12.

[17] 杨风禄, 户籍制度改革: 成本与收益 [J]. 经济学家, 2002 (2): 33 - 37.

[18] 杨宏山. 从区别对待走向国民待遇——关于我国户籍制度改革的政策思考 [J]. 甘肃社会科学, 2003 (6): 88 - 90.

[19] 陈成文, 孙中民. 二元还是一元: 中国户籍制度改革的模式选择——国际经验及其启示 [J]. 湖南师范大学社会科学学报, 2005 (2): 30 - 34.

[20] 王太元. 户籍改革: 剥离附着利益 [J]. 瞭望新闻周刊, 2005 (20): 34 - 35.

[21] 班茂盛, 祝成生. 户籍改革的研究状况及实际进展 [J]. 人口与经济, 2000 (1): 46 - 51.

[22] 赵万水, 肖丹. 地方财政应负担户籍改革的成本 [J]. 价格月刊, 2003 (12): 40 - 41.

[23] 茶洪旺. 中国户籍制度与城市化进程的反思 [J]. 思想战线, 2005 (3): 32 - 35.

[24] 赵燕菁. 经济转型过程中的户籍制度改革 [J]. 城市规划汇刊, 2003 (1): 16 - 20.

[25] 韩庆凯. 论户籍改革下人口流动与城市化、新农村建设之间的协调 [J]. 经济论坛, 2007 (18): 126 - 127.

[26] 李欧. 论户籍制度改革的方向及理论依据 [J]. 新视野, 2002 (4): 50 - 52.

[27] 杨建成. 试论户籍制度对我国城乡居民收入差距的影响 [J]. 求实, 2004 (11): 188 - 189.

[28] 苏志霞. 中国户籍制度城乡福利分配职能辨析 [J]. 经济问题探索, 2006 (3): 16 - 21.

[29] 刘育红. 地方性公共产品分权式供给的效率及优势分析 [J]. 特区经济, 2007 (12): 151 - 152.

[30] 吴立岩. 关于加大财政对就业支持力度的思考 [J]. 集团经济研究, 2006 (12): 39 - 40.

[31] 刘燕斌, 马永堂. 公共财政对就业经费投入比较研究 [J]. 论坛,

2007（7）：27－29.

　　［32］姬便便，王国军. 论户籍制度改革背景下城乡社会保障制度的衔接［J］. 科技导报，2004（11）：60－63.

　　［33］李伟军. 公共财政下我国教育投入问题研究［D］. 苏州：苏州大学，2005.

　　［34］叶鑫湖. 基础教育财政投入的区域间公平性研究［D］. 杭州：浙江大学，2005.

　　［35］Linda Wong，Huen Wai－Po.，Reforming the Household Registration System：A Preliminary Glimpse of the Blue Chop Household Registration System in Shanghai and Shenzhen［J］. International Migration Review，1998，32（4）：974－994.

　　［36］Dutton，Michael Robert.，Policing and punishment in China：from patriarchy to the people，Cambridge University Press，1992，P. 192.

　　［37］James M. Buchanan.，1965，An Economic Theory of Clubs，Economica，Vol. 32，No. 125，Feb.，pp. 1－14.

　　［38］John Torpey.，Revolutions and Freedom of Movement：An Analysis of Passport Controls in the French，Russian and Chinese Revolutions，Theory and Society，Vol. 26，No. 6，Dec.，1997，P. 861.

　　［39］Mervyn Matthews.，Residence controls in present－day China，Asian Affairs，1989，June.

　　［40］Portes A.，and J. Borocz.，Contemporary Immigration：Theoretical Perspectives on Its Determinants and Modes of Incorporation，International Migration Review，Vol. 23，1989.

　　［41］Robert M. W. Kempner.，1946，The German National Registration System as Means of Police Control of Population，Journal of Criminal Law and Criminology（1931－1951），Vol. 36，No. 5，Jan.－Feb.，P. 387.

　　［42］Shields G. M.，and M. P. Shields.，Family Migration and Nonmarket Activities in Costa Rica，Economic Development and Cultural Change，Vol. 38（1），1989，pp. 73－88.

　　［43］Dorothy J. Solinger，1985，Temporary Residence Certificate Regulations in Wuhan，May 1983，The China Quarterly，101，98－103.

　　［44］Dorothy J. Solinger，Contesting citizenship in urban China：peasant migrants，the state，and the logic of the market，Berkeley：University of California Press，1999.

教育部哲学社会科学研究重大课题攻关项目
成果出版列表

书　名	首席专家
《马克思主义基础理论若干重大问题研究》	陈先达
《马克思主义理论学科体系建构与建设研究》	张雷声
《马克思主义整体性研究》	逄锦聚
《改革开放以来马克思主义在中国的发展》	顾钰民
《新时期　新探索　新征程 ——当代资本主义国家共产党的理论与实践研究》	聂运麟
《当代中国人精神生活研究》	童世骏
《弘扬与培育民族精神研究》	杨叔子
《当代科学哲学的发展趋势》	郭贵春
《服务型政府建设规律研究》	朱光磊
《地方政府改革与深化行政管理体制改革研究》	沈荣华
《面向知识表示与推理的自然语言逻辑》	鞠实儿
《当代宗教冲突与对话研究》	张志刚
《马克思主义文艺理论中国化研究》	朱立元
《历史题材文学创作重大问题研究》	童庆炳
《现代中西高校公共艺术教育比较研究》	曾繁仁
《西方文论中国化与中国文论建设》	王一川
《楚地出土戰國簡冊［十四種］》	陳　偉
《近代中国的知识与制度转型》	桑　兵
《中国抗战在世界反法西斯战争中的历史地位》	胡德坤
《京津冀都市圈的崛起与中国经济发展》	周立群
《金融市场全球化下的中国监管体系研究》	曹凤岐
《中国市场经济发展研究》	刘　伟
《全球经济调整中的中国经济增长与宏观调控体系研究》	黄　达
《中国特大都市圈与世界制造业中心研究》	李廉水
《中国产业竞争力研究》	赵彦云
《东北老工业基地资源型城市发展可持续产业问题研究》	宋冬林
《转型时期消费需求升级与产业发展研究》	臧旭恒
《中国金融国际化中的风险防范与金融安全研究》	刘锡良

书　名	首席专家
《全球新型金融危机与中国的外汇储备战略》	陈雨露
《中国民营经济制度创新与发展》	李维安
《中国现代服务经济理论与发展战略研究》	陈　宪
《中国转型期的社会风险及公共危机管理研究》	丁烈云
《人文社会科学研究成果评价体系研究》	刘大椿
《中国工业化、城镇化进程中的农村土地问题研究》	曲福田
《东北老工业基地改造与振兴研究》	程　伟
《全面建设小康社会进程中的我国就业发展战略研究》	曾湘泉
《自主创新战略与国际竞争力研究》	吴贵生
《转轨经济中的反行政性垄断与促进竞争政策研究》	于良春
《面向公共服务的电子政务管理体系研究》	孙宝文
《产权理论比较与中国产权制度变革》	黄少安
《中国企业集团成长与重组研究》	蓝海林
《我国资源、环境、人口与经济承载能力研究》	邱　东
《"病有所医"——目标、路径与战略选择》	高建民
《税收对国民收入分配调控作用研究》	郭庆旺
《多党合作与中国共产党执政能力建设研究》	周淑真
《规范收入分配秩序研究》	杨灿明
《中国加入区域经济一体化研究》	黄卫平
《金融体制改革和货币问题研究》	王广谦
《人民币均衡汇率问题研究》	姜波克
《我国土地制度与社会经济协调发展研究》	黄祖辉
《南水北调工程与中部地区经济社会可持续发展研究》	杨云彦
《产业集聚与区域经济协调发展研究》	王　珺
《我国民法典体系问题研究》	王利明
《中国司法制度的基础理论问题研究》	陈光中
《多元化纠纷解决机制与和谐社会的构建》	范　愉
《中国和平发展的重大前沿国际法律问题研究》	曾令良
《中国法制现代化的理论与实践》	徐显明
《农村土地问题立法研究》	陈小君
《知识产权制度变革与发展研究》	吴汉东

书 名	首席专家
《中国能源安全若干法律与政策问题研究》	黄 进
《城乡统筹视角下我国城乡双向商贸流通体系研究》	任保平
《产权强度、土地流转与农民权益保护》	罗必良
《矿产资源有偿使用制度与生态补偿机制》	李国平
《巨灾风险管理制度创新研究》	卓 志
《中国与全球油气资源重点区域合作研究》	王 震
《可持续发展的中国新型农村社会养老保险制度研究》	邓大松
《生活质量的指标构建与现状评价》	周长城
《中国公民人文素质研究》	石亚军
《城市化进程中的重大社会问题及其对策研究》	李 强
《中国农村与农民问题前沿研究》	徐 勇
《西部开发中的人口流动与族际交往研究》	马 戎
《现代农业发展战略研究》	周应恒
《综合交通运输体系研究——认知与建构》	荣朝和
《中国独生子女问题研究》	风笑天
《我国粮食安全保障体系研究》	胡小平
《城市新移民问题及其对策研究》	周大鸣
《新农村建设与城镇化推进中农村教育布局调整研究》	史宁中
《农村公共产品供给与农村和谐社会建设》	王国华
《中国大城市户籍制度改革研究》	彭希哲
《中国边疆治理研究》	周 平
《边疆多民族地区构建社会主义和谐社会研究》	张先亮
《新疆民族文化、民族心理与社会长治久安》	高静文
《中国大众媒介的传播效果与公信力研究》	喻国明
《媒介素养:理念、认知、参与》	陆 晔
《创新型国家的知识信息服务体系研究》	胡昌平
《数字信息资源规划、管理与利用研究》	马费成
《新闻传媒发展与建构和谐社会关系研究》	罗以澄
《数字传播技术与媒体产业发展研究》	黄升民
《互联网等新媒体对社会舆论影响与利用研究》	谢新洲
《网络舆论监测与安全研究》	黄永林
《中国文化产业发展战略论》	胡惠林

书　名	首席专家
《教育投入、资源配置与人力资本收益》	闵维方
《创新人才与教育创新研究》	林崇德
《中国农村教育发展指标体系研究》	袁桂林
《高校思想政治理论课程建设研究》	顾海良
《网络思想政治教育研究》	张再兴
《高校招生考试制度改革研究》	刘海峰
《基础教育改革与中国教育学理论重建研究》	叶　澜
《公共财政框架下公共教育财政制度研究》	王善迈
《农民工子女问题研究》	袁振国
《当代大学生诚信制度建设及加强大学生思想政治工作研究》	黄蓉生
《从失衡走向平衡：素质教育课程评价体系研究》	钟启泉　崔允漷
《高校思想政治理论课教育教学质量监测体系研究》	张耀灿
《处境不利儿童的心理发展现状与教育对策研究》	申继亮
《学习过程与机制研究》	莫　雷
《青少年心理健康素质调查研究》	沈德立
《灾后中小学生心理疏导研究》	林崇德
《民族地区教育优先发展研究》	张诗亚
《WTO主要成员贸易政策体系与对策研究》	张汉林
《中国和平发展的国际环境分析》	叶自成
《冷战时期美国重大外交政策案例研究》	沈志华
*《中国政治文明与宪法建设》	谢庆奎
*《非传统安全合作与中俄关系》	冯绍雷
*《中国的中亚区域经济与能源合作战略研究》	安尼瓦尔·阿木提
……	

* 为即将出版图书